思想政治研究文库

智能技术与思想政治教育主客体交往研究

张　丽　◎著

光明日报出版社

图书在版编目（CIP）数据

智能技术与思想政治教育主客体交往研究 ∕ 张丽著.
北京：光明日报出版社，2024.7 -- ISBN 978 - 7 - 5194 -
8141 - 4

Ⅰ. D64-39

中国国家版本馆 CIP 数据核字第 2024AH3279 号

智能技术与思想政治教育主客体交往研究
ZHINENG JISHU YU SIXIANG ZHENGZHI JIAOYU ZHUKETI JIAOWANG YANJIU

著　者：张　丽

责任编辑：许　怡　　　　　　　　　　责任校对：王　娟　乔宇佳
封面设计：中联华文　　　　　　　　　责任印制：曹　净

出版发行：光明日报出版社
地　　址：北京市西城区永安路 106 号，100050
电　　话：010-63169890（咨询），010-63131930（邮购）
传　　真：010-63131930
网　　址：http：∕∕book. gmw. cn
E - mail：gmrbcbs@ gmw. cn
法律顾问：北京市兰台律师事务所龚柳方律师

印　　刷：三河市华东印刷有限公司
装　　订：三河市华东印刷有限公司
本书如有破损、缺页、装订错误，请与本社联系调换，电话：010-63131930

开　　本：170mm×240mm
字　　数：222 千字　　　　　　　印　　张：14.5
版　　次：2025 年 1 月第 1 版　　　印　　次：2025 年 1 月第 1 次印刷
书　　号：ISBN 978 - 7 - 5194 - 8141 - 4
定　　价：95.00 元

前　言

　　近年来随着大数据、智能算法、人工智能、虚拟现实等智能技术的快速发展和广泛应用，社会各领域都因智能技术的介入而不断发生变化。智能技术应用使社会整体呈现万物互联、数字智能、虚实融合、算法主导、人机共存等典型特质。毋庸置疑，思想政治教育领域亦必然因智能技术的全面渗透而发生重大改变。为满足智能技术发展及思想政治教育现代化的双重需要，思想政治教育必须紧跟智能技术发展的时代潮流积极变革自身的实践模式。

　　思想政治教育实践本质上是思想政治教育主客体之间不断交往互动的过程。"思想政治教育主客体交往"不仅可明显表征思想政治教育主客体之间的双向互动和相互转化，而且蕴含着思想政治教育实践过程的动态性和发展性。智能技术视域下思想政治教育主客体交往研究，就是将智能技术视为思想政治教育主客体交往的媒介系统展开的。媒介技术通过改变思想政治教育主客体交往的要素及交往的时空结构来影响思想政治教育主客体交往的全过程。思想政治教育主客体交往的特征可从交往场域、交往形式和交往样态三个维度来展现。

　　在媒介技术演进的不同历史时期，思想政治教育主客体交往具有明显不同的特征。在前网络媒介时代，由于媒介技术发展水平的限制，思想政治教育主客体交往场域的有限性、交往形式的线性化及其交往样态的封闭性，共同建构出此时思想政治教育主客体交往的整体图景。而进入网络媒介时代，思想政治教育主客体交往场域逐渐开放、交往形式呈散状化，以此形塑出思想政治教育主客体交往的公共性样态。

　　智能技术视域下思想政治教育主客体交往的新特征主要是由智能技术对

思想政治教育主客体交往要素的改变引起的。智能技术对思想政治教育主体的交往观念、教育方式及其构成样态带来质的改变。同时，思想政治教育客体的思维观念、学习方式亦不断变化，其获取信息的途径越来越多元化并逐渐形成信息圈层效应。此外，智能技术亦深刻影响思想政治教育环境、丰富思想政治教育载体并革新思想政治教育方法。智能技术应用带来的上述变化不可避免使思想政治教育主客体交往呈现新的特征。

智能技术视域下思想政治教育主客体交往具有以下新特征。首先，思想政治教育主客体交往场域全景开放。交往空间的虚拟场景化和交往时间的全时性共同构建出交往场域的全域性特征。其次，思想政治教育主客体交往形式丰富多样。即智能技术应用使思想政治教育主客体之间呈现数字媒介化交往、具身在场化交往及多元协同化交往并存的局面。最后，思想政治教育主客体交往样态日益多元复杂。智能技术应用使思想政治教育主客体交往样态呈现泛在性、精准性和沉浸性等典型特征。

智能技术视域下思想政治教育主客体交往的新特征在为思想政治教育活动的开展提供极大便利的同时，亦将在很大程度上给思想政治教育实践带来诸多现实挑战。具体而言，首先，"交往新特征"可引起思想政治教育主客体关系的疏离，具体包括思想政治教育主客体之间的认同疏离、情感疏离和道德疏离。其次，"交往新特征"可带来思想政治教育传播风险，主要包括思想政治教育传播主体泛众化、思想政治教育传播环境复杂化和思想政治教育传播内容的偏失等。最后，"交往新特征"不可避免弱化思想政治教育的功能，如削弱思想政治教育政治功能、弱化思想政治教育文化功能并阻碍思想政治教育育人功能的实现。

针对上述问题，必须积极采取措施及时应对智能技术视域下思想政治教育主客体交往带来的现实挑战。具体而言，应分别从思想政治教育内在动力机制、智能技术的融入机制以及外在的制度保障机制三个维度同时入手，并提出切实可行的应对策略。首先，要不断完善智能技术融入思想政治教育的内在动力机制，即要通过优化思想政治教育主客体的能力结构、遵循思想政治教育主客体交往的规律并构建思想政治教育伦理共同体，以此缓解思想政治教育主客体关系的疏离。其次，要积极构建思想政治教育实践过程的智能技术融入机制。即要通过合理应用智能技术、营造人技共生的教育氛围并将智能算法嵌入主流价值观，以有效应对智能技术视域下思想政治教育的传播风险。最后，要不断健全智能技术与思想政治教育融合的外在保障机制。从伦理约束、政策制定和法律制度的完善等不同层面保障智能技术视域下思想政治教育功能的充分发挥。只有积极应对智能技术视域下思想政治教育主客体交往带来的现实挑战，才可能在最大程度上保障智能技术赋能思想政治教育实践的发展。

目　录
CONTENTS

绪　论 ……………………………………………………………………… 1

第一章　智能技术及思想政治教育主客体交往概述 ………… 36
　　第一节　智能技术的内涵和特征 ………………………… 36
　　第二节　思想政治教育主客体交往概述 ………………… 43
　　第三节　思想政治教育主客体交往研究的理论依据 …… 53

第二章　媒介技术演进视域下思想政治教育主客体交往的历史考察 …… 66
　　第一节　媒介技术与思想政治教育主客体交往 ………… 66
　　第二节　前网络媒介时代思想政治教育主客体交往的特征 ……… 79
　　第三节　网络媒介时代思想政治教育主客体交往的特征 ……… 86

第三章　智能技术对思想政治教育主客体交往要素的影响 ……… 95
　　第一节　智能技术对思想政治教育主体的影响 ………… 96
　　第二节　智能技术对思想政治教育客体的影响 ………… 106
　　第三节　智能技术对思想政治教育其他交往要素的影响 ……… 113

第四章　智能技术影响下思想政治教育主客体交往的新特征 ……… 122
　　第一节　思想政治教育主客体交往场域全景开放 ……… 123
　　第二节　思想政治教育主客体交往形式丰富多样 ……… 133
　　第三节　思想政治教育主客体交往样态多元复杂 ……… 142

第五章 "交往新特征"对思想政治教育的现实挑战 ······················ 150

第一节 "交往新特征"引起思想政治教育主客体关系疏离 ········· 150

第二节 "交往新特征"带来思想政治教育传播风险 ··············· 161

第三节 "交往新特征"弱化思想政治教育的功能 ··············· 168

第六章 应对智能技术视域下思想政治教育现实挑战的策略 ··········· 175

第一节 完善智能技术与思想政治教育融合的内在动力机制 ········· 175

第二节 构建思想政治教育实践过程的智能技术融入机制 ········· 183

第三节 健全智能技术与思想政治教育融合的制度保障机制 ········· 192

结 语 ·· 202

参考文献 ·· 204

后 记 ·· 219

绪　论

一、选题缘由与研究意义

（一）选题缘由

当下以大数据、智能算法、人工智能、虚拟现实等为代表的智能技术正引领社会各领域进行重大变革。同时，以数据算法为基础的人工智能逐渐形成深度学习、人机协同、跨界融合等新态势，并推动人类社会从网络化、数字化向智能化不断演进，由此导致社会整体结构的重大调整。毋庸置疑，思想政治教育作为人类社会教育领域特有的实践活动，其发展变革亦必定与智能技术的进步紧密相关。智能技术的深入应用使思想政治教育实践领域逐渐发生深刻变化，而思想政治教育实践的本质是思想政治教育主客体之间不断交往互动的过程。基于此，探究智能技术对思想政治教育实践活动的影响，就是要研究智能技术视域下的思想政治教育主客体交往问题。

可以说，智能技术发展与思想政治教育主客体交往的关联前所未有，既有智能技术应用直接带来思想政治教育环境和思想政治教育载体等的改变，也有智能技术发展对思想政治教育实践形态产生的深刻影响，还有智能技术时代人的发展对思想政治教育提出的更高要求和更强烈的时代呼唤。总之，无论是智能技术发展对思想政治教育交往要素带来的外部改变，还是智能时代人自身追求进步的内在动力，都要求思想政治教育实践及时做出积极主动的变革。因此，在智能技术发展的背景下，既要坚持思想政治教育立德树人的根本目的不变，又要依据智能技术发展的实际情况对思想政治教育实践做出适度调整。

　　思想政治教育主客体作为最基本最重要的思想政治教育要素，贯穿思想政治教育实践的全过程。因此，对思想政治教育主客体交往的探讨必然涉及所有的思想政治教育要素。可以说，思想政治教育实践即是思想政治教育主客体不断交互、主客体力量此消彼长的过程。因此，对智能技术视域下思想政治教育主客体交往的研究应当成为当下甚至未来很长时期内持续关注的话题。

　　基于上述内容，本书拟聚焦"思想政治教育主客体交往"这一研究对象，以智能技术对思想政治教育主客体交往要素的影响，智能技术视域下思想政治教育主客体交往的新特征及"交往新特征"对思想政治教育实践带来的现实挑战和应对策略为逻辑主线展开。只有积极适应智能技术发展演进的现实，前瞻性地分析智能技术视域下思想政治教育主客体交往的整体特征，才能为思想政治教育实践更好地适应智能技术的发展提供参考，进而不断提升智能技术时代思想政治教育实践活动的实效性。

　　（二）研究意义

　　研究智能技术视域下的思想政治教育主客体交往问题，本质上是在数据算法、人工智能、虚拟现实等智能技术带来思想政治教育要素变化的基础上，讨论思想政治教育主客体交往如何革新以适应智能技术发展和教育实践的变化。因此，有必要对智能技术视域下思想政治教育主客体交往问题进行系统研究。该研究具有理论和实践的双重价值，不仅可促进思想政治教育主客体理论发展，丰富和完善思想政治教育理论体系，而且有助于提高思想政治教育实践活动的实效性。

　　1. 理论意义

　　其一，有助于拓展思想政治教育主客体结构，完善思想政治教育主客体理论。思想政治教育主客体首先是作为最基础的教育要素出现的。在智能技术视域下，作为教育活动参与者的思想政治教育主客体应当根据教育环境变化、教育载体的拓展及教育实践模式的改变及时更新自身的知识能力结构。此外，随着人工智能的深入发展，教育智能机器或虚拟数字教师作为思想政治教育过程的参与者将具有一定的主体性特质，由此不断拓展思想政治教育主体的构成样态。可以说，对智能技术视域下思想政治教育主客体交往的研究不可避免涉及思想政治教育主客体自身的变化。在此意义上，对智能技术视域下思想政治教育主客体交往的探讨将有助于拓展思想政治教育主客体结构，丰富思想政治教育主客体内涵，进而不断完善思想政治教育主客体理论。

其二，有助于丰富和完善思想政治教育的理论体系。目前学界一致认可对思想政治教育主客体问题的研究属于思想政治教育理论的元问题。"思想政治教育主客体及其关系问题是思想政治教育学科发展中的一个基础且关键的问题。"① 可以说，对智能技术视域下思想政治教育主客体交往的研究，是对思想政治教育理论的元问题做出适应智能技术发展现实需求的及时革新；同时，对思想政治教育主客体交往的研究也是及时回应智能技术发展如何影响思想政治教育实践形态的必然选择。因此，对智能技术视域下思想政治教育主客体交往的研究可在很大程度上促进思想政治教育理论体系的发展，有助于丰富和完善思想政治教育的理论体系。

其三，有助于促进思想政治教育的现代转型，推动思想政治教育学科发展的现代化。技术的发展是社会整体进步的重要组成部分，智能技术作为社会变革的重要驱动力不断推动人类社会从传统向现代转型。作为社会文化结构的重要组成部分，思想政治教育也将由于智能技术的广泛应用而不断更新自身的体系结构、内容要素、传播方式等。在智能技术快速发展的时代背景下，研究思想政治教育主客体交往问题是推进思想政治教育现代化的主要课题之一。在此意义上，可以说，该研究能在一定程度上促进思想政治教育的现代转型，推动智能时代思想政治教育学科的发展。

2. 现实意义

作为一项特殊的教育实践活动，思想政治教育理论研究的最终目的都是为了服务于思想政治教育实践活动的开展。因此，对智能技术视域下思想政治教育主客体交往的研究，其最终目的亦是为了促进思想政治教育实践的发展。可以说，本课题的研究具有较强的现实意义。

其一，有利于形成良好的思想政治教育主客体关系。思想政治教育主客体在本质上是人自身，而人不仅是时代中的人，也是社会关系中的人，不可

---

① 项久雨. 论多重视角下的思想政治教育主客体关系［J］. 教学与研究，2014（9）：96-103.

能孤立存在。因此，人的发展与智能技术的进步必定高度关联。随着人工智能、大数据等现代技术与思想政治教育的深度融合，思想政治教育主客体只有进行自我变革才能及时适应智能技术发展的现实需要；同时，主体和客体是以不同的角色参与到思想政治教育活动过程中的，必须保持两者之间的有效沟通才能促进思想政治教育主客体关系的和谐发展。因此，系统研究智能技术视域下的思想政治教育主客体交往问题，有助于形成良性互动的思想政治教育主客体关系。

其二，有助于提高思想政治教育内容传播的效率。从传播学的角度看，智能技术应当被视为现代信息传播的媒介，智能技术视域下思想政治教育主客体交往的革新将不断提升思想政治教育传播的效率。从本质上讲，任何思想政治教育活动的开展既是主客体不断交往互动的过程，又是思想政治教育内容传播的过程。在智能技术发展的背景下，思想政治教育主体可通过各种智能传播媒介或传播载体将教育内容传授给受教育者客体。同时，思想政治教育客体亦可借助各类智能教育媒介系统进行思想政治教育内容的传播和吸收。在此意义上，可以说，对智能技术视域下思想政治教育主客体交往的系统研究，可提高思想政治教育信息传播的效率。

其三，有助于提高思想政治教育活动的实效性。当下以大数据技术、人工智能等为代表的智能技术快速发展，深刻影响着思想政治教育活动的开展。思想政治教育主客体的能力素养等都将无法适应智能技术时代教育实践变化的现实需要，导致思想政治教育的实效性无法得到保障。智能技术视域下思想政治教育主客体交往研究就是为了保障思想政治教育主客体自身能够真正适应思想政治教育发展的现实需要，使智能技术真正赋能思想政治教育实践的发展，以最终提升思想政治教育的实效性。

二、研究现状

对研究现状的分析是文章研究价值的佐证。该研究涉及两大主题：一是关于思想政治教育主客体及其交往相关的研究成果，二是各项智能技术与思想政治教育融合的相关研究成果。只有充分把握上述两方面研究的现状，才能为智能技术视域下思想政治教育主客体交往研究提供丰富的文献资料。基于此，以下将分别对思想政治教育主客体研究、网络思想政治教育主客体研究、智能技术与思想政治教育融合的研究成果予以综述，以此为本书的研究奠定文献基础。

（一）关于思想政治教育主客体的研究

自 20 世纪 80 年代哲学领域掀起主客体研究的热潮以来，思想政治教育领域逐渐开始借鉴哲学中的主客体概念，形成思想政治教育主客体概念。21 世纪以来，随着对思想政治教育学科相关理论问题的深入研究，有学者明确指出，"应当将思想政治教育主体和思想政治教育客体作为思想政治教育学科的基本范畴"①，以不断丰富完善思想政治教育主客体理论。自此，学界逐渐形成了研究思想政治教育主客体问题的热潮。以下就目前学界关于"思想政治教育主客体"研究的成果予以综述。

1. 关于思想政治教育主体的研究

经过近 30 年的发展，目前学界已出现大量有关思想政治教育主体的研究成果。从整体上看，已有研究成果主要涉及思想政治教育主体界定的纷争、思想政治教育主体的层次划分、思想政治教育主体的特质、思想政治教育主体间的交往研究等。

其一，关于思想政治教育主体界定的纷争。该争论主要是在横向上针对教育者、受教育者何者是思想政治教育主体引发的讨论，目前已形成"单主体说""双主体说""多元主体说""交互主体说"等诸多观点。

"单主体说"认为应当把教育者作为思想政治教育主体。如张耀灿、郑永廷等认为，"思想政治教育主体是作为思想政治教育承担者、发动者和实施者的教育者"②。沈壮海指出，"思想政治教育者即是思想政治教育主体"③。赵子林亦认为，"思想政治教育的本质在于阶级意识形态灌输，因此思想政治教

---

① 陈秉公. 思想政治教育学原理 [M]. 沈阳：辽宁人民出版社，2001：111.
② 张耀灿，郑永廷，吴潜涛，等. 现代思想政治教育学 [M]. 北京：人民出版社，2006：236.
③ 沈壮海. 思想政治教育的有效主体论 [J]. 上海交通大学学报（社会科学版），2000（4）：48-53

育主体只能是教育者"①。

"双主体说"认为应当将教育者和受教育者同时作为思想政治教育主体。如苏斌从现代主体性哲学和主体性教育出发，认为"教育者和教育对象都是思想政治教育过程的主体，二者是以教育资料为共同客体的双主体协同发展关系"②。卢黎歌、杨新华指出，"思想政治教育主体不仅包括设计并主导教育活动的教育者，也包括参与教育活动并改变自身思想品德状况的受教育者"③。洪雁从马克思主义实践论的角度指出，"思想政治教育主体应是教育者和受教育者，应将思想政治教育素质作为思想政治教育客体"④。陈义平等认为思想政治教育主体应分为主导主体和能动主体两类，狭义上的主导主体是教育者，狭义上的能动主体是指教育对象。⑤

"多元主体说"将教育者、受教育者、教育介体、教育环体、国家政党、社会组织等都作为思想政治教育主体。如余斌指出，"思想政治教育主体是思想政治教育的发起者和实施者，包括教师、国家、政党、社会、家庭等不同类型"⑥。张保明等指出，"思想政治教育主体包含领导人、教师、媒体人和家长四类，构成了一个锥体状。其中领导人是'四主体'锥体的中心，家长、教师和媒体人三者构成'中介主体'"⑦。

"主体间性说"亦提出思想政治教育主体包括教育者和受教育者，两者通过教育实践产生联系。如张耀灿等较早指出，"教育者和受教育者都是思想政

① 赵子林．从思想政治教育本质探讨思想政治教育主客体［J］．思想教育研究，2012（7）：17-20.
② 苏斌．思想政治教育主体论论纲［J］．中国青年政治学院学报，2004（2）：47-50.
③ 卢黎歌，杨新华．论思想政治教育学中的主客体范畴［J］．高校理论战线，2006（3）：32-34.
④ 洪雁．基于马克思实践视角的思想政治教育主客体问题研究［J］．学校党建与思想教育，2017（18）：10-12.
⑤ 陈义平，王建文．思想政治教育学原理［M］．2版．合肥：安徽大学出版社，2019：82.
⑥ 余斌．论思想政治教育的主体和客体［J］．思想政治教育研究，2020，36（1）：53-56.
⑦ 张保明，张献平．思想政治教育"四主体"锥体论［J］．学校党建与思想教育，2018（13）：32-34.

治教育主体，两者是在实践基础上的有机联系"①。苏令银认为"主体间性思想政治教育是指思想政治教育主体与主体之间建立在民主、平等、和谐基础上的交往对话关系"②。

除上述外，还有学者提出"相对主体说"和"交往主体说"。"相对主体说"指出教育主体和教育客体之间的界限并不确定，只有根据具体情况才能划分何者为主体，何者为客体。陈秉公首次提出"相对主体说"，即"教育者和受教育者互为主客体，从施教过程来说教育者是施教主体，受教育者是施教客体；从受教方面来说受教育者是接受教育的主体，教育者是接受教育的客体"③。"交往主体说"是为了解决单主体说、双主体说、多元主体说等不同观点之间的争论而提出的。如戴艳军等认为，"应当将思想政治教育的组织者和参与者共同作为主体，形成具有交互性、平等性、价值涵容性的交往主体，从而建立具有层次性的思想政治教育交往主体关系"④。

其二，关于思想政治教育主体的层次划分。思想政治教育主体层次划分的争论主要是在纵向上针对不同层级思想政治教育主体而引起的争论。在学界，金鉴康最早对思想政治教育主体的层次类型做出详细划分，并揭示了思想政治教育主体的基本特征。⑤ 之后陆庆壬将思想政治教育主体分为"决策主体、承运主体和实施主体"⑥。李合亮认为，思想政治教育主体包括群体主体即国家等群体组织、实践主体即思想政治教育者、阶段主体即教育对象⑦；骆郁廷指出思想政治教育主体包括个体主体和群体主体两类⑧。林伯海等将思想政治教育主体进一步分为"导向性主体、主动性主体和受动性主体三

① 张耀灿，刘伟. 思想政治教育主体间性涵义初探［J］. 学校党建与思想教育，2006（12）：8-12，34.
② 苏令银. 主体间性思想政治教育研究［M］. 上海：上海三联书店，2012：70.
③ 陈秉公. 思想政治教育学原理［M］. 沈阳：辽宁人民出版社，2001：114-115.
④ 戴艳军，董正华. 试论思想政治教育交往主体［J］. 教学与研究，2014（4）：86-90.
⑤ 金鉴康. 思想政治教育学［M］. 北京：水利电力出版社，1987：48-49.
⑥ 陆庆壬. 人的发展和社会发展：思想政治教育学基础理论研究［M］. 上海：同济大学出版社，1994：244.
⑦ 李合亮. 思想政治教育主体的判定［J］. 求实，2010（7）：72-76
⑧ 骆郁廷. 思想政治教育原理与方法［M］. 北京：北京师范大学出版社，2019：95.

类"①。孙健认为，"思想政治教育主体包括无产阶级政党、组织和个人三个层次，同时任何机构和个人都必须接受无产阶级政党的领导"②。亦有学者将一定的阶级或集团作为思想政治教育的"真实主体"③。

综上所述，学界有关思想政治教育主体的争论本质上只是理解和认识思想政治教育主体的方法和立场不同而产生的差异，诸种划分方式之间并不存在根本性的矛盾和冲突。鉴于此，当我们研究具体的思想政治教育问题时需要对"思想政治教育主体"概念加以界定，以避免无谓的争论。

其三，关于思想政治教育主体特质的研究。学界普遍认为思想政治教育主体有以下三大特质。一是思想政治教育主体兼具主体性和客体性双重属性。邹学荣首次指出教育者具有主体性和客体性的二重性，并对思想政治教育主体做了广义和狭义的区分，较全面地揭示了思想政治教育主体概念的内涵特质。④ 杨帆认为，"思想政治教育主体具有主体性特征，其主要表现为思想政治教育主体的主动性、主导性、创造性、前瞻性等属性，即主体能动性"⑤。张力指出，"思想政治教育主体不仅具有主体性特征，而且还具有客体性特征，即思想政治教育主体具有受约性、对象性等特征"⑥。二是思想政治教育主体具有历史生成性、社会性、复杂性、发展性等特质。张耀灿等较早提出思想政治教育主体的社会化。"主体社会化的最终结果是为了培养符合社会要求的社会成员。"⑦ 杨威认为，"思想政治教育主体是在长期的历史实践中，在主体意识的觉醒和主体能力的锻造基础上形成并不断获得和确证自身主体性的存在"⑧。骆郁廷等通过对玛格丽特·米德（Margaret Mead）"三喻文化"

① 林伯海，周至涯.思想政治教育主体及其主体性的要素构成新探［J］.思想教育研究，2011（2）：10-14.
② 孙健.马克思主义经典作家论思想政治教育主体［J］.西北师大学报（社会科学版），2020，57（1）：86-91.
③ 梁德友.思想政治教育主体三题：身份、属性及其角色强化［J］.思想教育研究，2020（10）：42-47.
④ 邹学荣.思想政治教育学［M］.重庆：西南师范大学出版社，1992：109.
⑤ 杨帆.思想政治教育主体和客体的主体性特征探析［J］.求实，2002（9）：60-61.
⑥ 张力.论思想政治教育主体的客体性［J］.求实，2005（6）：84-85.
⑦ 张耀灿，徐志远.现代思想政治教育学科论［M］.武汉：湖北人民出版社，2003：415.
⑧ 杨威.论思想政治教育主体的历史生成［J］.学校党建与思想教育，2010（11）：16-19.

的分析，指出在此视域下思想政治教育主体具有多维性、相对性、差异性、复杂性、发展性等特征。① 三是思想政治教育主体具有价值引领和人文关怀功能。张国启不仅指出"思想政治教育主体的价值引领意识本质上是一种政治意识、动力意识和质量意识"②，而且认为"思想政治教育主体的人文关怀意识是一种充满人性关怀、文化关怀、情感关怀的价值意识、教育理念和思维方式"③。

其四，关于思想政治教育主体间交往存在的问题及解决策略研究。如郑敬斌指出，"当前思想政治教育主体之间沟通存在的障碍包括沟通意识欠缺、沟通渠道不畅、沟通方向单一和沟通信息失和问题，因此搭建科学化的全通道式教育主体沟通机制，成为提升思想政治教育主体沟通水平的题中之义"④。闫艳、王秀阁认为，"思想政治教育主体之间应建立以平等、理解、欣赏、关爱为主要特征的朋友关系，要通过增强思想政治教育主体的交往资质以提升交往水平，营造理想的交往环境，改善思想政治教育主体间交往关系"⑤。

以上丰富的研究成果从不同维度阐述了关于思想政治教育主体的诸多问题，可为智能技术视域下思想政治教育主客体交往问题的研究提供重要的文献资料。

2. 关于思想政治教育客体的研究

目前，学界有关"思想政治教育客体"的研究成果主要包括思想政治教育客体界定的争论和思想政治教育客体的特征两大方面。

其一，关于思想政治教育客体界定的争论。关于思想政治教育客体概念

---

① 骆郁廷，史珊珊．"三喻文化"视域下思想政治教育主体的多维透视［J］．武汉大学学报（哲学社会科学版），2012，65（3）：10-15.

② 张国启．论思想政治教育主体的价值引领意识及其强化维度［J］．思想理论教育，2017（4）：23-27

③ 张国启．论思想政治教育主体的人文关怀意识及其外化理路［J］．学校党建与思想教育，2018（4）：25-30.

④ 郑敬斌．系统化维度下思想政治教育主体全通道式沟通机制研究［J］．东北师大学报（哲学社会科学版），2017（4）：181-185.

⑤ 闫艳，王秀阁．论思想政治教育主体间交往关系的改善［J］．思想教育研究，2009（5）：18-21.

主要有以下三种观点。一是将"人"作为思想政治教育客体。即思想政治教育客体是具有主体意识且愿意主动接受思想政治教育的人,此观点是学界的主流看法。如骆郁廷教授指出,"思想政治教育客体是人,是从人与人在思想政治教育活动中的作用与被作用、教育与被教育的相互关系上来划分"①。孙其昂教授亦认为,"思想政治教育客体是指具有思想政治教育意识,主动接受思想政治教育的人"②。李冬雪等认为,"思想政治教育是以'人'为客体的一项社会实践活动,是一种集自然性、社会性和精神性于一身的存在"③。二是将受教育者的思想、政治、道德等内在精神品质作为思想政治教育客体。如赵野田等指出,"在本体论意义上,思想政治教育客体的'本体'和'实体'是受教育者的'内在功能性要素'……在现实性上,受教育者思想、道德和政治素质是思想政治教育客体"④。杨永明认为,"思想政治教育客体应该是主体(主要是受教育者)的思想认识水平"⑤。石书臣认为,"我们应当重新定位思想政治教育主客体,明确教育的主体是人,客体应当是人的思想和行为"⑥。三是将教育内容、教育中介或教育资源等物质存在规定为思想政治教育客体。如祖国华指出,"大学生思想政治教育过程内含三种形态的教育客体,即自然形式的客体、社会形式的客体、精神形式的客体"⑦。褚凤英认为,"教育对象是品德建构活动的主体,建构活动的客体是作为社会核心价值体系的教育内容"⑧。但此种观点并非学界的主流看法。

　　通过以上梳理可知,学界关于思想政治教育客体概念的争论主要在于应

① 骆郁廷. 思想政治教育引论 [M]. 北京:中国人民大学出版社,2018:76.
② 孙其昂. 思想政治教育学前沿研究 [M]. 北京:人民出版社,2013:161.
③ 李冬雪,高松岩."现实的个人"观照中的思想政治教育客体研究 [J]. 求实,2013 (10):88-90.
④ 赵野田,张艳红. 思想政治教育客体 [J]. 东北师大学报(哲学社会科学版),2017 (1):156-160.
⑤ 杨永明. 对思想政治教育的客体及客体性的再认识 [J]. 教育探索,2010 (3):140-141.
⑥ 石书臣. 思想政治教育主客体关系的目的性阐释 [J]. 思想教育研究,2017 (2):17-21.
⑦ 祖国华. 试论大学生思想政治教育的主体、客体与载体 [J]. 现代教育科学,2005 (11):87-88.
⑧ 褚凤英. 也谈思想政治教育中的主客体问题 [J]. 思想理论教育,2015 (11):57-61

将受教育者还是受教育者的思想政治品德等内在精神品质作为思想政治教育客体。

其二，关于思想政治教育客体特征的研究。此研究成果主要包含以下观点。一是思想政治教育客体具有社会性、能动性、可变性特征。卢岚等指出，"思想政治教育客体具有社会性、能动性、层次性、可变性等特点"①。刘新跃等从主体性的角度出发，认为"思想政治教育客体具有能动性、创造性和自主性"②。二是思想政治教育客体具有客体性和主体性的双重性质。杨永明指出，"思想政治教育客体的客体性具体包括：客体的客观性、对象性和制约性"③。思想政治教育客体亦具有主体性特征。如倪新兵等指出，"思想政治教育客体是具有主体性的客体"④。胡庆有提出，"思想政治教育客体主体化并非指客体在实物形态上成为主体，而是对主体吸收和同化客体的物质、能量、信息，客体性要素迁移并转化为主体性要素的运行机制的理论概括"⑤。

此外，亦有学者对社会转型视域下的思想政治教育客体进行了研究。如高攀指出，"社会转型使当代思想政治教育客体在心理健康发展和精神信仰培育过程中受到激烈冲击，大众传媒使当代思想政治教育客体在接受新信息的同时受到了不良信息的影响，信息时代使当代思想政治教育客体在个性积极发展的同时受到了西方各种社会思潮的侵蚀"⑥。以上研究成果都可为智能技术视域下思想政治教育主客体交往研究提供重要的参考。

3. 关于思想政治教育主客体关系的研究

目前，学界关于思想政治教育主客体关系的研究主要集中在思想政治教

① 卢岚，徐志远. 思想政治教育客体：思想政治教育学的重要范畴 [J]. 武汉理工大学学报（社会科学版），2006（4）：564-568.
② 刘新跃，周亚东. 论思想政治教育客体的主体性 [J]. 思想理论教育导刊，2009（8）：92-95.
③ 杨永明. 对思想政治教育的客体及客体性的再认识 [J]. 教育探索，2010（3）：140-141.
④ 倪新兵，刘争先. 对思想政治教育客体及其主体性的思考 [J]. 思想理论教育导刊，2010（6）：85-87.
⑤ 胡庆有. 思想政治教育客体主体化的批判重构与实践推进 [J]. 中学政治教育参考，2021（8）：41-44.
⑥ 高攀. 社会变迁下对思想政治教育客体的再认识：基于社会工作的价值观 [J]. 西南民族大学学报（人文社会科学版），2011，32（S3）：142-145.

育主客体关系的内涵、思想政治教育主客体关系的争论、优化思想政治教育主客体关系的策略、思想政治教育主客体理论的建构研究等方面，以下将分别予以综述。

（1）思想政治教育主客体关系的内涵研究

当前学界关于思想政治教育主客体关系的研究主要有以下观点。其一，思想政治教育主客体是对立统一、动态融合的关系。邹学荣最早指出，"思想政治教育主客体在交互过程中逐渐由对立走向统一，且对立统一的基础是思想政治教育实践活动，具体包括思想观念的对立统一、思想行为的对立统一、社会发展要求和个人发展要求的对立统一"①。罗洪铁亦较早指出"思想政治教育主客体是对立统一关系"②。李合亮不仅指出思想政治教育主客体之间对立统一，而且认为两者是动态融合关系。③ 王欣等认为"思想政治教育主客体关系是一个融动态性、和谐性于一体的统一体"④。欧庭宇指出，"思想政治教育'导向性主体'是广义的主体和客体性主体，其'受动性主体'是主体性客体，具有主客二分和主客合一的辩证关系"⑤。李霞玲等指出，"在思想政治教育系统中，教育者和受教育者不是绝对的、抽象的、纯粹的主客体对立，而是相互融合、相互渗透的一体"⑥。

其二，思想政治教育主客体是双重交互和双向互动关系并在一定条件下相互转化。张耀灿等认为思想政治教育主客体之间是双向互动、民主平等、主导与主动、相互转化的关系。⑦ 骆郁廷认为，"思想政治教育主客体具有双向互动关系、主导与主动的关系、互相转化的关系"⑧。刘书林等认为，"思

① 邹学荣．思想政治教育学［M］．重庆：西南师范大学出版社，1992：152-154.
② 罗洪铁．思想政治教育学基本问题初探［J］．理论纵横，1995（3）：8-10.
③ 李合亮．现代思想政治教育主客体关系新论［J］．探索，2014（6）：129-134.
④ 王欣，王桂菊．现代思想政治教育主客体关系新解［J］．求实，2014（8）：74-77.
⑤ 欧庭宇．思想政治教育主客体关系的再澄清［J］．学术探索，2020（10）：134-140.
⑥ 李霞玲，李敏伦．后现代主义视野中的思想政治教育主客体关系审视［J］．学校党建与思想教育，2010（2）：47-48.
⑦ 张耀灿，郑永廷，吴潜涛，等．现代思想政治教育学［M］．北京：人民出版社，2006：244-245.
⑧ 骆郁廷．论思想政治教育主体、客体及其相互关系［J］．思想理论教育导刊，2002（4）：34-38，48.

想政治教育主客体关系互相依存、互为前提，在一定的前提下可以局部地互相转化"①。于欣指出，"教育主体和教育客体既有明确界限又互促互成，形成了'主客体互动'的思想政治教育模式"②。平章起、郭威指出，"思想政治教育主客体关系的本质特点是主体、客体、介体、环体的互动性"③。

其三，思想政治教育主客体之间存在主体际或主体间性关系。张耀灿、徐志远根据时代发展的客观现实提出"思想政治教育的'主体际关系'，并建构主体性思想政治教育模式"④。赵浚、胡晓红从马丁·布伯（Martin Buber）的关系哲学语境出发，指出"教育者与受教育者之间是具有主体间性的'我—你'关系，而非'我—它'关系"⑤。此外，亦有学者指出，"现代思想政治教育主客体关系可以发展成为新的关系形态，即共同主体。未来思想政治教育共同主体将自觉占有人的本质，实现人自由而全面的终极性发展"⑥。此外，值得关注的是，项久雨教授根据马克思主义的主体层次理论，按照不同的视角将思想政治教育实践活动分为不同的主体。⑦

（2）思想政治教育主客体关系的争论研究

在思想政治教育"双主体说"和"单主体说"争论的基础上，学界引发了对思想政治教育主客体关系的不同观点。以祖嘉合、顾钰民等为代表的学者认为"双主体说"存在理论上的困境，如转移了思想政治教育的主要矛盾，淡化了思想政治教育者的责任意识，模糊了教育者和受教育者的基本关系、不同功能和作用等。由此，该派认为应当以现实中的思想政治教育实践问题

---

① 刘书林，高永．思想政治教育的对象及其主客体关系［J］．思想理论教育导刊，2013（1）：97-99.
② 于欣．思想政治教育主体论再探［J］．求实，2014（6）：84-87.
③ 平章起，郭威．当代思想政治教育主客体关系研究的困境及其超越：从实践的视角［J］．理论学刊，2015（1）：94-101.
④ 张耀灿，徐志远．关于思想政治教育过程中的主客体关系问题［J］．学校党建与思想教育，2003（4）：15-17.
⑤ 赵浚，胡晓红．教育者与受教育者相遇在关怀：马丁·布伯视野中思想政治教育主体间性的关怀解读［J］．广西社会科学，2016（5）：198-202.
⑥ 赵浚．共同主体：思想政治教育主客体关系的实存［J］．思想教育研究，2019（5）：44-48.
⑦ 项久雨．论多重视角下的思想政治教育主客体关系［J］．教学与研究，2014（9）：96-103.

为导向，反思和评价实践中面临的新问题。① 以李基礼、唐斌为代表的学者赞同"双主体说"与"主客体说"的统一，并认为"双主体说"对主体概念的界定没有问题，主客关系不是从地位、功能与作用来界定的，而是从认识与实践关系来界定的；对思想政治教育主客体的研究要分析这对概念的具体所指，而不能通过不断创造新的概念回避问题。②

针对上述争论，祖嘉合指出，"思想政治教育主客体及其关系争论的原因在于分析问题的方法论存在重大分歧。因此，在研究两者关系时应做到以下两点：一是在一定阶段的研究中需将部分从整体中分离出来；二是在考察主客体关系时，需从特定视角出发确定主客体及其相互关系"③。邵献平指出，"思想政治教育'双主体说'和'双向互动说'都存在一定的问题，应当将两者结合起来才符合哲学上的主客体本义，即'双主体互动说'"④。刘建军教授明确指出，"应当在认定教育者和受教育者分别是思想政治教育主客体的基础上，再借鉴双主体或主体际学说来分析思想政治教育过程中主客体双方的具体关系，以此安顿受教育者的能动性问题"⑤。刘占虎指出，"主客体说"与"双主体说"的争鸣体现了创新思想政治教育话语体系的理论自觉，应当从思想政治教育的整体性和有效性上寻找进路，超越"主客体"与"双主体"之争，运用"主体—客体—主体"实践辩证法来增强思想政治教育的实

① 祖嘉合. 试析"双主体说"的理论困境及化解途径 [J]. 思想政治教育研究, 2012, 28 (1)：1-3；顾钰民. 思想政治教育"双主体说"评析 [J]. 教学与研究, 2013 (8)：100-105；顾钰民. 思想政治教育主客体研究的再追问 [J]. 思想理论教育, 2015 (5)：53-56；顾钰民. 思想政治教育主客体关系研究扫描和思考 [J]. 思想政治教育研究, 2015, 31 (4)：11-14；顾钰民. 双主体、主客体争鸣是对问题的深化研究：与唐斌老师《争鸣及评析》一文的商榷 [J]. 思想政治教育研究, 2016, 32 (4)：17-20.
② 参见李基礼. "主客体"与"双主体"之争："对立"还是"统一"：兼与顾钰民教授商榷 [J]. 教学与研究, 2015 (3)：82-87；唐斌. 对思想政治教育主客体研究再追问的追问 [J]. 思想理论教育, 2015 (9)：55-59；唐斌. 近年来思想政治教育学主客体研究的争鸣及评析 [J]. 思想政治教育研究, 2016, 32 (1)：41-44.
③ 祖嘉合. 对思想政治教育主体及其特性的思考 [J]. 教学与研究, 2007 (3)：29-34.
④ 邵献平. 思想政治教育主客体关系的"双主体互动说" [J]. 理论探讨, 2005 (6)：147-148.
⑤ 刘建军. 思想政治教育主客体难题的哲学求解 [J]. 教学与研究, 2016 (2)：22-30.

效性。① 张业振亦认为解决思想政治教育主客体理论难题，应将"'主体—客体'分析框架进一步明确为'主体—中介客体—目标客体'"②。曾狄等指出"区分广义的思想政治教育与狭义的思想政治教育是克服其逻辑缺陷的理论出路"③。黎明艳等指出当前不同思想政治教育主客体关系都存在一定的弊端，应当将思想政治教育过程分为不同的阶段加以具体分析。④ 王桂菊指出，"思想政治教育主客体关系的论争源起于对思想政治教育主体、客体及其属性的不同理解"，应坚持思想政治教育的工具性和目的性相统一，"以实现思想政治教育主客体关系的动态融合发展"。⑤ 总之，学者们从不同维度提出思想政治教育主客体关系争论的解决方案，可为深化思想政治教育主客体研究提供借鉴。

（3）优化思想政治教育主客体关系的策略研究

徐春燕指出，"思想政治教育主客体关系具有客观性、动态性和差异性特征，应坚持以人为本原则，采用互动对话模式，实现思想政治教育主客体关系的和谐发展"⑥。朗琦认为，"在充分肯定主客二分前提下，应当以马克思交往实践观重新审视思想政治教育主客体关系，以此解决'主体间性'理论忽视社会实践的缺陷，实现思想政治教育'主体—客体'与'主体—主体'关系的辩证统一"⑦。宋锡辉从思想政治教育学科发展的角度指出，"对思想政治教育主客体的探讨应放弃线性思维，遵循系统思维；放弃'静态固化'

---

① 刘占虎. 思想政治教育教学相长的边界自觉与协同思维：超越"主客体"与"双主体"之争 [J]. 湖北社会科学，2016（9）：179-185.

② 张业振. 思想政治教育主客体关系的论争、症结及其解决的"可能方案" [J]. 湖北社会科学，2017（12）：168-174.

③ 曾狄，李渊博. 也论"双主体说"的逻辑困境与理论出路 [J]. 思想政治教育研究，2018，34（1）：48-52.

④ 黎明艳，王斌. 思想政治教育过程中的主客体关系探究 [J]. 思想教育研究，2011（2）：40-42.

⑤ 王桂菊. 思想政治教育主客体关系探本：基于对思想政治教育本质的解读 [J]. 学校党建与思想教育，2012（21）：7-10.

⑥ 徐春燕. 思想政治教育过程中主客体辩证关系及其优化研究 [J]. 思想教育研究，2014（3）：21-24.

⑦ 郎琦. 交往实践观视域下的思想政治教育主客体关系探析 [J]. 思想教育研究，2020（8）：19-24.

思维，遵循永恒运动规律；放弃‘非此即彼’思维，遵循对立统一规律"①。葛续华等指出，"目前学界从马克思主义理论教育、马克思主义交往实践、马克思主义人学、思想政治教育本质、网络思想政治教育和西方后现代主义等不同视角对思想政治教育主客体问题进行的系统分析，有助于推动对思想政治教育主客体关系在认识上的进一步深化"②。谢光绎具体分析了思想政治教育主客体之间出现不信任的原因，包括教育主体知识体系方法的陈旧、教育客体强烈的自我意识、思想政治理论的滞后性；进而提出要全面提升教育者素质、教育主体要充分信任教育客体、调整教育客体的心理、不断创新思想政治教育理论。③ 范碧鸿亦认为，"要重视和培养思想政治教育主客体之间信任关系的培养与建立"④。

（4）思想政治教育主客体理论的建构研究

唐斌认为应分别从宏观、中观、微观三个层面构建思想政治教育主客体理论。"宏观思想政治教育主客体是指国家与人民等集体概念，中观层面是指思想政治教育者与受教育者个体概念，微观层面是指自我思想政治教育过程中应然的我与实然的我之间的关系。"⑤ 项久雨、任杰指出，"宏观思想政治教育主体是指作为类主体的人对自身主观世界的改造过程；中观层面的思想政治教育主客体表现为阶级性、政治性，主客体之间的关系是不平等的；微观层面的思想政治教育主客体关系要具体问题具体分析"⑥。毕红梅等认为，"思想政治教育主客体的争论主要存在于理论论域、价值论域、实践论域三个维度，三者的交融促使我们探索思想政治教育主客体问题的过程不断演进，

---

① 宋锡辉. 思想政治教育学主客体范畴刍议：基于思想政治教育学原理教学与研究的思考 [J]. 思想理论教育，2016（7）：53-56.
② 葛续华，余斌. 不同研究视角下的思想政治教育主客体关系解读 [J]. 学术探索，2017（8）：139-144.
③ 谢光绎. 论思想政治教育过程中的主客体信任关系 [J]. 湖南社会科学，2008（4）：195-197.
④ 范碧鸿. 思想政治教育主客体信任关系初探 [J]. 理论探讨，2006（6）：162-165.
⑤ 唐斌. 思想政治教育主客体研究及其价值追问 [J]. 思想理论教育，2014（12）：58-62.
⑥ 项久雨，任杰. 论构建思想政治教育主客体关系体系的学科价值 [J]. 湖北社会科学，2016（7）：179-184；项久雨. 思想政治教育主客体关系的马克思主义逻辑 [J]. 教学与研究，2017（7）：60-68.

并进一步澄清主客体问题"①。葛续华所著《当前思想政治教育主客体关系论争研究》一书，对思想政治教育主客体关系相关问题进行了系统研究，并提出应建构逻辑自洽的思想政治教育主客体理论体系。骆郁廷指出思想政治教育主客体关系的科学建构应坚持"民主平等、双向互动、主导主动、互相转化"② 的原则。此外，亦有学者对思想政治教育主客体的演化进行了研究。如谢晓娟从人学的角度明确指出，"不同历史时期思想政治教育主客体关系的定位是不同的，随着马克思主义人学研究的深入，思政教育主客体的定位逐渐模糊"③。罗洪铁等亦系统论述了思想政治教育主客体理论的历史演进，主要包括思想政治教育主客体理论的形成和发展两个阶段。④

（二）关于网络思想政治教育主客体的研究

随着 20 世纪末互联网的快速发展及广泛应用，网络思想政治教育主客体逐渐成为思想政治教育主客体发展的新形态。互联网场域的特殊性使思想政治教育主客体不断呈现新的特征。目前，学界关于网络思想政治教育主客体的研究主要集中在网络思想政治教育主体和网络思想政治教育主客体关系研究两大方面。

1. 网络思想政治教育主体研究

潘文庆指出，"网络化对思想政治教育主体素质提出了新要求，主要包括信息素养和网络技术、过硬的思想政治素质、广博的文化知识素质、良好的业务能力等"⑤。陈宗章等认为，"网络思想政治教育主体是具有思想政治教育的自觉意识和行为能力，实际参与到网络意识形态实践活动之中的人或组织"，应把对网络思想政治教育主体的探讨放置于"主体—空间—客体"的三

① 毕红梅，谭江林. 思想政治教育主客体问题的三重论域 [J]. 思想教育研究，2021 (6)：24-30.

② 骆郁廷. 思想政治教育原理与方法 [M]. 北京：北京师范大学出版社，2019：114-120.

③ 谢晓娟. 从人学的视角看思想政治教育主客体关系的演变 [J]. 学校党建和思想教育 (上半月)，2008 (8)：25-28.

④ 罗洪铁，周琪，王斌，等. 思想政治教育学学科理论体系演变研究 [M]. 北京：中国社会科学出版社，2012：28-54.

⑤ 潘文庆. 网络化对高校思想政治教育主体素质的新要求 [J]. 华南师范大学学报 (社会科学版)，2004 (4)：147-149.

元结构中进行把握。① 骆郁廷亦系统论述了网络思想政治教育主体的存在、主客体的转化及主客体的特殊性等问题。② 此外，随着新媒体时代的到来，有学者开始关注思想政治教育主体的图像化叙事，如周琪阐释了思想政治教育主体图像化建构的路径，包括用图像建设思想政治教育主体角色形态、主体话语和实践场景三大部分。③

2. 网络思想政治教育主客体关系研究

目前学界对该问题的探讨主要集中以下两方面。其一，网络思想政治教育主客体关系特质及其转化研究。曾令辉指出，"新媒体环境下思想政治教育主客体关系结构具有客观存在性、情境依赖性和动态建构性等基本属性，应从主客体关系的整合与优化、协调与同步、认同与融合等维度探索网络思想政治教育主客体协同关系的基本策略"④。由此他进一步指出，新媒体环境下思想政治教育主客体关系具有整体性和融合性的特质，并提出其生成的条件和路径。⑤ 赵玉枝等指出"网络思想政治教育主客体将形成平等互动关系，不断弱化教育主客体的边界感"⑥。刘爱玲指出，"互联网视域下'单一主体的多元身份'是思想政治教育主客体的现实表征"⑦。赵惜群等认为，"网络思想政治教育主客体对传统思想政治教育主客体的超越主要体现在对主客体

---

① 陈宗章，李大伟. 网络思想政治教育主体及其空间结构 [J]. 学校党建与思想教育，2015（15）：20-23.
② 骆郁廷. 论网络思想政治教育的主体与客体 [J]. 马克思主义与现实，2016（2）：1-7.
③ 周琪. 思想政治教育主体的图像化建构 [J]. 思想教育研究，2016（10）：11-14，90.
④ 曾令辉. 新媒体环境下思想政治教育主客体关系问题研究 [J]. 学校党建与思想教育，2015（17）：13-15；曾令辉，董晓绒，苏梅芳. 论网络思想政治教育主客体协同关系的生成：基于高校师生网络思想政治教育与学习现状调查 [J]. 思想政治教育研究，2019，35（2）：145-151.
⑤ 曾令辉. 论新媒体环境下思想政治教育主客体关系的整体性 [J]. 思想教育研究，2019（10）：15-20；曾令辉. 论新媒体环境下思想政治教育主客体关系融合性 [J]. 思想政治教育研究，2019，35（5）：149-156.
⑥ 赵玉枝，胡树祥. 网络思想政治教育范式转换：内涵、成因及意义 [J]. 思想教育研究，2021（6）：36-42
⑦ 刘爱玲. 互联网视域下思想政治教育场域的转换与重构 [J]. 思想理论教育导刊，2020（6）：135-138.

定位、主客体能力、主客体地位的超越"①。张瑜指出，"网络交往实践形成了主体间性思想政治教育主客体，这一新型主客体关系表现出建构性、场域性和流变性特点"②。丁科等认为，网络思想政治教育主客体关系主要包括网络人机互动、网络人际互动和网络自我互动。③ 与此对应，周海燕等指出，"在网络视域下，学校思想政治教育主体间关系由网络人机关系、网络人际关系、网络自我关系构成"④。

其二，网络思想政治教育主客体关系的困境及解决路径研究。毕红梅等认为，"面对思想政治教育主体的主体性隐蔽和思想政治教育客体主体性的不断被凸显，应回归思想政治教育活动本身来定位主客体，在新的载体中加强主体的主体性建构，并在新的交往方式中挖掘客体的主体性，才能厘定思想政治教育主客体的新路向"⑤。陈春萍等指出，"网络思想政治教育主客体之间存在诸多困境，为此必须通过加强教育主客体的有效沟通，增强双方互利共识等，以重建教育主客体之间信任的情感基础，消解双方的信任困境"⑥。佘时珍指出，"当前网络思想政治教育主客体之间存在身份模糊难辨、对话机制不畅、和谐程度不高等问题，要打通主客体转化通道、遵从对话原则和构建主客体优化机制等，应不断探寻网络思想政治教育主客体关系的优化进路"⑦。郭莉等指出，网络空间中传统主客体关系向主体间性转向，并在实践过程中出现主体的主体性不足和主体交往互动性沟通的缺乏，因此必须提高

---

① 赵惜群，翟中杰. 思想政治教育的超越：从传统到网络 ［J］. 华南师范大学学报（社会科学版），2011（2）：104-109.

② 张瑜. 论思想政治教育网络观的演进与理论创新 ［J］. 马克思主义与现实，2020（5）：190-196.

③ 丁科，胡树祥. 网络思想政治教育的主体间性新论 ［J］. 毛泽东思想研究，2013，30（4）：144-150.

④ 周海燕，黄杨. 网络视阈下学校思想政治教育的主体间性 ［J］. 广州大学学报（社会科学版），2014，13（10）：72-76.

⑤ 毕红梅，欧玲. 新时代思想政治教育主客体面临的新表征、新质疑及其发展路向 ［J］. 思想理论教育，2019（10）：45-49.

⑥ 陈春萍，张琼引. 网络思想政治教育中的主客体信任困境及其化解 ［J］. 吉首大学学报（社会科学版），2019，40（3）：92-100.

⑦ 佘时珍. 论网络思想政治教育主客体关系及其优化进路 ［J］. 中州学刊，2020（10）：8-12.

师生交往资质并建立合理的交往互动关系。① 谭泽春的博士论文亦系统论述了网络思想政治教育主客体及其关系问题，并提出了优化两者关系的策略路径。②

此外，随着现代智能技术的进步，目前学界已经开始关注智能技术视域下的思想政治教育主客体问题，但此研究还处于起步阶段，相关文献较少。代表性成果如王嘉指出，"大数据时代思想政治教育主客体关系从对象性思政教育转向交往式思政教育，具有多级主体性、平等对话性、双向建构性特质"③。陈坤、李旖旎指出，"智能时代的高度理性化很可能会消解思想政治教育者自身固有的批判性思维向度，使其变为只具有肯定性思维的'单向度的人'"④。徐徐、郑秋伟认为，"人工智能在解放教师体力劳动的同时，也引发了主体性危机。为此必须从教师、学校、国家和社会各层面审思人工智能与思政教育的深度融合之道"⑤。张志丹、刘书文指出，"人工智能特别是高级智能机器人的出现，无疑将引发思想政治教育主体、客体、中介和环境四要素的变革，进而实现人工智能时代思想政治教育形态的创造性重构"⑥。

综上所述，虽然对智能技术视域下思想政治教育主客体的研究刚刚开始，但近年来已涌现出大量关于人工智能、大数据、虚拟现实等新技术与思想政治教育融合的研究成果，可为深入开展智能技术视域下思想政治教育主客体交往研究提供借鉴。基于此，以下将对智能技术与思想政治教育融合相关的研究成果予以综述。

（三）关于智能技术与思想政治教育融合的研究

在互联网发展的基础上，随着近年来智能技术的快速发展，人文社会科

---

① 郭莉，黄柯. 论网络条件下高校思想政治教育的主体间性 [J]. 江西社会科学，2012，32 (7)：241-245.

② 谭泽春. 网络思想政治教育的主客体研究 [D]. 武汉：武汉大学，2017.

③ 王嘉. 大数据时代思想政治教育的转向 [J]. 学校党建与思想教育，2017 (20)：4-6，20.

④ 陈坤，李旖旎. 人工智能语境下思想政治教育者的角色定位 [J]. 思想教育研究，2018 (9)：31-34.

⑤ 徐徐，郑秋伟. 人工智能时代思政理论课教师发展的现实与未来 [J]. 江苏高教，2020 (5)：100-104.

⑥ 张志丹，刘书文. 人工智能必将引发思想政治理论课变革 [J]. 思想教育研究，2020 (10)：103-108.

学领域纷纷开始关注与智能技术相关的研究主题。与之相对应，自 2017 年以来智能技术与思想政治教育融合的研究成果呈逐年递增趋势。目前思想政治教育学界不断涌现与各项智能技术相关的研究文献，主要包括"大数据技术与思想政治教育""智能算法与思想政治教育""人工智能与思想政治教育""虚拟现实与思想政治教育"等。以下将分别对上述相关的代表性研究成果予以综述，为智能技术视域下的思想政治教育主客体交往研究提供文献参考。

1. 大数据技术与思想政治教育的融合

该研究的代表性成果主要包括以下方面。其一，大数据与思想政治教育融合的价值前提、理论基础、基本内涵和未来前景研究。如常宴会论述了大数据应用于思想政治教育的理论基础和前景，提出只有将数据分析结果置于孕育数据的社会关系中才能进行正确归因。① 罗红杰、平章起指出，"大数据是驱动思想政治教育现代化的重要引擎"，并分析了大数据驱动思想政治教育的利弊及其实践策略，以期实现两者的深度融合。② 吴满意等系统阐释了"精准思政"的内涵和结构演化过程，指出"精准思政教育模式包括精准识别、精准定制、精准滴灌到位的内涵生成序列，具有高效性、针对性、全时性、智能性特征"③。同时，他还指出，"思想政治教育将从数字驱动、网络驱动和智能驱动等维度发掘新的生长点，努力实现精准思政和智慧思政的范式转换"④。冯刚指出，"大数据与思想政治教育融合既要保持技术敏感又要避免技术迷信，以最大限度发挥大数据在思政教育中的价值和效用"⑤。宋林泽等认为，大数据时代将深入推动思想政治教育研究路径转型、研究手段转型和研究功能转型。但是也应注意大数据应用的价值限度，避免陷入数据主

① 常宴会. 论思想政治教育应用大数据技术的理论基础和前景 [J]. 马克思主义理论学科研究，2020，6（6）：131-138.

② 罗红杰，平章起. 大数据驱动：思想政治教育现代化的重要引擎 [J]. 重庆大学学报（社会科学版），2020，26（4）：257-266.

③ 吴满意，景星维. 精准思政：内涵生成与结构演化 [J]. 学术论坛，2019，42（5）：133-139

④ 吴满意，王丽鸽. 从精准到智慧：思想政治教育创新发展的根本态势分析 [J]. 马克思主义与现实，2019（4）：198-204.

⑤ 冯刚. 大数据应用于思想政治教育的局限与突破 [J]. 重庆大学学报（社会科学版），2021，27（2）：1-7.

义陷阱、技术主义陷阱和数据伦理陷阱。① 常宴会指出，大数据技术分析为思想政治教育研究提供科学方法，同时必须确立大数据思政教育运用的技术规范。② 在此基础上常宴会又撰文系统阐述了思想政治教育者把握大数据时代的难点及正确方式。③ 李姿雨、方凤玲从系统思维的视域为大数据与思想政治教育有效融合提供了新的路径。④ 唐良虎、吴满意对"数据思政"的基本意涵、生成逻辑与实践样态给予系统阐述。⑤ 余双好、康超具体阐述了思想政治教育大数据方法的内涵、特征和运用空间。⑥ 于祥成、陈梦妮亦系统地分析了大数据时代高校精准思政的特征、现状及路径。⑦

其二，大数据技术给思想政治教育带来的机遇挑战研究。管爱花、孙其昂指出，"大数据难以从相关关系中推导出因果关系，由此科学合理运用大数据是思想政治教育创新发展的前提"⑧。付安玲指出，"大数据使我国思想政治教育整体环境面临挑战与机遇并存的局面。因此，在思想政治教育中必须提升人的数据智慧、丰富人的生命存在；引导人的虚拟交往，优化人的社会存在；激发人的数据创新，丰富人的精神存在"⑨。曲一歌认为，数据时代信息传播主体多元化、传播受众细分化、传播内容碎片化、传播载体复杂化等将带来思想政治教育过程的诸多问题。由此，必须完善思政教育信息传播主

① 宋林泽，丁凯．大数据时代思想政治教育研究范式转型的三重维度［J］．江淮论坛，2020（6）：22-26，57
② 常宴会．论大数据时代思想政治教育的科学化［J］．思想理论教育，2021（1）：47-52.
③ 常宴会．思想政治教育者把握大数据时代的意义和方式［J］．思想理论教育，2022（9）：94-99.
④ 李姿雨，方凤玲．系统思维视域下大数据与思想政治教育有效融合研究［J］．思想教育研究，2022（3）：50-55.
⑤ 唐良虎，吴满意．数据思政：基本意涵、生成逻辑与实践样态［J］．思想理论教育，2022（5）：88-93.
⑥ 余双好，康超．思想政治教育大数据方法的提出及其运用空间［J］．北京工业大学学报（社会科学版），2022，22（5）：22-30.
⑦ 于祥成，陈梦妮．大数据时代高校精准思政的特征、现状及路径［J］．大连理工大学学报（社会科学版），2022，43（5）：8-16.
⑧ 管爱花，孙其昂，王升臻．大数据破解思想政治教育"思想"之谜的思考［J］．河海大学学报（哲学社会科学版），2019，21（4）：7-11，105.
⑨ 付安玲．大数据时代思想政治教育"获得感"的人学意蕴［J］．思想教育研究，2018（2）：37-41.

体架构、树立思政教育大数据思维理念并增强思政工作者大数据处理的技术及能力。① 胡启明指出，"要避免对大数据的盲目崇拜，为大数据语境中开展思想政治教育提供反向观照"②。常宴会亦对思想政治教育应用大数据技术的风险及其化解路径进行了系统阐述。③ 刘越等对高校思想政治教育精准化和智慧化发展带来的利弊得失给予系统阐述，并提出了针对性的应对策略。④

2. 智能算法与思想政治教育的融合

王贤卿教授认为，"算法推动的技术逻辑、符号逻辑和资本逻辑将对网生代青年的认知习惯、认知结构和认知方式产生消极影响，必须发挥思政教育的制度优势，以思政教育的育人逻辑、人文关怀和价值引领，克服并遏制智能算法技术带来的不利影响"⑤。赵建波指出，"算法推荐主导下的信息传播影响思政教育的传播成效，导致思政教育内容供给不足、主导地位消解、认同解构、话语权稀释等诸多现实问题。因此，必须用思政教育价值驾驭算法、夯实算法价值根基，提升网民算法素养，拓展思想政治教育空间，占领舆论主导地位等"⑥。崔聪指出，"算法在思政教育领域的应用将导致教育内容的'供给短缺'、凝聚共识受阻、消解认同以及解构思政教育者职责理念等算法风险；因此，必须优化算法，加强思政教育的价值赋予与信息融入；反思算法，提升思政教育者和网民的'算法素养等"⑦。张驰从算法的视角审视了思想政治教育智能化发展可能面临的挑战，并提出了优化方案。⑧ 邓国峰、高安

---

① 曲一歌. 大数据时代高校思想政治教育信息传播挑战与应对之策 [J]. 思想政治教育研究，2019，35（4）：155-160.

② 胡启明. 大数据视域下思想政治教育研究反思 [J]. 思想理论教育，2020（4）：75-80.

③ 常宴会. 思想政治教育应用大数据技术的风险及其化解路径 [J]. 河海大学学报（哲学社会科学版），2022，24（3）：8-13，113.

④ 刘越，曲建武，宋林萱. 精准+智慧：第四研究范式视角下高校思想政治教育的发展趋势 [J]. 现代教育管理，2022（9）：119-128.

⑤ 王贤卿. 以道御术：思政教育对智能算法技术弊端的克服 [J]. 毛泽东邓小平理论研究，2021（2）：38-44，107.

⑥ 赵建波. 智能算法推荐视域下思想政治教育的问题研判与应对策略 [J]. 思想教育研究，2019（12）：19-24.

⑦ 崔聪. 人工智能时代思想政治教育的算法风险及其应对 [J]. 思想理论教育，2020（5）：76-81.

⑧ 张驰. 思想政治教育智能化发展的算法审视 [J]. 思想教育研究，2022（9）：45-51.

安对算法时代的网络思想政治教育进行新的展望，指出应最大限度发挥智能推荐技术的功用，使智能算法与网络思想政治教育在理论逻辑和技术逻辑上产生耦合。① 魏俊斌系统阐述了思想政治教育网络智能环境下的算法治理，并分析了算法应用于思想政治教育的未来趋势。② 刘章仪也系统分析了算法介入下网络思想政治教育的困境与突破。③

3. 人工智能与思想政治教育的融合

该研究成果主要集中在以下方面。其一，"智能思政"的形成及内涵研究。如崔建西指出，"人工智能时代思想政治教育的理论基石、实践基要和学科属性并没有变，但其理论论域愈发智能化、信息化，实践范式更加注重数据利用和精准施教，跨学科发展注重与智能学科融合，'智能思政'由此形成；并衍生出数据思政、精准思政、虚拟思政等智能化形态"④。周良发论述了"智能思政"构建的必要性和可行性，即"智能时代构建'智能思政'可促进教育主体多元化、教学过程个性化、人机交互拟人化和考核评估智能化"⑤。胡华亦指出"智能思政是思想政治教育创新发展的新形态"⑥。隋灵灵等分析了智能思政的内在逻辑、矛盾境遇及实施策略。⑦ 亦有学者对智能思政的理论逻辑与实践样态给予系统分析。⑧ 此外，还有诸多文献对智能媒介时代

---

① 邓国峰，高安安．技术逻辑与价值定位：算法时代网络思想政治教育新展望［J］．思想教育研究，2022（2）：30-34.

② 魏俊斌．治理算法：思想政治教育网络智能环境治理的政策与趋势论析［J］．思想教育研究，2022（4）：50-56.

③ 刘章仪．推荐算法介入下网络思想政治教育的困境与突破［J］．学术探索，2022（8）：151-156.

④ 崔建西．论人工智能时代思想政治教育的"变"与"不变"［J］．思想教育研究，2021（5）：23-27；崔建西，白显良．智能思政：思想政治教育创新发展的新形态［J］．思想理论教育，2021（10）：83-88.

⑤ 周良发．智能思政：人工智能时代的思想政治教育变革［J］．重庆邮电大学学报（社会科学版），2019，31（5）：69-75.

⑥ 胡华．智能思政：思想政治教育与人工智能的时代融合［J］．思想教育研究，2022（1）：41-46.

⑦ 隋灵灵，徐铭泽．智能思政：内在逻辑、矛盾境遇及实施策略［J］．北京联合大学学报（人文社会科学版），2023，21（4）：26-34.

⑧ 斯琴格日乐，刘建华．智能思政有效性的理论逻辑与实践样态［J］．思想理论教育，2023（1）：86-91.

的思想政治教育话语、思想政治教育功能及其创新发展等问题予以系统研究。

其二，人工智能融入思政教育的价值前提及实践路径研究。常宴会对人工智能在思想政治教育中的应用前景和价值前提进行了系统分析。① 林峰指出，"人工智能与思政教育融合必须坚持以思想政治教育为核心，这是人工智能作为思政教育资源的价值前提"②。李怀杰从正面论述了人工智能赋能思想政治教育发展的理论原则和实践思路，即"技术逻辑与问题驱动是人工智能与思想政治教育融合的双重理路，算法是人工智能驱动思想政治教育发展的核心要素，并需要以主流价值观为算法研制提供思想指导；在实践应用上，人工智能将形成思政教育环境的'智能场景'，提供智能教师助理、智能伴学和智能管理服务"③。万光侠等系统分析了人工智能赋能思想政治教育的双重向度，即技术向度和社会向度。④

其三，智能时代思想政治教育的机遇、挑战及应对策略研究。刘明龙认为，智能时代思想政治教育的发展机遇包括：拓展思政教育的时间、空间、情境，创造个性化教育，借助"人机一体化""认知外包"实现教育资源共建共治共享，运用数据思维等探索思政教育理论的新规律、新理念和新模式。⑤ 罗亮阐述了人工智能驱动思政教育创新的价值、挑战及实践策略。"人工智能可助力实现信息技术与思政融合发展，提升思政教育亲和力，推动思政教育精准化；同时面临数字鸿沟、隐私侵犯、刻板效应等挑战，需强化价值引领，提升师资队伍素养，构建智能驱动思政教育创新的多方协同。"⑥ 富旭系统地分析了智能时代思想政治教育话语建构面临的挑战。"智能算法对话

---

① 常宴会. 人工智能在思想政治教育中的应用前景和价值前提探析 [J]. 思想理论教育，2019（8）：79-83.
② 林峰. 人工智能时代思想政治教育的价值定位与发展 [J]. 思想理论教育，2020（1）：79-83.
③ 李怀杰. 人工智能赋能思想政治教育论析 [J]. 思想理论教育，2020（4）：81-85.
④ 万光侠，焦立涛. 人工智能赋能思想政治教育双重向度 [J]. 思想教育研究，2023（5）：38-43.
⑤ 刘明龙. 人工智能时代思想政治教育机遇探赜 [J]. 西南民族大学学报（人文社会科学版），2020，41（12）：213-219.
⑥ 罗亮. 人工智能驱动思想政治教育创新的时代价值与实践策略 [J]. 思想理论教育，2021（3）：88-93.

语主体的行为及价值引导产生权利效应，由此思想政治教育面临话语意义流失、话语场域离散、话语认同消解等困境。应结合算法传播机制的新特点，从多方面创新话语建构路径。"① 李洁、廖小琴亦指出智媒时代思政教育话语发展面临的机遇与挑战并提出应对策略。②

　　袁周南认为，"当前教育领域的人工智能应用主要聚焦于多模态学习分析、适应性反馈、人机协同。人工智能既要赋能思政教育，思政教育又要对人工智能进行导向、规约与价值融入"③。李梅敬提出智能背景下思想政治教育生活化的建构及实践路径，并指出思政教育生活化建构包括两个层次，即回归生活的生活化建构和提升生活的生活化建构。④ 张志丹等指出，"人工智能将引起思想政治教育主体、客体、中介及环境的重构，由此给思想政治理论课带来诸多新的挑战"⑤。杨仁财认为，"必须处理好人与技术、工具理性与人文情感、算法推荐与自主学习、技术壁垒与意识形态安全的关系才能实现人工智能赋能高校思政教育的应有价值"⑥。王凤仙、李亮指出，技术、需要与文化互动将形成智能时代思想政治教育的视频化转向，由此也带来一系列问题并提出相应的完善措施。⑦ 杨威等指出培养人的生活智慧成为智能时代思想政治教育的重要目标，由此必须增强思政教育体系内部各要素的智能水平，使思政本身成为一个智能体系和智能系统，以更好发挥推动社会进步和

---

①　富旭．人工智能时代思想政治教育话语建构面临的挑战及其应对［J］．思想理论教育，2021（4）：85-89.

②　李洁，廖小琴．智媒时代思想政治教育话语发展的审视［J］．思想教育研究，2021（7）：51-57.

③　袁周南．人工智能嵌入思想政治教育：背景、依据与路径［J］．思想理论教育，2020（8）：94-99.

④　李梅敬．智能教育背景下思想政治教育的生活化建构及实践路径［J］．北京社会科学，2021（7）：76-83.

⑤　张志丹，刘书文．人工智能必将引发思想政治理论课变革［J］．思想教育研究，2020（10）：103-108.

⑥　杨仁财．人工智能赋能高校思想政治教育的挑战与应对［J］．国家教育行政学院学报，2020（5）：54-59.

⑦　王凤仙，李亮．智能时代思想政治教育的视频化转向探析［J］．思想教育研究，2021（7）：58-63.

人的全面发展。① 王少系统分析了以 ChatGPT 为代表的 AIGC 技术对新时代思想政治教育带来的机遇和挑战。② 米华全论述了智能思政伦理风险的生成逻辑、表现形式和防控机制。③ 李姿雨详细阐述了思想政治教育智慧化发展的伦理风险及其规避路径。④ 上述成果为本书的研究提供有益参考。

4. 虚拟现实技术与思想政治教育的融合

刘新刚等较早从马克思主义人学的视角对虚拟现实技术运用于思想政治教育进行了学理考察，提出虚拟现实技术应用于思想政治教育应坚持的基本原则。⑤ 王嘉等指出沉浸传播"打破虚拟和现实界限""实现人类感知系统的高度沉浸"，由此将形成智能空间思想政治教育。⑥ 王寅申等认为，"以虚拟现实技术为支撑的沉浸传播为思想政治教育带来了发展机遇，可促进思政教育效率的提升，但同时也导致教学过程的'人性缺失'问题及'浅学习''泛机器化学习'等问题"⑦。温旭指出，"'VR+思政'将从提升沉浸感、在场感和共情感方面赋能思想政治教育"⑧。黄冬霞对虚拟现实技术的场景化传播驱动思想政治教育创新的价值和实践策略给予了阐述。⑨ 在上述研究成果的基础上，元宇宙作为虚拟现实技术应用的典型，自 2021 年开始，思想政治教

---

① 杨威，耿春晓. 人工智能时代思想政治教育发展的可能议题 [J]. 思想教育研究，2021（10）：47-52.

② 王少. 机遇与挑战：AIGC 赋能新时代思想政治教育 [J]. 教学与研究，2023（5）：106-116.

③ 米华全. 智能思政伦理风险的生成逻辑、表现形式及防控机制 [J]. 中国电化教育，2023（2）：111-117.

④ 李姿雨，方凤玲. 思想政治教育智慧化发展的伦理风险隐忧及其规避 [J]. 思想教育研究，2023（3）：52-57.

⑤ 刘新刚，裴振磊. 虚拟现实技术运用于思想政治教育的学理考察：以马克思现实人理论为视角 [J]. 思想教育研究，2017（9）：57-61.

⑥ 王嘉，张维佳. 论沉浸传播时代下的思想政治教育 [J]. 教学与研究，2020（1）：32-39

⑦ 王寅申，朱忆天. 沉浸传播时代思想政治教育的发展变革与价值澄明 [J]. 思想理论教育，2021（4）：90-95.

⑧ 温旭. VR 技术赋能高校思想政治教育的价值与应用 [J]. 思想理论教育，2021（11）：88-93.

⑨ 黄冬霞. 场景化传播驱动思想政治教育创新的时代价值和实践策略 [J]. 思想理论教育，2022（11）：93-100.

育学界开始关注元宇宙视角下的思想政治教育发展问题，并出现了诸多研究成果。如有学者明确提出，"元宇宙将成为思想政治教育的未来场域"①。还有学者对元宇宙在思想政治教育应用过程中的机遇挑战及其价值和实现路径等进行了系统分析。

总之，目前学界有关智能技术与思想政治教育融合的研究成果已大量涌现。虽然暂时还没有文献专门从智能技术视角考察思想政治教育主客体交往问题，但已有的文献成果为智能技术视域下的思想政治教育主客体交往研究提供丰富的资料。

（四）研究现状述评

基于上述对文献资料的梳理和分析不难看出，学界已存在大量有关思想政治教育主客体的研究成果。已有研究在取得进展的同时也存在诸多不足之处需要深入探究。本研究课题"智能技术与思想政治教育主客体交往研究"正是基于学界已有的研究成果，并根据思想政治教育实践在智能技术时代可能面临的新变化而展开的系统研究。

1. 现有研究取得的进展

目前，思想政治教育主客体研究已得到不同层面和不同维度的关注，并取得了丰富的研究成果，成为思想政治教育学科的基础理论和前沿问题之一。以上成果为进一步研究智能技术视域下思想政治教育主客体交往问题奠定了基础。

第一，关于主客体理论的研究已经较为成熟和系统化。作为哲学范畴的主客体概念，无论是基于思想史的演进过程，还是近年来的学术研究文献都已经得到足够重视。主客体理论经历了从古希腊哲学到马克思主义哲学的漫长历史发展过程，不同历史发展阶段主客体概念的内涵各有不同。我国自 20 世纪 80 年代改革开放以来提出人的思想解放浪潮开始，哲学界随之兴起对人学的研究，主客体研究也由此得到了足够的重视。通过了解哲学史发展过程中主客体概念的不同内涵，有助于我们更好地理解为什么把马克思主义哲学的主客体概念引入思想政治教育学科中。随着学界研究的深入，主客体理论

---

① 石磊，张笑然. 元宇宙：思想政治教育的未来场域 ［J］. 思想教育研究，2022（3）：36-42.

目前已经较为成熟和系统化。

　　第二，思想政治教育主客体已得到学者的关注和重视。当前的研究成果不仅包含"思想政治教育主体""思想政治教育客体""思想政治教育主客体关系"等各个层面的具体问题，而且思想政治教育主客体研究也及时跟进时代发展和现代技术的进步，对网络思想政治教育主客体问题展开了系统的研究。例如，网络思想政治教育主体的结构、网络思想政治教育主客体理论建构、网络思想政治教育主客体关系的困境等核心问题已经得到足够重视。随着智能技术的发展，亦有学者开始关注智能时代的思想政治教育主客体问题。可见，思想政治教育主客体问题已得到学界的全面重视和全方位探究，诸多研究成果可为智能技术视域下思想政治教育主客体交往研究提供理论借鉴。

　　第三，智能技术与思想政治教育融合的研究已有不少成果，可为研究思想政治教育主客体交往问题提供借鉴。近年来随着人工智能、虚拟现实等的快速发展，学者们开始积极关注各项智能技术对思想政治教育可能产生的影响。现有的研究成果包括智能技术对思想政治教育内容、思想政治教育传播、思想政治教育话语、思想政治教育环境以及思想政治教育整体形态等各个方面带来的影响。同时亦有学者从智能技术的负面影响入手，提出需对智能技术的应用过程进行制度约束与价值引导，使智能技术应用符合思想政治教育实践的本质。上述研究成果可为智能技术视域下思想政治教育主客体交往研究提供有益的参考。

　　2. 当前研究的不足之处

　　截至目前，虽然思想政治教育主客体研究已经取得了富有成效的学术成果，但仍需进一步深化。具体而言，当前的研究成果存在以下不足之处。

　　第一，目前关于思想政治教育主客体研究的理论深度还不够，需要进一步深化研究。综观当前学界有关思想政治教育主客体的研究成果，多数研究还处于直观的经验总结反思阶段，并未形成系统成熟的研究谱系。例如，对思想政治教育主客体特征的研究、如何优化完善思想政治教育主客体关系等即是直接总结思想政治教育主客体的实践行为而得出的结论。要想形成系统化的思想政治教育主客体理论，需要在学理上进一步深化研究。同时，作为思想政治教育学科的基础前沿问题，学界关于思想政治教育主客体理论研究的成果较少，应当引入哲学思维对思想政治教育主客体展开深入系统的研究。因此，需要在已有研究成果的基础上不断深入推进。

第二，目前有关思想政治教育主客体的研究视野不够开阔。通过阅读相关文献笔者发现，目前的研究成果多将思想政治教育主客体作为独立的教育要素加以考察，未能将思想政治教育主客体与其他教育要素或思想政治教育整体系统相关联。此种研究范式将在一定程度上限制思想政治教育主客体研究的视野。基于此，应当将其置于思想政治教育过程的整体系统进行考察，不断开阔思想政治教育主客体研究的视野。

第三，当前智能技术与思想政治教育融合的相关研究处于起步阶段，未来需要持续不断地深化。人工智能、大数据等现代技术渗透至各人文社会科学领域是近年来刚刚兴起的。随着各项智能技术的发展演进和广泛应用，作为社会实践活动的思想政治教育也越来越多地受到智能技术的影响。因此，必须及时关注并深化思想政治教育与智能技术融合的相关研究，并科学定位思想政治教育主客体交往研究在未来的学术价值，有针对性地提升思想政治教育主客体在其教育活动中的地位，促进思想政治教育生态的良性运转。

三、研究方法与研究思路

（一）研究方法

研究方法的选择直接关乎能否实现预期的研究目标。根据研究对象和研究所期望达到的目标，本书将采取以下研究方法：文献研究法、逻辑与历史相统一的方法、比较分析法、学科交叉研究法。

文献研究法。文献研究法是学术研究的最基本方法。目前学界暂时缺少专门研究智能技术视域下思想政治教育主客体交往的文献。因此，应当将传统意义上对思想政治教育主客体研究的文献资料和人文社科领域对智能技术研究的相关文献进行仔细研读，同时结合智能技术视域下思想政治教育整体形态的发展演进，具体分析智能技术视域下思想政治教育主客体交往的特征及其可能带来的现实挑战，力争全面深入地把握智能技术视域下思想政治教育交往实践的发展态势，为智能技术发展背景下思想政治教育实践的有序运行提供保障。

逻辑与历史相统一的方法。逻辑与历史相统一是唯物辩证法的一条基本原则，是马克思、恩格斯在创立马克思主义学说时所采用的主要方法。此方法不仅强调研究对象存在的客观必然性，而且强调从历史发展和逻辑辩证的双重维度展开研究，使研究结论更具说服力。在智能技术视域下考察思想政治教育主客体交往问题亦应当坚持历史与逻辑的辩证统一，既要从历史发展的维度对思想政治教育主客体交往的历史演进历程进行详细梳理，又要依据辩证逻辑的思维范式对思想政治教育主客体交往的内在逻辑进行合理的证成，为智能技术视域下思想政治教育主客体交往研究提供依据，从而使研究实现历史感和逻辑感的内在统一。

比较研究法。任何学术研究都不可能仅仅对其研究对象本身进行孤立的考察，必须在比较中加以辨别和分析才能全面客观地看待问题，对思想政治教育主客体交往问题的研究亦是如此。思想政治教育主客体作为思想政治教育的基本要素，必须在思想政治教育的动态实践过程中才有存在的可能性，且两者是彼此依存不可分割的。因此，应当将其置于思想政治教育整体系统中加以考察，并将思想政治教育主客体要素与其他教育要素进行对比分析，才能更加全面客观地把握其在思想政治教育实践中的地位。

学科交叉研究法。随着现代学科体制的不断分化与整合，学科交叉法已经成为学术研究不可或缺的方法。思想政治教育学科作为一门年轻的实践应用型科学，不可避免要借鉴哲学、教育学、伦理学、心理学等诸多学科成熟的研究范式和思想理论；同时"智能技术与思想政治教育主客体交往研究"这一主题本身即涉及"智能技术"与"思想政治教育"两个不同学科领域的内容，需要对其加以融合研究。因此，必须运用跨学科研究法进行系统分析，以便为该论题的顺利开展提供方法论基础。

（二）研究思路

随着智能技术的快速发展和广泛应用，思想政治教育实践活动的开展和思想政治教育的整体形态不可避免被智能技术所影响。思想政治教育主客体之间交往互动的效果直接决定思想政治教育实践的成败。基于此，本书将以"思想政治教育主客体交往"为研究对象，详细分析智能技术视域下思想政治教育主客体交往的新特征、思想政治教育主客体交往新特征带来的挑战及其应对策略等基本问题。基于上述问题，本书将分为三大部分共六章内容。具体研究思路如下。

第一部分包括绪论、第一章、第二章，这是本书的立论之基。绪论部分主要阐明研究缘起和研究意义，并对研究现状进行全面的梳理和述评，进而论述研究方法和研究思路及其可能的创新与不足之处。第一章首先界定核心概念"智能技术""思想政治教育主体""思想政治教育客体""思想政治教育主客体交往"；其次，从马克思主义交往理论、中国传统文化的交往智慧、西方哲学的交往行动理论分别阐述思想政治教育主客体交往研究的理论依据。以上论述为研究智能技术视域下思想政治教育主客体交往问题奠定概念前提和理论基础。第二章对媒介技术不同发展阶段思想政治教育主客体交往的特质进行历史考察。首先，从整体上阐述媒介技术影响思想政治教育主客体交往的内在机制；其次，阐述互联网兴起之前思想政治教育主客体交往的特质；最后，论述网络媒介时代思想政治教育主客体交往的图景。为下文展开智能技术视域下的思想政治教育主客体交往研究奠定基础。

第二部分包括第三章、第四章和第五章，此部分是本书的核心内容。第三章主要阐述了智能技术对思想政治教育主客体交往要素的影响，主要包括智能技术对思想政治教育主体、思想政治教育客体、思想政治教育环境、思想政治教育载体及其方法产生的深刻影响。智能技术对思想政治教育上述交往要素的改变必然使思想政治教育主客体交往呈现新的特征。第四章从交往场域、交往形式和交往样态切入，系统分析智能技术视域下思想政治教育主客体交往的新特征。智能技术视域下思想政治教育主客体交往的新特征主要包括交往场域的全景开放、交往形式的丰富多样以及交往样态的多元复杂。思想政治教育主客体交往的新特征在方便思想政治教育活动开展的同时亦不可避免为思想政治教育实践带来现实挑战。因此，第五章重点基于"交往新特征"带来的思想政治教育现实挑战展开系统分析。具体而言，"交往新特征"带来的思想政治教育现实挑战主要包括思想政治教育主客体关系疏离、思想政治教育传播风险和思想政治教育功能的弱化三大方面。针对上述问题，必须采取措施积极应对智能技术给思想政治教育实践带来的现实挑战。

第三部分包括第六章和结语。第六章具体阐述应对智能技术视域下思想政治教育现实挑战的策略。首先，要不断完善智能技术融入思想政治教育的内在动力机制。即应优化思想政治教育主客体能力结构以解决认同疏离、遵循思想政治教育主客体交往规律以纾解情感疏离、构建思想政治教育伦理共同体以防止道德疏离。其次，要积极构建思想政治教育实践过程的智能技术融入机制。具体来讲，即要合理应用智能技术以优化传播主体架构，营造人技共生的教育氛围以净化传播环境，将智能算法嵌入思想政治教育主流价值观以防止传播内容偏失。最后，要健全智能技术与思想政治教育融合的制度保障机制。即应从伦理约束、政策拟定和法律制度同时保障智能技术视域下思想政治教育功能的充分发挥。结语部分是全文观点的升华，提出应合理利用智能技术促进智能技术应用与思想政治教育实践发展的同频共振。

四、研究重点、难点与创新点

（一）研究重点

本论题的研究重点主要包括以下三方面。

其一，科学界定"智能技术""思想政治教育主客体交往"相关概念，为智能技术视域下思想政治教育主客体交往研究奠定概念基础。在此基础上，系统梳理媒介技术变迁过程中不同历史时期思想政治教育主客体交往的特征，并阐述媒介技术影响思想政治教育主客体交往的内在机制，为全文展开研究提供理论参考。

其二，在系统分析智能技术对思想政治教育主客体交往要素的影响基础上，具体阐述智能技术视域下思想政治教育主客体交往呈现的新特征，并具体分析"交往新特征"不可避免导致思想政治教育实践的诸多现实挑战。

其三，针对智能技术视域下思想政治教育实践的现实挑战，必须积极采取措施完善智能技术融入思想政治教育的内在动力机制、积极构建思想政治教育实践的技术融入机制并健全智能技术与思想政治教育融合的外在保障机制，以促进智能技术视域下思想政治教育实践的发展。

（二）研究难点

本论题的研究难点主要有两方面。其一，在研究方法上，采用学科交叉研究使文献搜集和研究过程难度较大。研究智能技术视域下的思想政治教育主客体交往这一主题，需要借鉴人工智能、教育学、传播学等相关领域的文献资料；同时，主客体问题的本质是对人的研究和关注，因此需要关注智能技术发展背景下人的变化等相关研究成果。其二，在研究内容上，将智能技术与思想政治教育主客体进行融合研究具有较大的挑战性。首先，针对智能技术影响思想政治教育主客体交往的缘由及其智能技术视域下思想政治教育交往所呈现的新图景进行系统分析，对笔者的知识储备和理论分析能力提出较高要求；其次，阐释智能技术视域下思想政治教育实践的现实挑战及其提出具体应对策略亦是研究难点。

（三）研究创新点

本研究论题主要有以下创新之处。

第一，研究选题的前沿性。目前在思想政治教育领域虽已存在不少有关思想政治教育主客体研究的成果，但暂时还没有专门对智能技术与思想政治教育主客体交往融合的相关问题展开系统研究，亦没有相关的博士论文出现。随着人工智能、大数据等现代智能技术的快速发展，近年来智能技术开始引起思想政治教育学科的高度关注。本选题正是适应智能技术迅速发展的现实需要，将思想政治教育实践置于智能技术发展的背景下予以系统考察，使思想政治教育这门实践应用型学科能够主动适应智能技术发展的现实需求。因此，本选题具有一定的前沿性和创新性。

第二，研究视角的独特性。以往对思想政治教育主客体的研究仅仅是在思想政治教育学科内阐述其相关内容；同时对思想政治教育主客体交往的探讨停留在对交往关系的改善层面，并没有将思想政治教育主客体交往研究置于智能技术发展的时代背景下展开系统分析。因此，本研究较之于以往的研究成果具有研究视角的独特性和新颖性。

第三，研究内容的创新性和聚焦性。目前有关智能技术与思想政治教育融合的研究成果主要是针对各项智能技术发展对思想政治教育整体形态的影响展开，如大数据与思想政治教育创新研究、新媒体时代的思想政治教育创新等。以上研究成果涉及范围比较宽泛，很难集中解决某一核心问题。本选题针对思想政治教育主客体这一最基础的教育要素，以智能技术视域下思想政治教育主客体交往的特征及其可能引起的一系列现实挑战作为研究内容，不仅可及时更新完善思想政治教育主客体交往理论，而且可在实践层面促进思想政治教育主客体关系的发展。因此，从研究内容维度看具有创新性和聚焦性。

第一章

智能技术及思想政治教育主客体交往概述

清晰的概念界定是进行科学研究的前提。因此，对任何社会科学问题的研究首先必须界定概念。研究智能技术视域下思想政治教育主客体交往问题亦必须对"智能技术""思想政治教育主体""思想政治教育客体"及"思想政治教育主客体交往"等概念给予明确界定。本章将在界定上述概念的基础上阐述思想政治教育主客体交往研究的理论依据，为后文展开研究奠定基础。

第一节 智能技术的内涵和特征

技术发展与人类生存实践之间的关联日益密切。智能技术作为新一轮科技革命的核心驱动力量，将成为未来社会发展的强大引擎，逐渐推动人类社会从网络时代迈向智能时代。以大数据、智能算法、虚拟现实、人工智能为代表的智能技术不断嵌入人类社会的日常生活并重塑人类生存交往的状态。在经验感知层面我们很容易理解"智能技术"是指以人工智能、大数据等为主导的现代技术不断叠加发展形成的技术群，但要准确把握"智能技术"的内涵并阐述其特质却并非易事。以下将根据目前有关智能技术的研究成果，系统阐述智能技术的内涵及其特质，为后文的研究奠定科学的概念前提。

一、智能技术的内涵

从字面意思上理解，"智能技术"顾名思义是指具备智能性质的技术，即凡是具有智能化特质的技术都可被统称为智能技术。因此，智能技术并非特指某种单一的具体技术类型，而是由具备智能性质的不同技术共同构成的技术群。要想深入理解智能技术的内涵，首先必须对"智能""智能技术"概念及其所指予以明晰概念。

目前学界普遍认为，"智能是人们在认识和改造世界的过程中思维和脑力劳动所表现出的能力，其包括感知、思维、行为的能力。如果从信息角度看，智能可以看成是获取、处理、利用信息的能力。智能的实体可以是人类、动物和智能机"①。此外，"智能技术并不仅仅包括人工智能技术，而是泛指一切有助于计算机系统（机器）获得'智能'的技术"②。可以说，"智能"主要是基于脑力劳动所表现出来的能力，其中思维能力是智能中最重要的能力。很显然，广泛意义上的"智能技术"是指借助一切辅助手段达到实践活动智能化的技术，通常是指借助计算机网络模仿人类思维而达到处理复杂问题的技术。

随着现代技术的发展，尤其是伴随计算机技术、物联网技术、大数据技术、智能算法、虚拟现实的快速发展，智能技术所指涉的内容不断丰富，各项智能技术亦将不断被应用于社会实践的各领域。可以说，智能技术不仅具有自身特定的技术属性，而且智能技术应用亦将对个体和社会产生重大影响，从而在潜移默化中改变社会的整体形态。基于此，可以说，智能技术的内涵应从技术维度、人的维度和社会维度三个层面来理解。从技术维度看，智能技术并不是指称某种单一的技术，而是由多项具体的基础技术共同构成的智能技术形态。具体而言，智能技术是由基础架构层、技术平台层、技术应用层共同构成的技术体系或技术生态。智能技术的基础架构层主要由大数据技术、智能算法、机器学习、自然语言处理、模式识别、人机交互、知识图谱、区块链技术、5G通信等最基础的技术元素组成；智能技术的技术平台层主要包括物联网技术、数字孪生技术、虚拟现实技术、人工智能技术等；智能技术的技术应用层主要是根据具体的应用领域形成不同的智能系统或智能场景。

①　王昆翔，王普，刘正风，等．警用智能技术［M］．北京：群众出版社，2004：1．
②　刘邦奇，王亚飞．智能教育：体系框架、核心技术平台构建与实施策略［J］．中国电化教育，2019（10）：21-31．

例如，智能技术在教育领域的应用将形成智能导学系统、人机交互系统、教育智能机器等具体的智能教育技术，并直接协助教育实践活动的开展。综合上述三个层面的具体内容并结合目前智能技术在教育领域的应用情况，笔者认为可应用于教育领域的智能技术主要包括以下四种类型。

（一）大数据技术

数据是人们测度事物内在本质的尺度和手段，人的诸多行为实践都可以通过数据加以准确量化。然而，受制于传统数据技术的限制，数据的采集、处理、存储管理和分析应用均存在诸多困境。随着信息技术的发展，尤其是互联网、智能感知、云存储及云计算等技术的迅速发展，数据处理的规模更大、速度更快，能够处理的数据类型更多，由此，大数据技术应运而生。"'大数据技术'是基于大规模生产、分享和应用数据的互联网平台，发掘数据价值的一种新形态数据挖掘技术。"[1] 大数据技术是信息化发展新阶段出现的技术产物，其本质是以相关性思维替代传统的因果性思维，并通过整体分析多元化的海量数据实现对事物本质的理解和把握，不断提升人们认识世界和改造世界的能力和水平。基于此，有学者指出，"大数据技术的本质是数据化的世界观和思维方式"[2]。此外，大数据技术必须依托云计算的分布式处理、分布式数据库、云存储及虚拟化技术来实现。与传统数据技术相比，大数据技术具有容量大、速度快、多样性和价值化四大特质。因此，通过大数据技术的精准测定可使我们的行为方式更加科学化、合理化。

（二）智能算法

"智能算法"是计算机通过一系列指令解决问题的策略机制。算法的要素包括数据对象的运算和操作、算法的控制结构。智能算法技术主要是通过大数据分析和计算机程序的运行对具体对象进行计算和判断，从而将输入的数据转换为输出结果的一系列程序步骤。因此，大数据是智能算法的基础，智能算法必须基于大量的数据信息才能进行运算。智能算法的精准推送主要是根据数字算法模型对用户的网络行为进行数字化分析，用最优的解决方案满

---

① 岳瑨. 大数据技术的道德意义与伦理挑战 [J]. 马克思主义与现实，2016 (5)：91-96.
② 黄欣荣. 大数据技术的伦理反思 [J]. 新疆师范大学学报（哲学社会科学版），2015，36 (3)：46-53, 2.

足用户的个性化需求，并自动推送适合用户需求的信息。因此，智能算法技术正在改变着互联网内容的生产和传播方式，其本质是对权力的替代，在提高决策效率的同时亦将削弱人自身的话语权和决策权。随着深度学习技术和神经网络技术的进步，智能算法推送日益快速化和精准化，使互联网世界的内容生产、信息传播和供给方式不断迭代升级。此外，"算法"自身的有限性导致不可能存在某种能够解决一切问题的算法，由此必须根据具体的情形不断创新和优化算法，使智能算法真正赋能人类的生产生活实践。

（三）虚拟现实技术

虚拟现实技术（即 VR 技术）是 20 世纪兴起的一项新型现代视听技术，它是由计算机、电子信息、虚拟仿真等综合作用共同组成的技术类型。有学者指出，"虚拟现实技术是通过计算机和知觉传感器等技术模拟现实世界，以及人与现实世界等交互作用的仿真系统生成技术"①。虚拟现实技术以高度仿真和沉浸交互为核心优势，可在一定程度上生成与真实环境高度类似的数字化环境，拓展人的视觉、听觉及触觉体验。虚拟现实技术的沉浸性、交互性、多感知性、构想性和自主性特质为使用者营造身临其境的在场感，并允许肢体语言与虚拟环境不断交互，全方位激活使用者的身体感官系统并拓展人类生存的空间。近年来随着虚拟现实技术的推广和市场化应用，人的生存越来越依赖各类虚拟智能空间，虚拟数字世界逐渐成为人类生存的第三空间，从而使人机交互的方式不断由分离走向融合。根据虚拟设备和虚拟空间的复杂程度和封闭程度不同，可将虚拟现实技术分为桌面虚拟现实系统、沉浸式虚拟现实系统、增强现实性虚拟现实系统以及分布式虚拟现实系统四大类型。

（四）人工智能技术

人工智能技术是以大数据和算法为核心构建的技术类型，它通过不断提升数据的运算能力和运算速度来提高工作效率。"人工智能包括知识系统和技术系统两种形态，人工智能技术是人工智能知识观念系统的外化。"② 同时，机器学习和深度学习算法为人工智能技术的发展奠定基础，因此，人工智能

---

① 段伟文. 虚拟现实技术的社会伦理问题与应对 [J]. 科技中国，2018（7）：98-104.
② 蒋万胜. 论人工智能的两种存在形态及其社会影响 [J]. 北方论丛，2019（3）：143-149.

技术亦是由多项技术叠加组成的技术群。具体而言，人工智能技术主要包括计算机视觉、自然语言处理、语音处理、知识图谱、专家系统、机器学习、人机交互、智能决策系统、大数据分析统计等具体的技术类型。当下人工智能技术已经越来越多地应用于社会生产生活的各领域，如金融、医疗、法律、教育等行业，不断赋能人类社会的发展。此外需要说明的是，智能机器作为人工智能技术的外化物也正在被广泛应用于人类社会生活的诸多领域。因此，广义的人工智能应包括人工智能技术系统和智能机器两大部分。

综上所述，智能技术体系是由大数据技术、智能算法、虚拟现实、人工智能等核心技术构建而成的技术群落。大数据技术和智能算法构成了智能技术的基础架构，并同人工智能技术和虚拟现实技术共同作用于人类社会实践活动。总而言之，智能技术是以大数据、智能算法、虚拟现实、人工智能为核心构建的智能技术群。因此，从智能技术视角研究社会科学问题，必须具体分析上述各项智能技术对研究对象带来的影响。

二、智能技术的特征

作为具有智能特质的现代技术集群，各项智能技术的融合将必然形成特定的技术形态并呈现出与以往不同的特征。智能技术不仅具备自身特有的技术特征，而且还在具体应用过程中呈现出特定的社会属性。本书主要基于智能技术的社会属性，将智能技术的主要特征概括为以下五大方面。

（一）万物互联

"万物互联"顾名思义指一切物与物、人与物、人与人之间彼此关联。随着新一代互联网技术的深入发展，尤其是当下蓬勃发展的大数据、物联网、智能算法等新兴技术不断迭代更新，万物互联将很快成为智能技术时代的常态。智能技术时代的万物互联不仅是在物质实体层面的物理联结，更根本的是在抽象思维层面的互相关联。即智能技术的发展将实现人、物、数据、场景等要素的深度联结，可在潜移默化中将无形的数据信息及时转化为可供直接利用的动能，不断赋能社会整体的运行和发展。同时随着虚拟现实技术的发展，万物互联将不仅在于联结现实世界，而且将实现现实世界与虚拟世界的互通，将一切人、事、物通过数字网络技术得以深度联结。在此基础上，万物互联将重塑社会整体的全貌，深度变革人类社会的生产实践方式，促进社会各领域各要素互相融合，使社会整体发展呈现出新的图景。此外，万物互联的核心在于促进人的发展，因此，无论是人与物的联结还是物与物的联结，都将以人为中心，以促进人的自由全面发展为最终目的。

（二）数字智能

"数字智能"即数字化和智能化。毋庸置疑，智能技术的发展将形成数字化和智能化共存的社会形态，即"数字智能"将成为智能技术时代的核心特征。数字化即是数字技术深入发展并不断应用于社会生活各领域而带来的变革，又称数字化变革。数字化的前提是大数据技术的广泛应用，只有充分挖掘和利用大数据技术的价值，有效整合和合理利用海量的数据资源，才能实现社会的数字化转型。随着大数据技术的日益进步，数字化必将成为智能技术时代人类社会实践的常态。此外，以大数据和智能算法为基础架构的人工智能技术迅速发展，也将不断促进社会各领域的智能化转型。因此，"数字智能"将成为智能技术发展的时代表征，不断形塑人们的认知图式并拓展人们认识世界的方式。数字智能的发展将使人、信息、媒介和社会逐渐实现脱域融合，重构人类社会的存在状态和交往模式，使人的存在和交往方式逐渐向虚拟化与实体化并存的方向发展。但数字智能在赋能个体与社会发展的同时也将带来数据安全和伦理隐患等负面影响，必须从各个层面对数字智能可能带来的负面影响加以规避。

（三）虚实融合

随着互联网、大数据等现代信息技术的深入发展和广泛应用，人类社会的信息存储方式逐渐由传统的文字记载转向信息化数据存在，人类社会的空间结构正在由"'物理空间—社会空间'的二元结构拓展至'物理空间—社会空间—信息空间'的三元机构"①，信息空间逐渐成为人类社会实践的重要场域。当下智能技术的发展尤其是以虚拟现实、增强现实等为技术支撑的虚拟数字空间蓬勃发展，不仅拓展了人类生存交往的空间，而且为数据信息的直观呈现提供了可能，弥补了现实物理空间的局限性。由虚拟现实技术构建

---

① 潘云鹤. 人工智能2.0与教育的发展［J］. 中国远程教育，2018（5）：5-8，44，79.

的虚拟世界既可以模拟实体世界，也是对现实物理空间的补充升级甚至是一定程度的替代。因此，随着虚拟仿真技术的发展，物理空间、社会空间和虚拟数字空间将形成互相交织彼此关联而又各具特色的样态。当下讨论火热的元宇宙就是虚拟技术所带来的交往空间改变，使人与周围的互动从离线、在线向在场化拓展。离线即实体空间的缺场，缺失实体化交往中的体验和感受，而在场感弥补了二维平面空间交往的缺憾。总之，虚拟现实技术的发展将不断拓展人类社会生存的空间，使人类社会的生存交往逐渐呈现虚实融合的态势。

（四）算法主导

算法是指"一种有限、确定、有效并适合用计算机程序来实现的解决问题的方法"①。我们可以将算法简单地理解为一种通过计算机程序输入输出数据的过程，而将输入的数据经过处理转化成输出结果的指令就是算法的本质。由此可以看出，算法必须建立在拥有海量数据的基础之上，并"主宰数据的收集、处理和输出的全部生命周期"②。随着大数据技术日新月异的进步，数据逐渐成为参与分配的社会生产要素，由此算法也逐渐被作为生产工具助力数据价值的挖掘，而人工智能的核心技术是以数据和算法为基础架构，因此，算法将通过对数据信息的科学分析不断提高工作效率。当算法逐渐参与社会生产要素的分配和决策时，便不再是单纯的技术工具，而是逐渐渗透至社会生活的权力结构中并形成自主性的算法决策体系，从而在社会生活各领域发挥着重要作用。由于智能算法决策的科学性和高效性，人类社会生产的各领域逐渐开始运用智能算法进行精准预测，如自动无人驾驶、手机导航系统、智能信息推送等都是智能算法精准预测的结果。而随着算法对人类社会生活的全面渗透，人的自主决策权将逐渐被算法所替代。因此，随着智能算法的发展未来将形成算法主导的局面，我们要警惕和规避算法主导带来的负面影响。

---

① SEDGEWICK R, WAYNE K. 算法［M］. 谢路云，译. 北京：人民邮电出版社，2021：1.

② 张凌寒. 权力之治：人工智能时代的算法规制［M］. 上海：上海人民出版社，2021：4.

（五）人机共存

随着人工智能技术的发展，智能机器作为人工智能技术的外化物逐渐被应用于社会政治、经济、文化、教育等各领域。由此，人与智能机器的关系将成为智能时代人类必然面临的课题。人工智能强大的数据分析和算法能力使智能机器在诸多领域不断超越自然人的能力，智能机器人"阿尔法狗"（AlphaGo）战胜韩国世界围棋冠军李世石即是智能机器在围棋领域战胜人类的典型案例。虽然未来人工智能将在越来越多的重复性机械劳动方面超越甚至替代人类，但由于人工智能的操作行为和决策系统是基于预先设定的程序指令，智能机器只能部分地替代人类的劳动，人类的创造力还远远无法被智能机器所超越。人工智能机器的应用不可避免给人的生产生活、思维方式、思想观念等带来改变，人的主体性也将在很大程度上面临不断被弱化的可能，但是智能机器作为人类智能的延伸，其最终目的在于促进人的发展和完善。因此，面对智能机器不断侵入人类世界，人机共存将成为人工智能时代社会发展的常态。我们不仅要对智能机器的应用保持开放、包容、理性的态度，积极推进人工智能的发展，而且要不断提升人类自身的综合能力素养，使智能机器能够真正为己所用，构建人机和谐共存的未来愿景。

总之，智能技术的综合应用将形成万物互联、数字智能、虚实融合、算法主导、人机共存的新态势，推动人类社会发展不断迈入新的历史阶段。伴随智能技术的快速发展，无论是人自身的变革还是社会各领域的变革都是不可避免的。由此，我们应当重新审视智能技术发展视域下人类社会生存实践可能面临的机遇和挑战，不断重构人类文明发展的新样态。不可否认，思想政治教育领域亦将由于智能技术的不断渗透和广泛应用而逐渐呈现出新的形态。

第二节　思想政治教育主客体交往概述

20世纪80年代以来，哲学中的主客体概念逐渐被引入思想政治教育学科，并形成"思想政治教育主体"和"思想政治教育客体"概念。"思想政治教育主体和客体概念是从哲学认识论中引进的，引进主体和客体概念可以更清晰地表达思想政治教育中的教育者和受教育者相互作用的情境和相互转化的性质。"① 因此，对思想政治教育主客体概念的准确界定，是开展思想政治教育主客体交往研究的前提。然而，目前学界对思想政治教育主客体概念的界定和使用仍存有争议。基于此，本节将首先对思想政治教育主客体界定的纷争予以梳理，在此基础上阐明思想政治教育主客体概念何以可能，进而系统论述"思想政治教育主客体交往"的内涵，为后文研究智能技术视域下思想政治教育主客体交往奠定清晰的概念基础。

一、思想政治教育主客体界定纷争

对思想政治教育主客体概念的研究必须结合具体的情境予以分析，从不同层次维度考察思想政治教育主客体，其内涵完全不同。从宏观层面看，国家统治阶级被称为思想政治教育主体，国家内部的公民应当是思想政治教育客体；从中观层面看，社会的特定集团或团体应是思想政治教育主体，集团内部成员是思想政治教育客体；从微观层面看，特定思想政治教育实践活动中的教育者是思想政治教育主体，接受思想政治教育的人是思想政治教育客体。因此，对思想政治教育主客体的研究需要根据具体的情境加以理解。

根据马克思主义哲学的主体、客体内涵，"思想政治教育主体"必定是"人"，而且是参与并主导思想政治教育实践活动的人。同时由于思想政治教育的育人属性，其主体认识和改造的对象仍然是人，即思想政治教育客体是需要并愿意接受思想政治教育的人，由此思想政治教育主客体共同构成"思想政治教育人"②。在此意义上，研究思想政治教育主客体的本质就要探讨普遍意义上的人进入思想政治教育领域后出现的身份分化和交往实践等问题，此为思想政治教育主客体与哲学主客体的本质差异。研究智能技术视域下的思想政治教育主客体交往问题，很显然是基于微观意义上特定的思想政治教育实践活动而言的，因为只有在具体的教育实践活动中才有真正的交往现象发生。因此，本书对思想政治教育主客体的界定及其对相关问题的探讨是在

---

① 宋元林. 网络思想政治教育 [M]. 北京：人民出版社，2012：122.
② 孙其昂. 思想政治教育学前沿研究 [M]. 北京：人民出版社，2013：148.

微观层面具体的思想政治教育实践中展开的。

（一）思想政治教育主体的争论

思想政治教育作为一项特殊的教育实践活动，其历史源远流长，但将哲学中的"主体"概念引入思想政治教育则始于20世纪80年代。长期以来，思想政治教育工作以列宁的"灌输"理论为指导并受主客二元对立思维的影响，思想政治教育被简单粗暴地等同于思想政治工作者对被教育者的思想改造或精神控制。随着改革开放的到来，思想政治教育工作在我国教育领域的科学化和学科化地位得以确立，由此，思想政治教育主客体概念逐渐被提出并得到越来越广泛的讨论。

金鉴康在1987年主编的《思想政治教育学》中首次提出"思想政治教育主客体"概念，并对思想政治教育主客体的类型进行了划分，指出教育者是主体，受教育者是客体。自此开始直到21世纪学界关于思想政治教育主体的研究成果不断涌现，但对"思想政治教育主体"的概念界定始终处于纷争状态。

目前学界有关"思想政治教育主体"的争议主要有以下两点：首先，关于思想政治教育主体概念的纷争。对思想政治教育主体概念的争论主要是在横向上针对教育者、受教育者、教育介体、教育环体何者是主体引起的争论。一是"单主体说"。"单主体说"认为教育者或受教育者是思想政治教育主体，但多数持单主体说的学者认为教育者是思想政治教育主体。如于欣在阐述马克思主义哲学主客体内涵的基础上指出教育者是思想政治教育的主体。[①]二是"双主体说"。该观点将教育者和受教育者同时作为思想政治教育主体。如苏斌认为"教育者主体和教育对象主体作为思想政治教育过程中的两极，同为思想政治教育的主体，但二者并不是同质的，而是具有各异的内在规定性"[②]。三是"多元主体说"。"多元主体说"将教育者、受教育者、教育介体、教育环体等都作为思想政治教育主体。四是"相对主体说"。"相对主体说"指出教育主体和教育客体之间的界限并不是确定的，只有根据具体情况才能划分何者为主体，何者为客体。

---

① 于欣.思想政治教育主体论再探［J］.求实，2014（6）：84-87.
② 苏斌.思想政治教育主体论论纲［J］.中国青年政治学院学报，2004（2）：47-50.

其次，关于思想政治教育主体的层次划分争议。李合亮认为，"思想政治教育主体包括思想政治教育群体主体即国家等群体组织、思想政治教育实践主体即思想政治教育者、思想政治教育阶段主体即教育对象"①。骆郁廷亦指出思想政治教育主体包括个体主体和群体主体两类。② 林伯海等将思想政治教育主体进一步分为"导向性主体、主动性主体和受动性主体三类"③。此外，还有学者将"一定的阶级或集团作为思想政治教育的'真实主体'"④。

探究智能技术视域下的思想政治教育主客体交往问题，很显然是指微观层面具体的思想政治教育实践活动。因此，本书所谓"思想政治教育主体"是思想政治教育实践活动的主体。由于思想政治教育交往实践的动态性和人自身的主观能动性，思想政治教育主体并不是固定不变的，而是处于动态发展的过程中。如有学者所言，"只有真正履行了承担、发动、组织和实施思想政治教育的职能者，才可以称之为思想政治教育主体"⑤。因此，思想政治教育实践活动的参与者何时成为主体，何时成为客体完全取决于自身在思想政治教育过程中充当的角色及发挥的作用。

（二）思想政治教育客体的争论

思想政治教育客体是相对于思想政治教育主体而言的，思想政治教育主体作用的对象就是思想政治教育客体。因此，科学界定"思想政治教育客体"概念亦是研究思想政治教育主客体交往的前提。目前学界关于"思想政治教育客体"概念有以下三种不同观点。

其一，将"人"作为思想政治教育客体。这一观点目前被多数学者所认同，如孙其昂教授认为，"思想政治教育客体是指具有思想政治教育意识，主动接受思想政治教育的人"⑥。骆郁廷教授将思想政治教育客体与哲学领域的

---

① 李合亮. 思想政治教育主体的判定 [J]. 求实，2010（7）：72-76.

② 骆郁廷. 思想政治教育原理与方法 [M]. 北京：北京师范大学出版社，2019：95.

③ 林伯海，周至涯. 思想政治教育主体及其主体性的要素构成新探 [J]. 思想教育研究，2011（2）：10-14.

④ 梁德友. 思想政治教育主体三题：身份、属性及其角色强化 [J]. 思想教育研究，2020（10）：42-47.

⑤ 教育部思想政治工作司. 思想政治教育原理与方法 [M]. 北京：高等教育出版社，2010：79-80.

⑥ 孙其昂. 思想政治教育学前沿研究 [M]. 北京：人民出版社，2013：161.

自然物客体进行了区分。"传统意义上，学者们认为与哲学范畴内的客体是自然物不同，思想政治教育客体是人，是从人与人在思想政治教育活动中的作用与被作用、教育与被教育的相互关系上来划分的。"① 此观点是目前学界对思想政治教育客体概念的主流看法。

其二，把受教育者的思想、道德、政治等内在精神品质作为思想政治教育客体。如杨现勇认为，"思想政治教育活动要认识和改造的是人的思想、道德等为主要内容的精神世界，是一种无形的精神客体"②。赵野田亦指出，"在本体论意义上，思想政治教育客体的'本体'和'实体'是受教育者的'内在的功能性要素'……在现实性上，受教育者思想、道德和政治素质是思想政治教育客体"③。石书臣提出，"我们应当重新定位思想政治教育的主客体，明确教育的主体是人，客体应当是人的思想和行为，也即受教育者的思想政治道德品质及其行为表现"④。

其三，将教育内容、教育中介或教育资源等物质存在作为思想政治教育客体。有学者指出，"大学生思想政治教育过程内含自然形式的客体、社会形式的客体、精神形式的客体"⑤。但此观点仅是少数学者的看法。可见，学界关于思想政治教育客体的分歧主要存在于思想政治教育客体是受教育者还是受教育者内在的思想、道德、政治等之间的差异。

综合上述内容可知，学界虽然对思想政治教育客体概念的界定没有达成共识，但多数学者赞同思想政治教育客体是思想政治教育实践活动中需要且愿意主动接受思想政治教育的个体。本书亦认为思想政治教育客体是思想政治教育过程的受教育者。

---

① 骆郁廷. 思想政治教育引论 [M]. 北京：中国人民大学出版社，2018：76.

② 杨现勇. 认识思想政治教育主客体结构的新视野 [J]. 理论与改革，2010（6）：118-120.

③ 赵野田，张艳红. 思想政治教育客体 [J]. 东北师大学报（哲学社会科学版），2017（1）：156-160.

④ 石书臣. 思想政治教育主客体关系的目的性阐释 [J]. 思想教育研究，2017（2）：17-21.

⑤ 祖国华. 试论大学生思想政治教育的主体、客体与载体 [J]. 现代教育科学，2005（11）：87-88.

二、思想政治教育主客体何以可能

基于目前学界关于思想政治教育主客体概念产生的争议，以下将对思想政治教育主客体概念何以可能给予阐释，为全文开展思想政治教育主客体交往研究奠定科学的概念基础。

首先，必须将主客体范畴引入思想政治教育实践过程，以不断发展和完善思想政治教育理论体系。教育者和受教育者是思想政治教育最基本的要素，即无论思想政治教育实践活动是否发生，教育者和受教育者都必须存在才能谈论思想政治教育。因此，在理论常态下使用教育者和受教育者概念即可指称思想政治教育的参与者双方。但很显然，思想政治教育作为人类社会特定的教育实践活动不可能处于静止状态，相反，不断运动发展才是思想政治教育的常态。在此意义上，可以说，教育者和受教育者概念无法准确表达两者之间彼此转化和相互作用的性质。如祖嘉合教授所言，"当我们着手分析思想政治教育者和受教育者在动态实践过程中作用的性质时，及其两者相互作用和相互转化的情境时，教育者和受教育者这对概念就显得有些词不达意了。引进哲学认识论中的主体和客体概念可以更清晰地表达教育者和受教育者相互作用的性质和相互转化的情景"[①]。此外，廖小琴教授亦指出，"在思想政治教育的具体运行过程中，不论是教育者还是受教育者，都在发生着角色身份的转换，在此意义上，思想政治教育主体和客体的问题实际是在思想政治教育运行过程中才真正成为问题"[②]。基于此，必须将主客体概念引入思想政治教育实践，以此能够更准确地分析教育者和受教育者在教育实践过程出现的角色分化和身份转换问题。

其次，思想政治教育的"双主体说"或"主体间性说"本身存在着理论上的困境。"双主体说"或"主体间性说"认为，教育者和受教育之间不是对象性关系或主客体关系而是主体间的交往关系，即教育者和受教育者同时是思想政治教育主体。此观点虽然能够很好地解释受教育者作为主体的主动性和能动性以及教育者和受教育者之间交往互动的平等性，但以此命名似乎无法有效区分教育者和受教育者之间的差别。而对思想政治教育参与者的身

---

① 祖嘉合. 对思想政治教育主体及其特性的思考 [J]. 教学与研究，2007 (3)：29-34.
② 廖小琴. 思想政治教育过程要素再探究 [J]. 思想教育研究，2022 (1)：28-34.

份进行有效区分是开展思想政治教育实践活动的前提。除此之外，"双主体说"的观点还在一定程度上否定甚至消解了思想政治教育实践作为对象性活动存在的客观必然性。思想政治教育作为培育人的教育实践活动，必然存在教育的对象客体，如果没有教育对象客体存在，就无所谓思想政治教育主体。因为言说主体的前提必然已经规定了客体的存在，主客体双方是相互依存不可分割的共同体。刘建军教授明确指出，"双主体分析方法的运用是建立在教育双方主客体基本称谓基础上的"①。因此，可以说双主体说或主体间性说的观点存在内在的理论困境。

最后，"精神客体说"或"物质客体说"与思想政治教育实践过程的动态性相矛盾。思想政治教育过程本质上是思想政治教育参与者双方不断交往互动的过程：一方面，教育者要向受教育者传递思想政治教育知识和价值观念；另一方面，受教育者亦要充分发挥自身的主观能动性及时将思想政治教育知识予以内化，并不断形塑和提升自身的价值观念和道德意识。"只要思想政治教育客体的主体性没有充分开启，思想政治教育主体的教育力量就无法在思想政治教育客体那里发挥作用，不可能有根本意义上的思想政治教育效果"②。可见，受教育者作为施教对象，其思想政治素养的习得是自身认知能力、学习能力等综合作用的结果，这一过程必然伴随着受教育者不断的动态发展。因此，精神客体说或物质客体说不仅肢解了个体接受思想政治教育过程的整体性和复杂性，同时也忽视了受教育者在实践过程中的动态性，与思想政治教育实践的客观规律相违背。此外，思想政治教育实践过程的基本矛盾是思想政治教育与社会发展、人的发展之间的辩证统一，其最终目的是实现人与社会全面发展的统一。这一主要矛盾决定思想政治教育对象必须是人，只有不断提升人的思想道德和政治意识，才能促进个人的解放和社会进步。只有将需要接受教育的个体作为思想政治教育客体，才更加符合思想政治教育过程不断运动发展的规律。

总之，思想政治教育实践的动态性和思想政治教育作为对象性活动存在的客观必然性，同时决定思想政治教育过程必然存在相互依存的思想政治教

---

① 刘建军. 思想政治教育主客体难题的哲学求解 [J]. 教学与研究，2016（2）：22-30.
② 孙其昂. 思想政治教育学前沿研究 [M]. 北京：人民出版社，2013：160.

育主客体双方。只有以思想政治教育主客体命名，才能明确区分思想政治教育参与者之间身份角色甚至教育地位之间的差异。需要特别强调的是，在思想政治教育实践的动态发展过程中，思想政治教育主客体的角色地位并不是固定不变的，而是根据特定的思想政治教育情境使两者之间存在随时转化的可能。

基于此，笔者认为应当分别以思想政治教育主体和客体指称思想政治教育实践活动的参与者双方。即"思想政治教育主体"是指在思想政治教育实践活动中承担、发动、组织和实施思想政治教育活动的个体。"思想政治教育客体"是指具有思想政治教育意识，主动参与思想政治教育实践活动并愿意接受思想政治教育的个体。此外，思想政治教育客体具有主动性与受动性的双重特质，并在思想政治教育过程中反作用于思想政治教育主体，两者相辅相成彼此交互，以此推动思想政治教育实践活动的完成。

三、思想政治教育主客体交往的内涵

如上所述，思想政治教育实践本质上是通过思想政治教育主客体之间的交往互动实现的。同时，思想政治教育主客体交往的最终目的在于形成特定的思想政治教育主客体关系。因此，"思想政治教育主客体交往的内涵"与"思想政治教育主客体关系"紧密关联，对此概念的理解和把握可为清晰地阐释"思想政治教育主客体交往的内涵"提供重要参考。

自 21 世纪以来，学界开始在反思思想政治教育发展现实困境的基础上指出，单纯的对象性思想政治教育研究范式将导致教育过程中人的失落，进而使思想政治教育的发展面临危机，思想政治教育交往在此背景下开始被学界关注。闫艳较早提出，"人的精神生产或人的发展都是以交往为前提并在交往中生成的"①。随后有学者明确提出，"交往范畴是我们重新审视思想政治教育者与教育对象关系的新视角"②。亦有学者认为，"交往从某种意义上是思

---

① 闫艳. 对思想政治教育现实困境的哲学反思 [J]. 内蒙古社会科学（汉文版），2006（4）：113-116.

② 褚凤英. 交往活动与主体际：思想政治教育者与教育对象关系新解 [J]. 理论探讨，2008（1）：122-124.

想政治教育的本质和逻辑起点，是凸显思想政治教育主体际性的活性因子"①。随着研究的不断推进，越来越多的学者开始深入阐释思想政治教育交往实践相关的诸多问题，思想政治教育交往概念即是在此背景下产生的。

在上述基础上，学界逐渐形成了两种截然不同的指称思想政治教育交往的概念，即"思想政治教育主体交往"和"思想政治教育主客体交往"。"思想政治教育主体交往"是以认同思想政治教育活动的教育者和受教育者都是思想政治教育主体为前提的，与思想政治教育的双主体或主体间性说相对应。如前所述，本书并不赞同思想政治教育的双主体说，且认为应当以"思想政治教育主客体交往"概念指称思想政治教育过程教育者和受教育者之间的交往互动，即应当把思想政治教育活动的教育者和受教育者分别作为思想政治教育主客体。"思想政治教育主客体交往"概念就是在此意义上言说的。

进一步而言，"思想政治教育主客体交往"概念内含以下内容。首先，"思想政治教育主客体交往"内蕴着思想政治教育实践的动态性和发展性。邹学荣最早提出，"思想政治教育主客体在交互过程中逐渐由对立走向统一，且对立统一的基础是思想政治教育实践活动"②。由此可见，思想政治教育实践就是通过思想政治教育主客体之间不断交往互动形成的，且思想政治教育主客体交往概念内蕴着思想政治教育实践活动的动态性和发展性特质。此外，"交往"概念本身亦内含动态发展性。从词源学上讲，"交往"一词源于拉丁语 communis，表示传播、交流、分享或联络之意。在现代语境下"交往"概念亦指实物、信息或意义的传播、分享或共享。《商务国际现代汉语大词典》将"交往"解释为"互相交际往来"③。可见，词源学意义上的"交往"概念是为了实现实物、信息或意义的传播、交流、共享而进行的互相交际往来，即交往本身内含动态发展的变化性。在此意义上，可以说，"思想政治教育主客体交往"概念可明显表征思想政治教育实践过程的动态性和发展性。

其次，"思想政治教育主客体交往"意味着思想政治教育客体具有一定的

---

① 毕红梅，张耀灿. 关注交往：思想政治教育的视角转换［J］. 马克思主义与现实，2008（6）：168-171.

② 邹学荣. 思想政治教育学［M］. 重庆：西南师范大学出版社，1992：152-154.

③ 龚学胜. 商务国际现代汉语大词典［M］. 北京：商务印书馆国际有限公司，2015：693.

自主性或主观能动性，从而使主客体之间逐渐形成主体际或主体间性关系。从本质上讲，作为受教育者的思想政治教育客体仍然是人，是具有一定主观能动性并愿意主动接受思想政治教育的人。基于此，在思想政治教育实践活动中主客体之间必然将不断进行沟通交互，使思想政治教育主客体逐渐打破自身原有的身份限制并同时具有一定的主体性特质，从而使思想政治教育主客体形成主体间性或主体际关系。如有学者所言，"主体间的交往关系是主客体间关系的一个重要环节"①。由此，可以说，思想政治教育主体间性关系是建立在思想政治教育主客体基础上而形成的瞬时性关系，而在教育实践常态下仍然是思想政治教育主客体。刘建军教授亦明确指出，"必须在认定教育者和受教育者分别是思想政治教育主客体的基础上，再借鉴双主体或主体际说来进一步分析思想政治教育过程中主客体双方的具体关系，以此安顿受教育者的能动性"②。因此，必须首先承认思想政治教育主客体的存在才能形成思想政治教育的主体间性或主体际关系。

最后，"思想政治教育主客体交往"概念可直接表征两者之间的双向互动关系。目前学界普遍认同思想政治教育主客体之间是双重交互和双向互动关系，并在一定的条件下相互转化。如张耀灿教授较早指出，"思想政治教育主客体之间是双向互动、民主平等、主导与主动、相互转化的关系"③。同时，马克思主义交往理论亦认为交往是人的存在方式，人与人只有在具体的社会交往实践过程中才能形成特定的交往关系。在此前提下，马克思指出人类社会包括物质交往和精神交往两个维度，两者共同构成全部的人类社会，人与人的交往构成了人类社会生产的前提。可以看出，马克思主义的"交往"概念是从社会学意义或社会实践层面言说的，即将交往视为现实社会中人与人之间交流沟通或信息传播的方式。因此，只有通过交往实践活动才能形成特定的交往关系。"思想政治教育主客体交往"可明显表征两者之间的双向互动关系，并意味着彼此之间存在随时转化的可能。

---

① 王南湜. 交往与主客体关系的社会历史规定性：兼与任平同志商榷 [J]. 哲学研究，1992 (4)：28-34.

② 刘建军. 思想政治教育主客体难题的哲学求解 [J]. 教学与研究，2016 (2)：22-30.

③ 张耀灿，郑永廷，吴潜涛，等. 现代思想政治教育学 [M]. 北京：人民出版社，2006：244-245.

除上述理论上的考察外，从社会交往实践的经验观察亦可看出，任何交往实践活动都必须在特定的时空场域中展开，即时间和空间是一切交往活动得以进行的必备条件。因此，可以说，由交往时间和交往空间共同构建的交往场域是交往实践活动的必备条件。同时，交往活动的具体展开亦必须借助一定的交往媒介或交往工具而进行，对交往媒介系统或交往工具的选择使用直接决定着交往实践活动的具体形式。通过交往场域和交往形式的共同作用，交往实践活动最终将形塑出特定的交往样态。可以说，任何交往实践活动都离不开具体的交往场域、交往形式以及由此而形塑的特定交往样态。在此意义上，交往场域、交往形式、交往样态共同构成了交往活动的核心要素，缺少对上述任何一个要素的考察都将无法全面分析思想政治教育交往实践的整体变化。

综上所述，"思想政治教育主客体交往"的内涵即是思想政治教育主客体基于特定的交往场域并通过特定的交往形式所展开的交流互动，以最终形成特定的思想政治教育交往样态，达到传播思想政治教育信息的目的。基于此，本书主要是从交往场域、交往形式、交往样态三个维度同时切入，以此分析智能技术视域下思想政治教育主客体交往的整体图景。

第三节　思想政治教育主客体交往研究的理论依据

理论是实践的先导，科学的理论指导是开展一切实践活动的前提。因此，对智能技术视域下思想政治教育主客体交往的研究必须基于科学理论的指导。具体而言，对思想政治教育主客体交往的研究必须充分借鉴马克思主义交往理论、中华优秀传统文化的交往智慧以及西方哲学中的交往理论尤其是哈贝马斯的交往行为理论，从中汲取中、西、马不同文化系统中博大精深的交往思想资源，为智能技术视域下思想政治教育主客体交往研究提供科学的理论支撑。

一、马克思主义交往理论

自人类社会产生以来，交往实践就伴随着人类生产生活的始终，成为个人和群体生命存在的一部分。随着媒介技术的演进，社会交往实践的形态亦将不断发生变化。同时作为信息传播的渠道，交往活动的发生也越来越频繁。马克思、恩格斯正是意识到资本、技术等社会生产力要素与人类交往活动的直接相关性，才将"交往"概念作为研究历史唯物主义的起点。可以说，马克思主义交往理论可以为开展一切交往实践活动提供科学的理论指导。

（一）马克思交往理论的发展历程

马克思、恩格斯的思想理论深受德国古典哲学的影响，马克思主义交往理论亦是在德国古典哲学肥沃的思想土壤下孕育并发展起来的。早在1873年，马克思就开始接触青年黑格尔派的思想理论，其"自我意识"等研究主题对马克思交往理论的产生具有重大影响。青年黑格尔派的代表人物赫斯指出交往是人的本质，"人与人的交往绝不是从人的本质中产生的，交往即是人的现实的本质，它既是人的理论本质，人的现实的生命意识，又是人的实践本质，人的现实的生命活动"①。同时指出生产力发展与交往的关系以及交往的中介问题等。青年黑格尔派的上述交往思想对马克思交往理论的产生具有重大影响。

马克思从现实的人的实践活动出发，通过对人类社会生产交往方式和生产关系的考察，提出生产力和生产关系的矛盾运动规律并创立了唯物史观理论。马克思交往理论正是基于对实践活动和生产力发展的全面分析形成的。在马克思主义交往理论的发展演进过程中，马克思首先探讨了从劳动到异化劳动的转变以及交往异化问题，进而提出"社会生活本质上是实践的"②，并逐渐开始从劳动实践中考察交往关系的变化。《德意志意识形态》不仅是马克思唯物史观形成的标志，而且奠定了马克思交往理论的思想基础，马克思此时开始阐述交往与生产、交往与人的发展、交往与生产力、交往与共产主义及交往的形式等的矛盾运动过程，这些论述标志着马克思主义交往理论的正式确立。在马克思思想发展的后期，他将交往理论应用于对资本主义生产实

① 黄枬森，庄福龄. 马克思主义哲学史教学资料选编：上册［M］. 北京：北京大学出版社，1984：161.
② 中共中央马克思恩格斯列宁斯大林著作编译局. 马克思恩格斯选集：第1卷［M］. 北京：人民出版社，2012：135.

践和交往关系的分析，深入揭示了资本与交往的内在关系，并系统分析了资本运作过程的社会交往模式和内在逻辑。马克思在晚年的研究中继续探索人类社会的发展规律，并将交往作为探讨古代社会以及世界历史发展的重要逻辑线索，不断深化对交往理论的研究。他通过对古代社会的研究指出人类社会发展的交往规律，如语言的发明、火的使用、种植驯养、铁器的使用及文字的发明，使人类的交往方式和交往领域不断拓展。此外，马克思晚年在《历史学笔记》中也讲述了阶级交往、民族国家交往、世界交往以及战争和宗教等不同性质的人类交往形式，此时马克思站在世界历史的高度解析了人类社会的交往发展进程，"是对人类社会交往关系的发展史以及国际关系、世界历史的萌芽、展开直至最终形成的一种全景式概括和合理性论证"①。

总之，马克思交往理论的产生与发展经过了漫长的历史过程，不仅继承了德国古典哲学尤其是青年黑格尔学派的交往思想，而且对后来西方马克思主义尤其是哈贝马斯的交往合理性理论产生了深远影响。

（二）马克思主义交往理论的主要内容

马克思对"交往"概念的探讨经历了从抽象的哲学层面向现实社会逐渐转变的过程，最终聚焦社会经济领域并对其交往问题进行了深入分析，以此揭示资本主义社会以交往为基础的劳动异化问题。具体而言，马克思主义交往理论的内容包括以下方面。

1. 生产交往理论

自人类社会诞生以来，人们就开始从事各种不同的社会生产实践活动，并在各种不同的生活实践过程中结成特定的交往关系。马克思主义交往理论的核心议题即交往与生产的关系，两者互为前提，共同构成生产实践活动不可分割的两大方面。首先，交往是生产的提前，交往状况决定社会生产实践的发展。"生产本身以个人之间的交往为前提。这种交往形式又是由生产决定的。"② 可见，马克思主义交往理论与生产实践紧密相连，并将人类社会的交往类型分为物质交往和精神交往。总之，人类社会根本不存在没有交往的生

---

① 李百玲 . 晚年马克思、恩格斯交往观研究［M］. 北京：中央编译出版社，2009：107.
② 中共中央马克思恩格斯列宁斯大林著作编译局 . 马克思恩格斯选集：第 1 卷［M］. 北京：人民出版社，2012：147.

产，也不存在没有任何生产活动的交往。其次，交往的形式和范围影响生产力的发展。马克思明确指出，人类社会创造的生产力是否能够得以保存并不断延续，一定程度上取决于在此情境下人类社会交往范围的大小。"某一地域创造出来的生产力，特别是发明，在往后的发展中是否会失传，完全取决于交往扩展的情况。"① 由此，只有持续不断地进行交往协作并扩大人类社会交往的范围，才能保持原有的生产力水平并不断促进社会生产力的发展。最后，人类社会生产力和生产关系的发展反过来影响社会交往的具体形式。马克思认为人的交往需要一定的物质生产基础，物质生产的发展水平直接决定着人与人交往的深度和广度。一方面，社会生产力的发展和生产工具的更新迭代使社会分工日益扩大，而社会分工的发展反过来推动劳动主体的产品交换范围不断扩大；另一方面，生产力水平的提高和生产关系的进步将同时促进社会交往手段的革新，使交往的具体形式发生质的改变。

2. 交往与社会发展

在人类社会的诸多实践领域中，交往活动具有重大意义。在一定程度上，人类社会的发展史与人类社会交往史是高度统一的。马克思认为，不论社会形式呈现何种形态，最终都是"人们交互作用的产物"②。交往只有在人与人之间以及由人所组成的社会共同体之间才有可能发生，"社会是由个人彼此发生的那些联系和关系的总和"③。

马克思通过对现实的人的物质生产活动的考察，揭示了人类社会历史发展变化的辩证规律，即"一切历史冲突都根源于生产力和交往形式之间的矛盾"④。虽然在特定的社会历史发展条件下，人类社会整体的交往方式与当时的生产力发展水平是一致的，但随着生产力的进步，原有的交往形式与生产关系必然发生冲突，由此将不断推动社会历史的发展。在此基础上，马克思

---

① 中共中央马克思恩格斯列宁斯大林著作编译局．马克思恩格斯选集：第1卷［M］．北京：人民出版社，2012：187.

② 中共中央马克思恩格斯列宁斯大林著作编译局．马克思恩格斯选集：第4卷［M］．北京：人民出版社，2012：408.

③ 中共中央马克思恩格斯列宁斯大林著作编译局．马克思恩格斯全集：第46卷：上［M］．北京：人民出版社，1979：220.

④ 中共中央马克思恩格斯列宁斯大林著作编译局．马克思恩格斯选集：第1卷［M］．北京：人民出版社，2012：196.

认为交往实践活动将带来人类社会发展的以下变化。

首先，社会交往将不断推进社会形态的更替。马克思指出人类的交往经历了三种不同的形态，即以人的依赖关系为基础的交往形态、以物的依赖关系为基础的交往形态和以人的自由全面发展为基础的交往形态。交往形式的演变与人类社会的制度及形态的改变直接相关，"现有的制度不过是个人之间迄今所存在的交往的产物"①。马克思亦阐述了交往在社会历史演进过程中的重大意义。伴随人类社会交往的深化和交往范围的扩大，商业贸易、战争、宗教等都成为交往的主要形态，同时不同类型的交往促进社会形态的更替。

其次，社会交往促进不同民族社会之间的跨越。马克思认为交往是促进民族跨越式发展的内在动机。"各民族之间及各民族内部之间的相互关系取决于每一个民族的生产力、分工和内部交往的发展程度。"② 通过对社会历史发展的系统考察，马克思指出不同民族或同一民族内部之间的跨越式发展主要通过强力征服和国家交往两种形式来实现。"一个是破坏的使命，即消灭旧的亚洲式的社会；另一个是重建的使命，即在亚洲为西方式的社会奠定物质基础。"③ 由此可知，不同国家民族之间的交往将有力地推动社会形态的更替，进而促进不同民族社会之间的跨越式发展。

最后，社会交往促进世界历史的生成。世界上不同地域的民族走向融合、不同的文化实现理解沟通，是人类交往不断发展的必然结果。随着科技发展突破空间障碍，文化沟通打破文化隔阂，既往民族之间天各一方独自发展的孤立状态得以缓和。随着人们交往能力的不断提升、交往范围的持续拓展，人类在日益缩小的"地球村"中相互协作、交流互鉴，既往民族闭关自守的保守型发展模式日益难以为继，部分国家妄图以狭隘民族主义方式推行贸易保护主义，试图以利己主义方式阻隔世界和平和民族团结互助。"世界市场的

---

① 中共中央马克思恩格斯列宁斯大林著作编译局. 马克思恩格斯选集：第1卷［M］. 北京：人民出版社，2012：202.
② 中共中央马克思恩格斯列宁斯大林著作编译局. 马克思恩格斯选集：第1卷［M］. 北京：人民出版社，2012：147.
③ 中共中央马克思恩格斯列宁斯大林著作编译局. 马克思恩格斯选集：第1卷［M］. 北京：人民出版社，2012：857.

开拓使一切国家的生产和消费都成为世界性的了。"① 由此可以说，一切社会交往实践将在一定程度上推动人类世界历史的生成。

3. 交往与人的发展

人是交往的产物，人的发展离不开人与人之间交往活动的发生。马克思主义交往理论指出交往不仅是人本质的体现，而且将促进人的发展，实现人的自由。首先，交往是人的社会本质的真实体现。马克思主义明确指出人的本质是一切社会关系的总和。"人的本质不是单个人所固有的抽象物，在其现实性上，它是一切社会关系的总和。"② 人与人只有在彼此相互交往实践的基础上才能体现自己的生命本质。由此可以说，生产交往活动体现人的生命本质并不断确证着人的本质存在。其次，交往可促进人的发展，由交往而组成的社会关系一定程度上决定人的发展水平。马克思、恩格斯认为个人的发展水平很大程度上取决于个人与个人之间的交往联系。"个人间的联系表现在经济前提、一切人的自由发展的必要的团结一致以及在现有生产力基础上的个人的共同活动方式。"③ 基于此，可以说，特定社会的物质生产状况和生产力发展水平在一定程度上决定人与人之间的交往方式和交往能力，而交往对人的发展具有决定性作用，只有真正的自主交往才能促进人的全面发展。最后，普遍交往促进人的自由的实现。人只有成为世界历史性的人才能获得全面发展，"只有在共同体中，个人才能获得全面发展其才能的手段"④。总之，马克思主义认为个人只有打破自我封闭的圈子，不断与他人进行交往互动并逐渐形成特定的社会共同体，才能逐步推动人的自由全面发展。

综上所述，马克思主义交往理论的产生与发展经历了漫长的历史过程，其主要内容包括生产交往理论、交往与社会发展、交往与人的发展三大方面。

---

① 中共中央马克思恩格斯列宁斯大林著作编译局．马克思恩格斯选集：第 1 卷 ［M］．北京：人民出版社，2012：404.

② 中共中央马克思恩格斯列宁斯大林著作编译局．马克思恩格斯选集：第 1 卷 ［M］．北京：人民出版社，2012：135.

③ 中共中央马克思恩格斯列宁斯大林著作编译局．马克思恩格斯全集：第 3 卷 ［M］．北京：人民出版社，1960：516.

④ 中共中央马克思恩格斯列宁斯大林著作编译局．马克思恩格斯选集：第 1 卷 ［M］．北京：人民出版社，2012：199.

马克思主义交往理论认为交往与生产密不可分，交往决定生产发展的程度；同时生产力和生产关系决定交往的形式和交往的水平；交往亦将推动人和社会的发展。思想政治教育作为人类社会重要的社会实践活动，思想政治教育主客体的交往互动必定贯穿教育的全过程。在此意义上，对思想政治教育主客体交往的研究亦必须遵循马克思主义交往理论的指导，为思想政治教育实践提供丰富的思想资源。

二、中华传统文化的交往智慧

中华传统文化蕴含丰富的交往智慧，尤其以儒家为典型代表的中华传统文化对社会交往实践具有重大影响。只有充分汲取中华优秀传统文化博大精深的交往智慧，才能为现实的交往活动提供实践智慧。思想政治教育活动作为人类社会交往实践的重要组成部分，亦必须借鉴中华传统文化的交往智慧，为思想政治教育实践活动提供价值遵循。以下将以传统儒家文化为代表，梳理中华传统文化蕴含的交往智慧。中华传统儒家文化丰富的人伦精神可调整和规范人类社会交往实践的行为准则，为构建和维护良好的思想政治教育交往关系提供指导。具体而言，中华传统儒家文化的交往智慧主要包括以下内容。

（一）"仁"是交往实践的总原则

首先，"仁"是统摄儒家道德思想的核心，是协调和处理人际关系的总原则。关于"仁"的概念具有不同层次的含义：（1）仁者爱人。"樊迟问仁。子曰：'爱人'。"（《论语·颜渊》）（2）克己复礼为仁。"颜渊问仁。子曰：'克己复礼为仁。一日克己复礼，天下归仁焉。'"（《论语·颜渊》）（3）仁是最高的德。"子张问仁于孔子。孔子曰：'能行五者于天下，为仁矣。'请问之，曰：'恭、宽、信、敏、惠。'"（《论语·阳货》）"樊迟问仁。子曰：'居处恭，执事敬，与人忠。'"（《论语·子路》）孔子关于"仁"字的不同解释是人内在道德情感的外在呈现，从整体上体现了儒家仁爱思想的博大精深，可为构建和谐的人际交往关系提供智慧指引。（4）仁是人之存在的根本，是人之道。"仁也者，人也。合而言之，道也。"（《孟子·尽心下》）继孔子之后，孟子对"仁"的概念给予进一步阐释，将仁德上升到存在论的高度，指出"仁"是人之所以为人的根本，是人区别于其他动物的本质属性；同时，孟子还指出缺失仁、义、礼、智之心，人将不能成为真正意义上的人。"无恻隐之心，非人也；无羞恶之心，非人也；无辞让之心，非人也；无是非之心，非人也。恻隐之心，仁之端也；羞恶之心，义之端也；辞让之心，礼之端也；是非之心，智之端也。"（《孟子·公孙丑上》）可见，"仁"是统摄儒家伦理道德的总纲，是协调和处理现实交往实践活动的总原则。

其次，仁爱思想包含亲亲、爱类、爱物三个层次。亲亲之爱即对亲人的爱，父母子女之爱又是亲亲之爱的根本。爱类和爱物是亲亲之爱的延伸和推广。"仁者人也，亲亲为大。"（《孟子·公孙丑上》）可见，亲亲是仁爱的基础，是一切爱之根本，然后才有兄弟、夫妇等次级的人伦道德。"爱类"即爱一切人，是亲亲之爱的延伸。儒家主张在爱自己亲人的基础上，需要推己及人爱所有的同胞和族类。如孟子提出"老吾老，以及人之老；幼吾幼，以及人之幼。天下可运于掌"（《孟子·梁惠王上》），荀子提出"有知之属莫不爱其类"（《荀子·礼论》）。自汉代的董仲舒到近代的康有为都提倡"爱类"的思想。儒家提倡的爱类之爱并不是外在的约束，而是发自内心的自觉情感体验。因此，实践仁的过程既是主动关心帮助别人的过程，又是对他者的承认过程，亦是主体自我的情感满足和满足他人情感需求的过程。通过"亲亲之爱"和"爱类之爱"的推演，儒家进一步提出应当爱一切事物，使恻隐仁爱之心由人类拓展至一切自然物，即"爱物之爱"。"亲亲而仁民，仁民而爱物。"（《孟子·尽心上》）由此可知，儒家的仁爱思想并不是狭隘的以己之爱，而是在肯定爱有差等的基础上提倡万物之爱和普遍之爱，是儒家伦理道德思想的精髓。

最后，仁爱的践行需恪守忠恕之道。儒家仁爱思想的践行一方面需要主体恪守内在的道德自觉，即"为仁由己"，将恪守仁爱的指向最终落脚在个体自身，"为仁由己，而由人乎哉?"（《论语·颜渊》）；另一方面，儒家强调仁爱的践行需要推己及人的方式，即"己欲立而立人，己欲达而达人"（《论语·雍也》），"己所不欲，勿施于人"（《论语·卫灵公》）的忠恕之道。只有自觉从内在的情感出发，推己及人地践行仁爱之道，才能真正将儒家的仁爱思想作为交往实践的总原则，并逐渐渗透至社会生活实践的交往过程中。

（二）义与礼是交往实践的尺度和规范

在儒家的伦理道德思想中，"义"是衡量一切行为活动是否合理的标准。对人类社会的交往活动而言，是否符合"义"的准则亦是判断交往行为合理与否的标志。儒家对"义"字有如下阐释：（1）适宜，即处事要合乎法度、法则和规则。《说文解字》释"谊，人所宜也"。（2）礼仪、风貌。许慎在《说文解字》释"义，己之威仪也，从我从羊"。（3）一般的道德原则。"君子义以为质。"（《论语·卫灵公》）"君子义以为上。"（《论语·阳货》）"义，人之正路也。"（《孟子·离娄上》）（4）合理的利益。儒家非常重视利益获取的正当性。从人际交往的维度考虑，"义"应当取"适宜"和"一般的道德原则"之意。只有以"义"作为人际交往的准则，人类社会的交往活动才能取得正向回馈。在此意义上，可以说，儒家的"义"德是交往实践活动的行动尺度。

"礼"是"仁"的外在化，是人际交往的规范。"人而不仁，如礼何？"（《论语·八佾》）"非礼勿视，非礼勿听，非礼勿言，非礼勿动。"（《论语·颜渊》）"不以礼节之，亦不可行也。"（《论语·学而》）总之，礼是入德之门和立德之基，只有将内在的仁德表征为外在可见的礼仪规范并对自身加以约束，才能真正将仁爱之心落到实处，不断规范社会秩序并促进人际关系的和谐。

（三）诚信是交往实践活动的承诺

自古以来，诚实守信都是构建良好交往关系的前提。在儒家文化中，"诚"与"信"亦具有举足轻重的地位，是衡量能否构建良好交往关系的重要标准。在先秦儒家道德体系中，"诚"与"信"分开使用，但两者又有相通之意。许慎《说文解字》以"信"释"诚"："诚，信也，从言，成声。"《白虎通·性情》释"信者，诚也，专一不移也"[1]。儒家孟子亦对"诚"字给予清晰的界定。"是故诚者，天之道也；思诚者，人之道也。"（《孟子·离娄上》）"万物皆备于我矣，反身而诚，乐莫大焉。"（《孟子·尽心上》）由此可见，儒家之"诚"不仅具有强烈的道德意蕴，而且赋予"诚"以本体论

---

[1] 陈立. 白虎通疏证 [M]. 北京：中华书局，1994：382.

意义，成为顺应天道与人道的法则。儒家思想的继承者朱熹进一步指出，儒家之"诚"不仅指向他者，而且包含对自我的忠诚。"无妄之谓诚，不欺其次矣。"① 即"诚"的第一要务是对自我忠诚，不违背自己内心的真实想法和道德要求，进而才是不欺骗他人。由此可见，"诚"在人际交往实践中具有非常重要的地位，是儒家为人处世的基本原则之一。

"信"与"诚"紧密关联。孔子强调"君子不重则不威，学则不固，主忠信"（《论语·学而》），"谨而信"（《论语·学而》），"忠信以得之，骄泰以失之"（《大学》）。可以看出，儒家对"信"的阐释主要是基于人与他者的关系维度展开的，即"信"是人道的原则之一。由"诚"而"信"打通了儒家从天道向人道贯通的路径，"诚信"由此成为现实社会人际交往活动的基本准则，互相理解、相互信任、彼此尊重是构建良好人际关系的基础。无论是个人之间的交往还是国家民族之间的交往，儒家都要求必须坚持诚信原则。可以说，诚信是交往实践活动的承诺。

此外，儒家道德思想还蕴含谦让、恭敬、宽容及中庸之道等人生智慧，亦对现实的人际交往实践具有很强的指导价值。总之，在现实复杂的人际交往活动中，我们应当充分发挥儒家文化博大精深的交往智慧，为人类社会的交往实践活动提供价值指引，进而构建和谐有序的人际交往关系。毋庸置疑，思想政治教育作为人类社会重要的教育实践活动，亦必须汲取传统儒家文化博大精深的思想智慧，以保障思想政治教育交往活动的顺利进行。

三、西方哲学的交往行为理论

自近代笛卡尔提出主客二元论以来，西方哲学家们逐渐开始关注主体如何认识客体的问题，但此时人与人之间的交往问题还没有得到特别重视。然而自 20 世纪以来现代科学技术的发展，促使人们对外部世界的改造不断理性化，在此过程中人与人之间的交往逐渐扭曲和异化，从而导致人际交往问题的出现。人际交往的现实困境促使哲学家开始不断思考人类社会的交往问题，交往理论由此成为现代西方哲学的主要内容。

---

① 黎靖德. 朱子语类 [M]. 北京：中华书局，1986：2436.

现代以来，哲学家们分别从不同维度对"交往"概念给予过详细阐述。胡塞尔从先验现象学的角度提出了交互主体性理论。海德格尔受胡塞尔哲学的影响继承其先验哲学的主体理论，提出"此在与他人共在"的本体论思想。伽达默尔的哲学解释学从语言学的角度阐述了"理解即是对话"，即语言不仅是构成实践的行为，又是实践的前提基础。此后，法兰克福学派的代表人物哈贝马斯吸收综合了语言实用学、批判理论、行为理论以及生活世界理论等，并逐渐形成了独具特色的交往行为理论。具体而言，哈贝马斯的交往行为理论主要包括以下内容。

（一）交往行为是"最合理的行为"

马克斯·韦伯（Max Weber）首先将"合理性"概念运用于对现代资本主义演进及其本质的考察。哈贝马斯的交往合理性正是对马克斯·韦伯合理性理论的继承和发展。如哈贝马斯所言："从理论的发展史来说，马克斯·韦伯是我理论的出发点。"[1] 因此，可以说，"交往合理性"思想是哈贝马斯整个批判理论的核心内容。他以此为基础，全面分析了资本主义社会交往的异化对建构合理社会关系的阻碍和破坏，并由此揭示出自由平等交往对建构合理社会的重要性。

同时，哈贝马斯作为马克思思想的继承者，责无旁贷地肩负起重建马克思主义的历史使命。他主张以"交往行动"概念来重建历史唯物主义，并指出理论只有付诸实践才能使理论发挥更大的效力，应当将哲学研究的视角从纯粹的思想领域转向现实的生活世界。但与马克思的生产实践不同的是，哈贝马斯在现代西方哲学语言学转向的背景下，以语言理性范式来解释人的社会行为及人与人之间的交往行为，并最终形成了以语言为本的交往行动理论。由此出发，哈贝马斯批评马克思过于注重物质生产的实践，从而"忽略了社会主体的规范性结构并非简单遵循再生产发展所走的道路，而是有着某种内在的历史……忽略了人的交往行为或相互作用领域内的理性化过程，既不能还原为生产实践领域中的理性化过程，也并非后者的直接产物"[2]。通过上述

---

[1] 哈贝马斯. 现代性的地平线：哈贝马斯访谈录 [M]. 李安东，段怀清，译. 上海：上海人民出版社，1997：59.

[2] 王振林. 现代西方交往理论研究 [M]. 北京：中国社会科学出版社，2015：45-46.

可以看出，哈贝马斯以自己独特的语言学范式提出了交往行为内在的理性化或合理化过程，同时交往合理性理论成为哈贝马斯整个批判理论的前提，以此推进历史唯物主义的发展完善。

在哈贝马斯看来，只有交往行为才是最合理的，因为它是关涉整个世界的、全方位的行动，并指出，"合理性很少涉及知识的内容，而主要涉及具有语言能力和行动能力的主体如何获得和运用知识"①。言外之意，即合理性不是陈述和表达的合理性，而是行为的合理性。哈贝马斯通过对交往合理性结构的复杂分析，指出合理性结构虽然不是交往合理性本身，但它是建构交往行为理论的基础，是形成合理性交往行为的必要环节。

（二）"理解"是交往合理性的核心

在哈贝马斯看来，为了推动人与人之间正常的交往活动有序进行，必须取消交往行为的一切不合理限制，使交往主体之间能够进行真诚沟通以达成真正的理解与合作。因此，"理解"应当成为交往合理性的核心。

哈贝马斯认为，"理解"是指两个不同主体能彼此认同和相互协调。"理解最狭隘的意义是表示两个主体以同样方式理解一个语言学表达。而最宽泛的意义则是表示在与彼此认可的规范性背景相关的话语的正确性上，两个主体之间存在某种协调；此外还表示两个交往过程的参与者能对世界上的某种东西达成理解，并且彼此能使自己的意向为对方所理解。"② 无论在何种情况下，哈贝马斯都把理解作为交往行为是否具有合理性的判断依据。可以看出，哈贝马斯的交往行为理论更侧重于精神或意识层面的交互性活动。在此基础上，他进一步指出理解必须通过语言媒介来实现，只有对话式的日常语言才能使交往主体彼此承认、相互认同。但这种认同并不是无差别的完全同一，而是在某些方面达成一致，同时又能够在保持一定距离的前提下维持其自我同一性。总之，语言的对话性和媒介性特质使其能够成为主体之间交往的桥梁和纽带。

要想通过语言促进交往行为的合理化，不可能固守传统语言哲学的静态逻辑分析，必须从动态运用的角度研究语言如何如实地表达思想、情感以及

① 哈贝马斯. 交往与社会进化［M］. 张博树，译. 重庆：重庆出版社，1989：22.

② 哈贝马斯. 交往与社会进化［M］. 张博树，译. 重庆：重庆出版社，1989：3.

欲望现实等精神活动。由此哈贝马斯专门提出"普遍语用学",并以此作为沟通的一般理论。他指出,交往过程需要达到的普遍共识是一种理想状态,即"交往理性",人与人之间的交往必须通过语言符号互相作用,以此实现真正的沟通。此外,哈贝马斯认为必须遵循真实性、正当性和真诚性的语用学规范,才能达到有效沟通的目的。

除上述之外,哈贝马斯还提出了"生活世界"理论。他所谓的生活世界不是我们一般意义上所理解的外在现实生活,而是由个体的能力和直观知识所构成,具体包括文化、社会和个体三个层次,三者相互联结,形成错综复杂的意义之网。

总之,哈贝马斯的生活世界是每一个现实的交往实践者都必须置身其中的境遇,任何社会交往行为的真正达成都必须根植于此种生活世界。

综上所述,通过对马克思主义交往理论、中华传统文化的交往智慧、西方哲学中的交往行为理论的阐述可看出,马、中、西分别从不同维度阐述了交往实践活动的理论基础。马克思主义从现实物质生产入手论述了生产与交往的关系,并在此基础上进一步阐述了交往与人和社会发展的辩证关系。中华传统文化中仁、义、礼、智、信等典型的交往实践智慧亦为交往实践活动提供价值遵循,是处理人际关系的行动指南。哈贝马斯的交往行为理论以语言学为研究视角,系统阐述了交往合理性行为的实现必须具备共同的背景基础,即拥有共同的知识和能力基础,以此可实现真正的理解并促进彼此之间的认同。总之,无论是马克思主义物质实践意义上的交往理论还是西方哲学语言学意义上的交往合理性理论,抑或是中华传统文化博大精深的交往实践智慧,都将在不同程度上为思想政治教育交往实践提供科学的理论指导。

第二章

媒介技术演进视域下思想政治教育主客体交往的历史考察

在人文社会科学研究领域，坚持历史与现实相统一是开展学术研究的基本方法。因此，研究智能技术视域下的思想政治教育主客体交往亦应当基于历史的视角，将思想政治教育交往置入媒介技术演进的历史脉络中予以系统考察。基于此，本章将首先回顾媒介技术的演进历程，并在此基础上阐述媒介技术影响思想政治教育主客体交往的内在机理。其次，将以网络媒介技术为分期，分别阐述前网络媒介时代和网络媒介时代思想政治教育主客体交往的特征，以此为基础分析智能技术视域下思想政治教育主客体交往呈现的新特征。

第一节 媒介技术与思想政治教育主客体交往

从传播学的角度讲，交往的过程即是信息传播的过程。思想政治教育主客体交往的过程即是彼此通过交往互动而实现信息传播的过程。媒介技术作为思想政治教育主客体交往的中介系统，是思想政治教育活动不可或缺的一部分。随着媒介技术的发展演进，不同媒介技术通过更新思想政治教育主客体交往观念或思维方式、拓展其交往的时空边界、革新交往手段、改变交往环境并优化交往载体等，使思想政治教育主客体交往过程因媒介技术的变迁而呈现出不同的图景。总之，媒介技术可直接对交往场域、交往形式及交往样态产生影响，由此使思想政治教育活动整体上呈现新的特征。本节将以媒介技术的演进为轴线，在阐述媒介技术演进的基础上，揭示媒介技术影响思想政治教育主客体交往的内在机理。

一、媒介技术的演进

在人类几千年的历史长河中，任何时代的交往实践活动都离不开该时期占主导地位的媒介技术。因此，要想对媒介技术视域下思想政治教育主客体交往的演变予以考察，首先应当对引起交往场域、交往形式变迁的媒介技术给予梳理。通过考察媒介技术的历史演进可知，目前为止，媒介技术的发展可分为口语文字、印刷媒介、电子媒介、网络媒介以及正在开启的智能媒介阶段五大历史时期。不同的媒介技术作为交往工具可拓展思想政治教育主客体交往场域，改变思想政治教育主客体交往形式并不断形塑思想政治教育交往实践的最终样态。以下将首先梳理媒介技术的演进历程，为后文分析不同媒介发展时期思想政治教育主客体交往的特质奠定基础。

（一）口语文字媒介阶段（15 世纪以前）

语言是在人类漫长的历史发展过程中逐渐形成的。口语是最初的语言形式，是人类借助声音传播信息的符号系统。在人类社会早期，基于人自身生存的需要，人们在物质生产劳动或重大的节庆活动中伴随着体态的丰富逐渐迸发出含有意义的声音符号。正如马克思所言，"语言是从劳动中并和劳动一起产生出来的"[1]，"语言只是由于需要，由于和他人交往的迫切需要才产生的"[2]。在长期的实践过程中，人们逐渐对同一类型的声音符号形成基本一致的理解和认识，并通过对音符的组合创造了最初的口语，使人类逐渐摆脱完全野蛮的状态进入了文明社会。

口语的产生成为人类社会早期信息交流、经验传递、情感沟通的主要手段，促进了人类社会的进步。但是，人类早期语言的使用又具有特定时代的

---

① 中共中央马克思恩格斯列宁斯大林著作编译局 . 马克思恩格斯全集：第 20 卷［M］. 北京：人民出版社，1971：512.

② 中共中央马克思恩格斯列宁斯大林著作编译局 . 马克思恩格斯全集：第 3 卷［M］. 北京：人民出版社，1960：34.

局限性。首先，通过语言进行的口语交流必须面对面进行，受到时间、空间以及对语义理解的严格限制；其次，由于地域的间隔，不同区域之间的语言文化呈现出巨大差异，交往活动的范围因此受到限制。然而，文字的出现在一定程度上解决了交往活动的时空限制，开启了人类交往活动内容可以记载的历史时期。

书面文字的出现是人类媒介演进史上的里程碑事件。文字的演进过程是根据书写工具的变化逐步成熟的，如我国古代从结绳记事、象形文字等到表音符号最终形成今天广泛使用的拼音文字历时数千年的发展。公元105年我国蔡伦发明了造纸术，使文字信息传递得以记载、保存和延续，一定程度上拓展了人类社会交往活动的范围。同时，文字的发明亦逐渐扩大了人类自身交往的时空范围。然而，由于书写工具的限制，文字的书写只能依赖占社会小部分数量的手抄劳动者，从而使信息交往限制在少数掌握书写文字的精英群体之间，信息的保存和延续在繁重的手抄劳动下得到限制；由此，基于文字的信息交往活动也只能限定在掌握文字书写的知识阶层，造成少数人对文字信息的垄断，进而导致以文字信息为媒介的交往活动范围极其有限。直到15世纪活字印刷术的发明和广泛使用，才大大改善了口语文字交往时代受众群体的有限性。

（二）印刷媒介阶段（15世纪末—19世纪30年代）

印刷术的发明是世界印刷史和人类文明史的重大事件，极大地提高了人的交往能力并提升了信息传播的效率。15世纪德国人约翰·古登堡（Johann Gutenburg）发明的金属活字印刷术很快在欧洲推广应用。16世纪印刷术在欧洲逐渐发展繁荣，自17世纪末印刷文化全面替代了口语文化，成为社会主流的交往传播方式，推动了文化教育事业的巨大进步。15世纪末印刷术从欧洲传至中国，使明朝之后的文化交流活动更加便捷高效，印刷技术与教育文化的发展形成了良性循环的互动过程。总之，印刷技术的推广大大节省了信息沟通或交往活动的成本，由此使信息的批量生产和记载成为可能，为近代纸质报刊的诞生奠定了基础，进而为人类的交往实践活动提供了便利。虽然印刷媒介彻底打破了少数人对信息的垄断特权，但是印刷技术的普及范围仍然是有限的，信息传播和社会交往的范围基本还处于社会的上层群体中；同时，以文字书写和印刷技术为载体的交往活动属于时空统一和时空分离两种方式相结合的精英群体交往。直到 20 世纪电视广播等电子媒介技术出现之前，印刷媒介一直在人类社会交往和信息传播中发挥着重要作用。

（三）电子媒介阶段（19 世纪 30 年代—20 世纪 90 年代）

1837 年，美国人塞缪尔·摩尔斯（Samuel Morse）发明了世界上第一台实用电报机，开启了以电作为信息传播载体的历史先河。在此基础上，1895 年无线电通信实验的成功完成，为广播电视的问世奠定了坚实的基础。1936 年，英国广播公司电视台作为世界上第一座电视台开播，标志着电视的诞生。广播电视的出现促进了人类交往传播过程听觉和视觉的一体化。"在机械化时代，我们完成了身体在空间范围内延伸。如今在经过一个世纪的电力技术发展之后，我们的中枢神经系统又得到了延伸。"[1] 以广播电视技术为主导的电子媒介不仅突破了人类交往过程的时空限制，而且也不再局限于印刷媒介时代必须依附于物质载体的交往方式，同时还使人类社会的交往范围打破了文化阶层的限制。正如埃弗雷特·罗杰斯（Everett M. Rogers）所言，"电子传播是在没有识字需要的情况下，为人类提供超越识字障碍、跳入大众传播的一个方法"[2]。

电子媒介的出现延伸了文字印刷时代人类交往时间的历时性倾向；同时，以电子技术为载体使交往过程或信息传播更加高效便捷，在一定程度上改善了文字印刷时代信息传播的低效性。但在以电子技术为主导的时代，信息的传播和流动是单向的，人通过广播电视等媒介技术接受信息，且人始终处于较为被动接收信息的状态。然而，人自身也有选择接受信息或拒绝信息的自主权，只有人对电子媒介的传播方式形成一定程度的依赖时，才能使电子媒介的应用得以存续。在此意义上，可以说，人类社会交往实践的发展得益于人与媒介技术之间的不断交互，同时，媒介技术不断更新迭代亦将使人类社会的交往结构不断分化重组。总之，以广播电视为主导的电子媒介技术开启了人类交往的全新模式，促进了交往空间场域实体化与数字媒介化并存的局面。

---

① 麦克卢汉. 理解媒介：论人的延伸［M］. 何道宽，译. 北京：商务印书馆，2000：20.
② 邵培仁. 传播学导论［M］. 杭州：浙江大学出版社，1997：77.

（四）网络媒介阶段（20世纪80年代—2010年左右）

互联网的出现，开启了人类社会交往史的新纪元。以信息技术为核心的互联网使人类社会进入了数字网络时代。早在1946年，美国人埃克特（John Presper Eckert Jr.）等研制出世界上第一台计算机，这一重大事件标志着人类开始迈入数字时代，并为网络数字媒介的诞生奠定了基础。随着计算机硬件和软件的优化更新以及数字技术的发展，计算机网络不断集各种媒介功能于一体，在一定程度上替代了传统的印刷媒介和电子媒介，促进人的数字化生存，并拓展了电子媒介时代人与人交往沟通的时空范围。如果说前互联网时代的交往媒介都属于一对一或一对多的交流沟通模式，且书籍、电视、电话等媒介自身是相对独立的存在物，那么，互联网的出现让人们第一次体验到多对多的立体化交往或信息传播方式。无形的网络将身处世界各地的人们连接起来，构成人们学习生活无法逃离的特殊环境。

在以往的交往媒介系统里，人被动等待传播者推送特定的信息内容。而在网络媒介时代，任何有能力利用互联网技术的人都拥有交往活动的自主权，可利用虚拟网络技术随时开启或终止自身的社交活动；同时，网络世界中个体交往的主动参与性和互动性与以往形成强烈的对比。人类社会的交往活动完全不受物理空间和特定时间的限制，交往范围得到极大的拓展，由此引起交往结构的变革并不断促进人类社会的进步。需要特别指出的是，网络媒介的出现并不是对以往媒介技术的完全替代，而是媒介技术在依次迭代过程中的不断叠加和延展。

媒介技术除经历上述演进历程之外，近年来随着大数据、人工智能、虚拟现实等智能技术的迅速发展，人类社会逐渐进入了以智能技术为核心所构建的智能媒介时代。然而，随着智能技术的演进，未来智能技术不仅发挥着交往实践的媒介功能，同时也将作为交往活动的参与者发挥一定的主体价值。总之，智能技术参与下的人类社会交往活动将呈现出与以往任何时代都完全不同的交往图景。

二、媒介技术影响思想政治教育主客体交往的内在机理

一切社会实践活动都是活动参与者之间不断交互的过程，离开交往便无

法构成真正的实践活动。思想政治教育作为人类社会特定的教育实践活动，同样无法离开思想政治教育参与者之间的交往互动。同时，思想政治教育主客体交往过程必须基于特定的交往时空并通过特定的交往形式进行，从而形成特定的交往样态。可以说，思想政治教育交往场域是开展思想政治教育活动的基础条件，思想政治教育主客体通过对交往工具或交往手段的选择形成特定的交往形式，并通过思想政治教育主客体的相互作用最终形塑出不同的思想政治教育交往样态。因此，考察媒介技术对思想政治教育主客体交往的影响，就是要探究媒介技术影响思想政治教育主客体交往场域、交往形式、交往样态的内在机理。

媒介环境学理论可为我们理解媒介技术何以影响思想政治教育主客体交往提供重要的解释框架。在媒介环境学派看来，技术不仅是单纯的交往媒介，而且媒介技术是人类生存环境的重要组成部分，是交往实践过程不可或缺的要素之一，将对人的交往行为和交往方式产生重大影响。"每一种技术都立即对人的交往模式进行重组，实际上造就了一种新的环境。"① 由此可见，思想政治教育主客体交往形式的变化亦是由媒介技术的不断更迭引起的，进而导致思想政治教育主客体交往样态的演化。具言之，媒介技术对思想政治教育主客体交往的影响主要基于以下原因。

其一，媒介技术通过改变思想政治教育交往的时空结构，以此重塑思想政治教育主客体交往场域。

人类社会的一切实践活动都必须依托特定的时空场域而进行。可以说，时间和空间共同构成了评价人类实践活动的基本尺度，也成为解释人类实践活动的重要依据。"一切人类活动都出现在特定的地点和时间，而且人类活动的地点和时间对于解释和理解这些活动具有重要意义。"② 同样，思想政治教育作为重要的教育实践活动，亦必须在特定的时间和空间中进行。因此，思想政治教育主客体交往的时空结构对思想政治教育的实效性亦将产生重大影

---

① 麦克卢汉. M，麦克卢汉. S，斯坦斯. 麦克卢汉如是说：理解我 [M]. 何道宽，译. 北京：中国人民大学出版社，2006：40.

② 格利高里，厄里. 社会关系与空间结构 [M]. 谢礼圣，吕增奎，等译. 北京：北京师范大学出版社，2011：67.

响。如学者所言，"时间和空间构成了思想政治教育过程的两大基本面向，是探究与把握思想政治教育演化规律与发展进路的内在尺度"①。从媒介技术的视角观之，显而易见，媒介技术的演进将首先引起思想政治教育主客体交往空间的不断拓展，并在此基础上无限延展思想政治教育主客体交往的时间。相应地，由交往时间和交往空间共同建构的思想政治教育交往场域也因此而改变。在此意义上，可以说，媒介技术的演进将不断革新思想政治教育交往场域。

具体而言，在口语媒介阶段，古代思想政治教育活动只能通过口耳相传的方式面对面进行，使思想政治教育交往空间呈现同一性特质。由于交往空间的限制，思想政治教育主客体交往时间具有共时性，即思想政治教育主体传授教育内容的过程和思想政治教育客体接受教育信息的过程必须同步进行。随着文字的发明尤其是印刷媒介的出现，思想政治教育信息可通过文字记载的方式实现异地传播。因此，在印刷媒介时代，思想政治教育交往过程的空间同一性被逐渐打破；与此同时，思想政治教育主客体交往过程逐渐具有时间上的延时性。可以说，印刷媒介的出现一定程度上改变了思想政治教育交往的时空结构。由此，思想政治教育交往场域得以革新，但印刷媒介时代的思想政治教育交往场域仍然是基于实体性的物理空间形构的。随着 20 世纪以来电子媒介的出现，尤其是广播电视成为思想政治教育内容传播的载体和媒介，思想政治教育交往时间又回归到即时性状态，思想政治教育交往空间由此而持续分化，进一步加剧思想政治教育交往场域的分散化。自 20 世纪末网络媒介的出现，思想政治教育活动彻底从传统实体空间拓展至网络虚拟空间；同时，思想政治教育主客体在交往时间上呈现出共时性与历时性的统一。可以说，网络媒介的出现是思想政治教育交往场域变革的"哥白尼革命"，使思想政治教育主客体交往场域得以彻底重组。而当下智能技术发展是在互联网基础上的进一步深化，使思想政治教育交往的空间结构从网络时代的虚拟线上交往向虚拟场景化延伸。

从媒介偏向性的视角看，"任何传播媒介都具有时间偏向或空间偏向，即

---

① 潘一坡，项久雨. 思想政治教育时空论 [J]. 思想教育研究，2020 (11)：44-50.

传播媒介或具有易于长久保存但却难以运输的倾向性，或具有易于远距离运送但长久保存性差的倾向性"①。由此，媒介技术对思想政治教育主客体交往时间和交往空间的影响程度亦具有不同的偏向。例如，语言媒介对思想政治教育主客体交往的影响具有强烈的时间偏向性；文字印刷媒介对思想政治教育交往活动的空间偏向更加明显，即思想政治教育主客体交往不再局限于特定的空间，从而使信息传播的范围不断扩大。电子媒介尤其是网络媒介的出现彻底打破了思想政治教育交往的空间限制。

综上所述，不同媒介技术可对思想政治教育交往时间和交往空间带来不同程度的影响。但从总体上看，媒介技术的演进不断促进交往时间和交往空间的平衡，直接重塑思想政治教育主客体交往场域。

其二，媒介技术通过提升思想政治教育主客体的交往能力影响其对交往形式的选择。

首先，作为交往工具或交往手段的媒介技术不断提升思想政治教育主客体的交往能力，进而影响其对交往工具的主动选择。由此推之，在思想政治教育的交往资料系统中，交往工具的存在是交往活动得以发生的前提，没有交往工具就不可能构成完整的交往手段系统，更不可能开展思想政治教育交往活动。可以说，交往工具是决定思想政治教育交往形式最基础最重要的因素。只有利用媒介技术的物理学、生物学、化学等性质并对其进行综合作用，才能把交往工具作为信息交流的通道，以此促进思想政治教育主客体交往活动的真正达成，实现思想政治教育信息的共享。

其次，媒介技术的演进是人类交往能力进步的集中体现，交往能力的提升可拓展思想政治教育主客体交往形式的选择范围。媒介技术作为交往工具是生产力发展的标志，是思想政治教育交往活动的辅助工具，将在整体上提升思想政治教育主客体交往能力。"交往工具是历史的产物，规定着交往的规模、速度和力量"②，直接带来思想政治教育主客体交往能力的提升，且不断与旧有的交往形式相矛盾。在文字印刷媒介阶段，思想政治教育过程只能通过语言文字进行信息的传递和交流，极大地限制了思想政治教育交往的形式。

---

① 张咏华. 媒介分析：传播技术神话的解读 [M]. 上海：复旦大学出版社，2002：52.
② 吕梁山. 交往结构及要素浅探 [J]. 辽宁师范大学学报，1997（3）：9-11.

随着广播、电视及互联网等媒介技术的迭代更新，思想政治教育主客体的交往能力得到极大的提高。由此，可以说，媒介技术的不断演进可使思想政治教育主客体对其交往形式拥有更多的自主选择权。

最后，媒介技术自身的文化自主性作为思想政治教育交往过程的渗透性力量，在潜移默化中影响思想政治教育主客体的交往观念，从而使其主动改变对交往形式的选择。作为典型的技术文化论者，海德格尔指出，"技术不仅是手段和工具，而且是一种解蔽的方式，技术之本质乃是解蔽之领域，即真理之领域"①。由此，作为交往载体的媒介技术本身负载着文化传承的责任，媒介技术的更迭形塑着不同的文化形态和文化秩序。在技术发展日益加速迭代的当下，媒介技术不再只是发挥工具性价值，而是同时具有社会文化建构的自主性。"一种新媒介的长处，将导致一种新文明的产生。"② 媒介技术的发展历程，既是人类社会不断创造和运用媒介的历程，也是媒介技术不断革新和形塑社会文化结构的过程。媒介技术的文化形塑功能主要是基于媒介与人的互动关系展开的。技术的介入塑造人的感知行为，同时人也主动选择和使用不同类型的媒介技术。有学者明确指出，"当技术被人选择和使用时，就以最隐蔽和柔软的方式蕴藏着最为尖锐和鲜明的价值观"③。因此，我们既要充分利用媒介技术的交往工具功能，又要高度重视媒介技术的社会文化价值。

基于此，随着媒介技术的不断更迭，媒介技术在思想政治教育主客体交往过程中不仅发挥着传统意义上的工具性价值，而且媒介技术的文化自主性也潜移默化地影响思想政治教育主客体对交往工具的选择，进而不断改变其交往形式并重塑其交往样态。在媒介技术的发展变迁过程中，"每一种媒介技术的出现都实现着对社会环境的重新定义"④。因此，不同的媒介技术与思想政治教育耦合将创生不同的思想政治教育话语体系和交往样态。例如，文字印刷时代形成以文字为核心的话语传播符号，电子媒介时代的声音、图像符号以及网络时代以来的数字化交往符号等。不同形态的媒介符号可形成不同

---

① 海德格尔. 演讲与论文集 ［M］. 孙周兴，译. 北京：生活·读书·新知三联书店，2005：12.

② 伊尼斯. 传播的偏向 ［M］. 何道宽，译. 北京：中国人民大学出版社，2003：28.

③ 荆学民. 重新省思政治传播的价值旨归 ［J］. 新闻与传播评论，2019，72（5）：16-21.

④ 李晓云. 媒介技术的变迁及其隐喻功能的实现 ［J］. 新闻界，2010（3）：15-17.

的话语体系和交往方式。"每一种新的媒介技术使用和普及，都在其特殊的社会文化背景中形成一种全新的交流方式。"① 因此，当不同形态的媒介符号被应用于思想政治教育活动时，将建构不同的思想政治教育交往样态。在此意义上，可以说媒介技术的文化自主性在一定程度上改变了思想政治教育主客体的交往样态。

其三，媒介技术通过影响思想政治教育主客体本身，从而引起思想政治教育交往样态的变化。

首先，媒介技术通过潜移默化地改变思想政治教育主客体的思维方式或交往观念，进而影响其交往过程的行为选择，最终形塑不同的思想政治教育交往样态。思想政治教育主体交往观念的改变是影响思想政治教育交往形态的前提。传统思想政治教育实践过程中的教育主客体受到交往时空的限制，其思维方式是封闭守旧的。思想政治教育主体主要以单向灌输的方式向受教育者传授思想政治知识。而随着媒介技术的演进，思想政治教育主客体只有不断转变思维方式，积极适应新技术与思想政治教育融合的历史趋势并及时变革自身的交往观念，才能不断更新思想政治教育活动的整体样态。因此，伴随互联网、大数据、人工智能等新兴技术的快速发展，思想政治教育主客体必须主动更新自身的思维方式和交往观念，才能使思想政治教育交往活动真正与智能技术相融合。在此意义上，可以说，媒介技术的演进通过改变思想政治教育主客体的交往观念使思想政治教育过程呈现出不同样态。

其次，媒介技术通过改变思想政治教育主客体的交往方式和交往的时空结构，从而潜移默化地重塑其交往样态。交往样态是思想政治教育主客体交往实践的最终呈现状态，思想政治教育主客体交往的时空结构和思想政治教育主客体交往形式共同作用，在很大程度上影响思想政治教育交往实践的最终样态。不同媒介技术主导下的思想政治教育交往形式千差万别，由此直接导致思想政治教育交往实践的最终样态亦呈现巨大差异。例如，在口语媒介时代，古代思想政治教育活动主要存在于个体与个体或个体与群体之间，思想政治教育主客体交往过程是基于物理空间的面对面交流，且以一对一或一

---

① 张冠文. 人与互联网的同构：媒介环境学视阈下互联网交往形态的演化 ［M］. 北京：中国广播影视出版社，2015：85.

对多的方式由中心向外延辐射。由此，思想政治教育交往样态具有中心化特质。文字印刷和电视广播等作为空间偏向型的媒介技术，突破了交往过程面对面交流的空间限制，但在一定程度上加剧了思想政治教育交往样态的中心化趋势。而网络媒介的出现彻底改变了思想政治教育交往实践的整体样态。网络空间的开放性使思想政治教育交往不再局限于物理空间中个体与他者的交往，而是呈现出多点发散的趋势。即思想政治教育客体有可能同时接受多个教育主体传递的信息，使思想政治教育主客体交往逐渐从"中心化"向"去中心化"转变；同时网络的虚拟性使思想政治教育交往过程呈现实体化与虚拟化并存的局面，而建于互联网基础上的智能媒介技术进一步加剧了此种态势。

最后，媒介技术通过改变思想政治教育主体构成样态，使思想政治教育从"主体—客体"的直接交往向"主体—中介—客体"的间接交往转变。口语媒介时代的思想政治教育以主客体面对面直接互动为主，随着文字印刷和电子媒介的出现，文字记载、电视广播等开始逐渐成为思想政治教育交往的中介系统，打破了传统意义上思想政治教育主客体的直接互动模式，使思想政治教育主客体交往过程呈现间接化趋势。而互联网的出现使思想政治教育主客体之间彻底实现数字化交往的转型。但网络时代人类作为思想政治教育活动的施教者仍然是思想政治教育的唯一主体。随着智能技术的快速发展，人工智能机器作为技术存在物正逐渐应用于思想政治教育交往实践中，并协助人类教育者共同开展思想政治教育活动，如虚拟数字教师、智能教师助理等将不断介入思想政治教育过程。有学者指出，"人工智能条件下的思想政治教育主体由两方面构成：一是传统意义上'碳水化合物'构成的'人'，二是智能机器人尤其是高级智能机器人为代表的、具有主体部分功能的人工智能运用实体"[①]。具有一定施教能力的教育智能机器或智能教育平台应当被看作主体存在者，并不断与人类教育者和受教育者交互，由此拓展思想政治教育主体的范畴。在此意义上，智能机器不仅是思想政治教育交往活动的媒介，而且将成为思想政治教育的参与者主体。因此，未来高级智能机器将改变思

---

① 张志丹，刘书文. 人工智能必将引发思想政治理论课变革 [J]. 思想教育研究，2020（10）：103-108.

想政治教育主体的构成结构，使思想政治教育活动从"主体—客体"直接互动逐渐向"主体—智能机器—客体"间接互动转变。

其四，媒介技术通过影响思想政治教育其他交往要素，进而从整体上形塑思想政治教育交往样态。

首先，媒介技术在潜移默化中改变思想政治教育交往的环境进而形塑其交往样态。在媒介技术的发展演进过程中，思想政治教育的外部文化环境、虚拟网络环境、智能数字环境等都在无形中影响着思想政治教育主客体的交往样态。互联网技术作为强大的外在力量不断拓展思想政治教育交往实践的环境，从而使思想政治教育交往样态开始从传统的线下实体化交往向实体化与数字化融合的方向迈进。而人工智能、虚拟现实等智能技术的快速发展，可直接带来思想政治教育环境的智能化。与此同时，智能化的思想政治教育环境将不断加剧思想政治教育交往样态的虚拟场景化。总之，媒介技术演进带来的思想政治教育环境变化亦将导致思想政治教育交往样态的改变。

其次，媒介技术的演进不断丰富思想政治教育交往实践的载体系统，由此亦将改变其最终的交往样态。很显然，媒介技术作为传播思想政治教育信息的承载物，属于物质形态的思想政治教育载体。从传统的语言文字媒介演进到现代的网络甚至智能媒介技术，思想政治教育载体不断从最初的语言、书籍、报纸、杂志拓展到广播电视、网络甚至当下的人工智能。思想政治教育载体随着媒介技术的演进而不断丰富发展，不同媒介技术作为思想政治教育载体将直接引起思想政治教育交往样态的改变。当报纸、杂志等传统纸媒作为思想政治教育载体时，思想政治教育主客体只能以文字的方式进行延时性的间接交往。广播电视带来思想政治教育交往空间的异质化，但在交往时间上仍然是同步的。然而网络媒介技术作为思想政治教育载体很大程度上促进交往空间的开放和交往时间的全时性，使思想政治教育交往样态发生质的改变。建基于网络技术之上的现代智能技术，又一次实现思想政治教育主客体交往样态的飞跃，推进主客体从线上交往向虚拟场景化交往演化。由此可见，不同媒介技术作为思想政治教育载体势必重构思想政治教育交往的样态。

最后，不同媒介技术应用将不断创新思想政治教育方法，由此亦可引起思想政治教育交往样态的改变。"思想政治教育方法不仅使思想政治教育其他要素互相连接，而且激活调动思想政治教育其他要素参与到思想政治教育运行之中。"① 相应地，思想政治教育实践的最终样态亦将由于不同思想政治教育方法的运用而产生重大差异。因此，智能技术应用将不断更新思想政治教育方法，尤其是大数据、人工智能的应用将不断打破传统思想政治教育方法的局限性。例如，大数据技术可直接带来思想政治教育交往过程的精准化和个性化；人工智能亦将在很大程度上改变思想政治教育方法的具体运用，从而使思想政治教育主客体交往向智能数字化交往转变，由此不断形塑思想政治教育交往实践的整体样态。总之，媒介技术演进通过不断革新并丰富思想政治教育方法，从而在无形中重塑思想政治教育主客体交往的样态。

综合上述，媒介技术演进的过程不是从一种媒介过渡到另一种媒介的依次更替，而是媒介技术不断叠加融合的过程。媒介技术的演进带来思想政治教育外部环境的改变，进而影响思想政治教育主客体交往样态；媒介技术作为先进的生产力将带来思想政治教育交往工具的更新，由此导致思想政治教育主客体交往手段或交往方式的变革；不同媒介技术的应用亦可导致思想政治教育主客体自身的诸多变化，从而使两者的交互模式逐渐发生改变；媒介技术的文化性重塑思想政治教育整体文化生态，从而影响思想政治教育的话语体系并改变其交往范式。

需要说明的是，思想政治教育交往活动必须在特定的环境中基于具体的载体或媒介系统以特定的交往形式进行。因此，思想政治教育环境、载体和方法等要素并不可能单独发挥作用。相反，由于思想政治教育各交往要素之间的共同作用才引起思想政治教育交往形态的改变。同时，媒介技术演进视域下思想政治教育交往场域、交往形式和交往样态的改变亦不是彼此独立的，而是相互影响、彼此关联，三者有机统一，共同构建出思想政治教育交往实践的整体图景。

---

① 骆郁廷. 思想政治教育原理与方法 [M]. 北京：北京师范大学出版社，2019：205.

第二节 前网络媒介时代思想政治教育主客体交往的特征

通过对媒介技术演进史的梳理可知，媒介技术的演进经历了最初的口语文字、15 世纪的印刷媒介、20 世纪的电子媒介、20 世纪 80 年代以来的网络媒介以及当下智能媒介的蓬勃发展五大历史时期。其中，网络媒介对思想政治教育主客体交往的影响最具颠覆性。基于此，以下将以网络媒介为划分界限，分别阐述前网络媒介时代和网络媒介时代两大历史时期思想政治教育主客体交往的特征。只有历史地分析媒介技术演进历程中思想政治教育交往活动的不同特征，才能以史为鉴实事求是地回归当下，深入分析智能技术视域下思想政治教育主客体交往的整体图景。

自人类阶级社会产生以来，思想政治教育活动始终存在。"思想政治教育是人类社会的产物，自从人类社会产生阶级以来，就产生了国家和政治，就有政治教育、道德教育的活动发生。"[1] 思想政治教育活动的存在决定了思想政治教育主客体交往的真实发生。因此，所谓"前网络媒介时代思想政治教育主客体交往"就是要阐述自古代奴隶社会阶级的产生至 20 世纪 80 年代整个漫长历史时期内思想政治教育主客体交往活动所呈现的整体图景。

以下将以我国古代思想政治教育的产生为起点，依托各历史发展阶段典型的思想政治教育活动史料，通过史论结合的方式，阐述前网络媒介时代思想政治教育交往实践的特征。在前网络媒介时代的漫长历史时期内，由于媒介技术发展水平有限，信息交流渠道受阻，因此，思想政治教育活动亦只能局限在特定的实体空间和提前设定的时间内进行，从而使思想政治教育交往场域呈现有限性。同时，由于相对落后的交往工具和交往手段导致思想政治教育交往形式具有线性化特征；有限的交往场域和交往形式的线性化共同导致思想政治教育交往样态的封闭性。

---

① 王新山，王玉婷，纪武昌．中国古代思想政治教育史论［M］．武汉：武汉大学出版社，2016：1.

一、思想政治教育主客体交往场域的有限性

根据布迪厄的场域理论，场域是社会生活中有着相互关系的特定社会结构网络，是不断动态生成的开放系统，是各种力量关系的外在呈现。"一个场域可以被定义为在各种位置之间存在的客观关系的一个网络，或一个构型。"① 由此，"思想政治教育交往场域"是基于思想政治教育主客体交往的位置关系和时间关系共同形成的特定网络结构。因此，"思想政治教育交往场域"的改变主要是由媒介技术变迁引起的思想政治教育交往时空的变化带来的，两者共同形塑出思想政治教育实践活动所需的客观位置场域。显而易见，从媒介技术演进的视角考察思想政治教育交往场域，就要具体分析不同媒介技术主导下思想政治教育交往时间和交往空间的变化。以下将基于此系统论述前网络媒介时代思想政治教育主客体交往场域的总体特征。

"'教化'与'思想政治教育'在内涵上具有高度的契合性，教化即古代的思想政治教育活动。"② 由此，中国传统社会的教化活动就是现代意义上的"思想政治教育"。可以说，中国古代以伦理道德教化等为主要内容的思想政治教育活动，在整个封建社会占据核心地位，其主要目的在于维护封建政治统治和社会稳定。通过对媒介技术演进的历史考察可知，口语文字和印刷媒介的相继兴起及广泛应用横跨了整个古代社会的漫长历史时期。以下将以口语文字及印刷媒介的发展为历史轴线，分析前网络媒介时期思想政治教育主客体交往的总体特征。

我国古代较为成熟的道德教化活动可追溯至先秦时代的春秋战国。同时，整个传统社会的道德教化活动是以儒家的伦理道德为核心内容，主要通过面对面口头交流和书面文字交流的形式进行。先秦时代最典型的教化活动是以口头讲授的形式开展的。《论语》《孟子》中记载孔子、孟子与其弟子的交流对话，大部分以传授儒家的伦理道德思想为内容，属于典型的思想政治教育活动，其目的在于实现修身与治国的统一。在以口语为主要交往媒介的时代，

---

① 布迪厄，华康德. 实践与反思：反思社会学导引 [M]. 李猛，李康，译. 北京：中央编译出版社，1998：133-134.
② 陈继红. 榜样教化：古代社会治理中的思想政治教育 [J]. 教学与研究，2021（1）：15-26.

道德教化的主体和客体同时受到交往时间和空间的严格限制，从而使道德教化的场域呈现特定的时空同一性特质。

虽然先秦时期文字已经出现，但由于早期文字书写费时费力且文字交流的表现能力远不如直接的口语交流，同时能够掌握文字的只是拥有文化知识的少数精英人群，因此，在很长一段时期内，思想道德教化活动的开展主要以口语交流为主。由于口语交流的即时性和交流范围的有限性，道德教化活动的信息无法保存且只能在有限的地域内进行。至东汉时期蔡侯纸的发明，使文字书写的材料得到初步改善，道德教化活动的信息内容逐渐开始以书面文字为载体进行间接传播，一定程度上打破了道德教化过程中主客体交往的时空界限。但由于思想道德教化的特殊性以及文字印刷技术水平有限，在此阶段以文字书写为交往方式的思想政治教育活动较为少见。

直到明清之际活字印刷术的出现使思想政治信息逐渐以报刊、书籍的方式得以传播，尤其是近代以来国人办报热潮的兴起，报纸成为宣传思想道德和政治主张的主要载体。有学者明确指出，"报纸有扬善抑恶的社会教化功能"①。因此，报刊成为近代革命者宣传思想政治主张的主要阵地。戊戌维新时期全国首次掀起国人办报的热潮，维新派创办的《万国公报》《中外纪闻》《强学报》是第一批中国政治团体的机关报，成为宣传维新派政治主张的主要渠道。同时，"维新报刊向国人进行救亡图存的爱国主义教育，通过介绍新知新学对读者进行资产阶级思想启蒙教育"②。与维新派相对，以孙中山为首的革命派也通过报刊积极宣传革命思想，发挥报刊的政治工具和舆论宣传功能。五四新文化运动时期创刊的《新青年》杂志以思想改造重建社会价值体系，属于典型的思想政治教育启蒙运动。以陈独秀为首的新文化代表高举民主科学的大旗，不断宣传其思想政治主张，是中国近代思想政治启蒙的标志，亦是近代史上典型的思想政治教育活动。

自中国共产党成立以来，报刊作为共产党舆论宣传的主要阵地亦发挥了重要作用。在中国共产党早期，以陈独秀、李大钊为代表的共产党人通过

---

① 陈玉申. 晚清报业史 [M]. 济南：山东画报出版社，2003：68.
② 陈昌凤. 中国新闻传播史：传媒社会学的视角 [M]. 北京：清华大学出版社，2009：103.

《新青年》杂志广泛传播马克思主义。抗日战争时期，共产党在国统区创刊的《新华日报》亦成为宣传共产党纲领路线和方针政策的主要阵地。1949年创刊的《人民日报》成为中国共产党各个历史时期对外宣传的主要载体。

　　总之，自近代清末开始至新中国成立初期，这一历史阶段的思想政治宣传活动主要是以报刊这一特殊的文字印刷媒介为载体进行的。可以说，近代以来的政治解放和思想启蒙都离不开报刊的大力宣传，不同政治团体通过创办大量的报刊以宣传其政治主张和道德观点，进而革新民众的思想政治观念，由此报刊成为政治斗争的工具。以上不同历史时期的思想政治运动都内含丰富的思想政治教育元素，均属于思想政治教育活动。广大民众作为思想政治教育客体可选择任意时间接受思想政治教育主体（革命者）传递的思想政治信息。在此意义上，以报刊为典型代表的印刷媒介一定程度上拓展了思想政治教育实践活动的时空范围，并进一步拓展了思想政治教育主客体的交往场域。

　　20世纪30年代以来，广播、电视媒介在我国相继兴起并得到持续关注，以毛泽东为代表的共产党人非常重视广播电视的政治宣传功能。由此，在具体的思想政治教育活动中，即时性的远距离信息传输成为可能。电子媒介的应用使思想政治教育交往实践逐渐从传统的实体空间化交往延伸至以广播电视等虚拟空间的信息单向输出模式。在此背景下，思想政治教育客体接受信息的时间必须与广播、电视等固定频道播放信息的时间同步。同时，由于广播电视的信息来源主要依靠无线电通信技术传输，思想政治教育交往空间逐渐向扁平化发展。总而言之，电子媒介的出现使思想政治教育交往实践首次从传统的实体化空间拓展至依靠信息通信技术传递信息的虚拟空间，思想政治教育交往时间亦从纸媒时代的延时性回归到口语交流时代的即时性。在电子媒介技术的加持下，思想政治教育主客体的交往场域再次被拓展。

　　综上所述，虽然思想政治教育主客体交往场域随着口语媒介、印刷媒介、电子媒介的演进得以不断拓展。但总体上看，在前网络媒介时代的整个历史时期内，思想政治教育交往实践的开展都具有一定的时空限制。在此意义上，可以说，前网络媒介时代思想政治教育交往场域具有一定的有限性。

二、思想政治教育主客体交往形式的线性化

"交往形式"概念是贯穿马克思历史唯物主义理论体系的重要范畴,最早出现在马克思的《德意志意识形态》一文中。马克思从现实的个人出发,揭示了"交往形式"概念的生成逻辑,可以看到现实的个人先后在交往形式一般、生产关系和交往关系三个概念中渐次获得自身的总体性规定①,并指出生产力与交往形式之间互相制约,生产力发展水平决定交往形式的选择,交往形式反过来影响生产力的发展。基于马克思的"交往形式"概念,本书认为媒介技术视域下的思想政治教育交往形式,是将媒介技术作为交往活动的中介,以此探究不同媒介技术对思想政治教育交往形式带来的影响。以下将以媒介技术的演进为分期,结合不同媒介技术时期思想政治教育实践的史料,从整体上阐述网络媒介兴起之前的整个历史时期中思想政治教育主客体交往形式的整体特征。

媒介技术视域下思想政治教育主客体交往形式的差异,主要是由不同媒介技术作为交往工具的更新迭代引起的,交往工具的不同直接导致思想政治教育主客体交往形式的巨大差异。在我国古代社会,尤其是先秦时期口语作为信息交流的唯一媒介时,道德教化活动只能以面对面口头交流的方式开展。随着社会的发展进步及生产力水平的提高,文字才开始逐渐普及使用。直到明清时期印刷技术的广泛应用,才逐渐使思想政治教育信息从最原始的口头语言沟通向书面文字交流拓展,从而使思想政治教育交往形式从直接交往转向以文字传播为主的间接交往。但从整体上看,在古代整个封建社会的大部分历史时期内,思想政治教育活动的开展都是以口语交流为主并辅之以文字印刷媒介作为载体。可以说,印刷媒介的出现使古代思想政治教育活动的交往形式从传统的面对面直接交往转向以文字为传播媒介的间接交往,一定程度上改变了思想政治教育交往活动的形式。在此前提下,思想政治教育交往活动是以个体与个体的点状化交往或个体与群体之间的单线信息输出为主。

虽然印刷媒介在一定程度上改变了思想政治教育活动的交往形式,但直到电子媒介时代的到来才真正带来了思想政治教育交往的"地域的崩溃",思

---

① 张永庆.《德意志意识形态》的交往形式概念辨正 [J]. 理论月刊, 2015 (10): 17-
22.

想政治教育过程彻底"废弃了空间向度"①。20 世纪 30 年代以来，广播电视等媒介技术逐渐在我国得到推广，思想政治教育领域开始利用广播电视等视听媒介赋能思想政治教育活动的开展。广播电视作为视听媒介，改变了印刷媒介时代只有知识阶层才有能力接受思想政治教育的历史传统，使思想政治教育活动逐渐从少数精英阶层向普通民众推广。同时，由于信息来源的集中性和信息传播的鲜活性与即时性，在以广播电视为媒介的思想政治教育活动中，教育主客体的交往形式依然延续了印刷媒介时代的单向灌输特质。不同的是，电子媒介时代的思想政治教育交往从印刷时代的线下实体空间拓展至广播电视等有限的虚拟扁平化交往场域，第一次突破了物理空间的限制；同时实现了思想政治教育交往媒介的多元化，以声音、图像相结合的视听媒介作为思想政治教育主客体交往中介成为可能。由此，电子媒介时代的思想政治教育交往活动形成了一对多的群体化交往。

　　总之，由于广播电视等电子媒介主导下思想政治教育信息来源的集中性，同时由于政治宣传的现实需要，此阶段思想政治教育实践活动的形式仍然处于独白式的单向信息灌输阶段，但作为视听媒介的广播电视突破了印刷媒介时代单一的文字传播模式。因此，电子媒介时代思想政治教育主客体的交往形式总体上具有多元化特征，一定程度上削弱了印刷媒介时代知识阶层对思想政治教育信息传播的权威控制。

　　综上所述，在古代口语媒介时期思想政治教育交往活动主要是以面对面直接交往为主，思想政治教育活动局限于个体与个体之间的私人化交往或个体与群体之间的公共性交往，由此思想政治教育主客体交往形式是以口语为传播媒介的点对点或点对面的实体化交往。文字印刷时代的思想政治教育交往活动同样局限于个体与个体之间或个体与群体之间，但是文字作为视觉媒介改变了思想政治教育内容的传播方式。电子媒介时代思想政治教育信息来源的集中性，使思想政治教育活动仍然局限于点对面的单向信息输出模式；同时，借助广播电视媒介，思想政治教育过程又恢复了传统口语时代以声音作为传播中介的间接化交往。虽然不同媒介技术主导下思想政治教育交往形

---

　　①　麦克卢汉.理解媒介：论人的延伸［M］.何道宽，译.北京：商务印书馆，2000：315.

式呈现一定的差异，但从整体上看，前网络媒介时代因媒介技术本身的有限性，同时由于古代思想政治教育承担了更多维护封建阶级统治和意识形态宣传的使命，思想政治教育交往活动的主体集中于政治权威者或知识精英阶层。因此，此阶段思想政治教育交往形式从整体上呈现出信息输出的线性化特征。

三、思想政治教育主客体交往样态的封闭性

《现代汉语词典》释义"样态"为样式、形态，即事物在一定条件下的表现形式。德国哲学家康德最早在逻辑学研究中使用"样态"一词，他在"实体""数量""性质""关系"等传统逻辑判断范畴之外又创设了"样态逻辑"，推动逻辑学研究从传统的形式逻辑逐渐向现代辩证逻辑转变。基于上述关于"样态"的词义阐释，很显然，万事万物都有自身特有的存在样态或表现形式。由此推知，"交往样态"是指交往实践过程所呈现的样式或形态，"思想政治教育主客体交往样态"就是指思想政治教育主客体交往过程所呈现的样式或形态。探究媒介技术视域下思想政治教育的交往样态就要阐述不同媒介技术发展阶段思想政治教育主客体交往活动最终呈现的面貌。以下将基于媒介技术的演进历程，探究前网络媒介时期思想政治教育主客体交往样态的总体图景。

从本质上讲，思想政治教育主客体交往样态是由交往场域和交往形式共同作用并不断形塑的结果。在我国古代封建社会漫长的历史时期内，口语及文字印刷媒介的相继出现并占据其整个历史时期，因此，古代思想政治教育活动主要依靠口语文字作为信息沟通的媒介。同时，我国古代思想政治教育活动的核心目的在于维护封建统治阶层的政治稳定。在此背景下，思想政治教育主体是封建统治阶层的政治代表或维护封建统治的文化精英人士，其目的在于通过道德教化和政治理念的灌输，使民众接受封建社会的专制统治。在此背景下，思想政治教育主体作为信息的传播者和灌输者，在整个思想政治教育活动中处于绝对权威地位，由此使思想政治教育交往过程呈现绝对的中心化特质。

20世纪30年代以来，以广播电视为代表的电子媒介逐渐兴起，此时正值我国全面抗日战争的关键时期。为宣传党的政治主张和各项方针政策等思想

政治内容，毛泽东高度关注广播电视在抗日战争时期的政治宣传功能。显而易见，无论是广播还是电视，作为思想政治信息的输出端，都对思想政治内容具有绝对的控制权。可以说，在广播、电视等电子媒介的介入下，思想政治教育信息的来源进一步集中化，由此不断加强思想政治教育主体的权威性，并使思想政治教育主客体交往呈现出中心化特质。

除此之外，在古代口语媒介时期，思想政治教育活动的口头传授只能是点对点或点对面的单向信息输出模式。在印刷媒介时代，文字的出现使信息保存成为可能，思想政治教育主客体逐渐从实体空间的直接交往向以文字为中介的间接化交往拓展，此时思想政治教育主体作为信息输出者的角色被进一步强化。同时，由于文字交往对参与思想政治教育活动者的要求很高，只有在掌握文字的知识阶层中才能进行有效的思想政治交往活动，因此，在文字印刷媒介的参与下，思想政治教育活动的参与群体大幅缩小。随着广播电视作为视听媒介的出现，思想政治信息可通过声音或图像的方式向大众传播，思想政治教育实践活动的范围由此得以拓展，思想政治教育主客体交往日益大众化。

综合上述，虽然在传统口语媒介时代思想政治教育主客体交往呈现个体化或私人化特质，文字印刷时代的思想政治教育主客体交往具有群体性特质，电子媒介时代思想政治教育主客体交往逐渐向大众化转型；然而，在前网络媒介时代的整体看，在此时期思想政治教育交往实践活动的开展都具有强烈的时空局限性及其交往形式的固定化，从而使思想政治教育主客体交往的总体样态呈现出一定程度的封闭性。

第三节　网络媒介时代思想政治教育主客体交往的特征

20世纪80年代以来，互联网的出现从根本上改变了人类生存交往的空间结构，并促使人类社会逐渐进入网络时代。网络技术的应用不可避免会对思想政治教育主客体交往产生重大影响。思想政治教育各要素都将因网络技术的介入而不断改变，由此，思想政治教育主客体交往必然将在前网络媒介时代的基础上持续深化并呈现出新的特征。

与前网络媒介时代相比，网络媒介时代思想政治教育主客体交往在整体上发生了革命性变化，交往空间从前网络媒介时代的实体化空间向网络媒介时代的虚拟空间拓展，思想政治教育主客体交往时间由于网络技术的赋能而具有延时性。在此背景下，思想政治教育交往场域必然伴随思想政治教育时空结构的拓展而更加开放。同时，网络媒介技术作为思想政治教育主客体交往的载体或中介系统不可避免会导致其交往形式的改变。在此基础上，思想政治教育主客体交往样态由于交往场域和交往形式的改变而随之革新。总之，网络媒介时代思想政治教育主客体交往活动基于以上三个维度的变化而在整体呈现出独特性。

一、思想政治教育主客体交往场域的开放性

网络媒介的出现使人类生存交往的空间由传统的实体空间逐渐向虚拟网络空间拓展。相应地，网络技术的介入亦将直接带来思想政治教育交往时空的重大变革。所谓"网络空间"即是指虚拟与真实交织、延伸与压缩并存的空间。迈克尔·海姆（Heim Michael）认为网络空间是一种人工生成的世界，"网络空间表示一种再现的或人工的世界"①。同时亦有学者指出，"作为一个新的社会行为场域，网络空间呈现出不同于现实社会空间特性的新场域特性，集中体现在时空界限的内爆，以及诸如拟像与现实、公共空间与私人空间、前台与后台等各种社会界限的突破"②。由此可见，网络空间的出现无限延展人类交往行为的空间。

基于此，探讨网络媒介时代思想政治教育主客体交往场域的特征，就是要将思想政治教育主客体交往活动从现实的物理空间拓展至数字化的虚拟网络空间予以讨论。就互联网对交流和传播时空结构的改变，杜骏飞教授指出，互联网打破了传播在时空结构上的束缚，即"一方面异步传输、历时性会话

---

① 海姆. 从界面到网络空间：虚拟实在的形而上学 [M]. 金吾伦，刘钢，译. 上海：上海科技教育出版社，2000：79.

② 黄少华，翟本瑞. 网络社会学：学科定位与议题 [M]. 北京：中国社会科学出版社，2006：137-143.

成为数字沟通的常态;另一方面人类跨越空间(包括距离和地域)的交流能力,比之于历史上的任何媒介时期都更为深广,且具有前所未见的虚拟性"①。由此推之,互联网发展背景下思想政治教育交往实践的时空结构亦因此而得以向纵深拓展。

其一,思想政治教育交往空间逐渐由传统的实体物理化空间向虚拟网络空间拓展。随着互联网技术的快速演进,有学者已明确提出思想政治教育的空间转向问题,即"思想政治教育应实现从现实社会场域向网络社会场域的全面覆盖"②。在此基础上,网络技术使思想政治教育交往时间不再受传统交往实践提前设定的时间限制,借助互联网技术,思想政治教育主客体交往可在任意时间内进行。具体而言,由网络技术带来的虚拟数字空间不断塑造出全新的思想政治教育交往空间结构。

首先,网络媒介背景下思想政治教育主客体交往空间具有虚实相融的特质。在前互联网时代,思想政治教育主客体只能在线下实体空间中交往沟通,思想政治教育主客体交往空间受特定场所的限制,其交往范围非常有限。而随着互联网时代的到来,"网络互动在任何时间都可以和世界上任何地方的网络行动者进行沟通以接受和传递信息"③。借助网络技术可营造出虚拟的信息沟通渠道,即互联网所带来的数字化交往空间,由此,思想政治教育交往实践逐渐向虚实相融的数字空间拓展。其次,网络技术的应用使思想政治教育实践的空间边界无限延展。前网络媒介时代思想政治教育交往实践的空间相对有限,思想政治教育活动必须依托特定的实体化物理场所方可进行,由此,思想政治教育主客体交往空间被限定在特定的范围内。而在网络媒介时代,思想政治教育活动中的主客体可借助数字化的网络空间和信息传输的便捷性实现跨区域交往,从而使思想政治教育交往实践的空间边界不断延展。最后,网络媒介时代的思想政治教育交往空间呈现出流动性特质。在前网络媒介时代,思想政治教育实践活动的开展必须依托特定的物理空间才可进行。即便

---

① 杜骏飞. 数字交往论(1):一种面向未来的传播学 [J]. 新闻界,2021(12):79-87,94.

② 房广顺,刘娜. 虚拟人际交往的思想政治教育应对研究 [J]. 思想教育研究,2015(3):16-20.

③ 夏学銮. 网络社会学建构 [J]. 北京大学学报(哲学社会科学版),2004(1):85-91.

在电子媒介时代，也必须借助广播电视等电子媒介的存在才可能传输思想政治教育信息。而互联网时代的思想政治教育交往实践过程完全摆脱了地方性空间的限制，只要拥有电脑并连接网络就可以在任意空间内实现主客体之间的交往互动。在此意义上，可以说，网络媒介时代思想政治教育主客体交往空间具有流动性，只有在持续的信息交流传播过程中才可能形成虚拟数字化的思想政治教育交往空间。

其二，思想政治教育交往时间呈现出共时性与历时性的统一。在前网络媒介时代，不同的媒介技术发展时期思想政治教育交往时间只具有共时性或历时性的特质之一。例如，在口语媒介时代，思想政治教育交往只能依靠面对面的口头交流和直接互动，属于即时性交往。印刷媒介时代，思想政治教育主客体可通过语言文字进行间接交往，信息传播过程具有一定的时间区隔，交往过程是历时性的。而电子媒介时代又回归到口语媒介时期的即时性交往。与以上不同的是，网络技术视域下思想政治教育交往互动可呈现出共时性和历时性的统一。在网络空间内展开的思想政治教育活动，可借助互联网的技术优势实现交往时间的无限跨越。"网络互动的时间可分为实时互动和非实时互动。实时互动又分为人人交互和人机交互。非实时互动是指通过电子邮件、万维网、电子公告牌等来相互传递信息。"① 可见，网络媒介时代思想政治教育交往过程既可通过无线网络通道实现即时性的口语交流，又可以通过邮件等进行间接的信息传播。同时，"在技术的深度嵌入下，思想政治教育的施教时间大幅增加，由传统授课的集中性、固定性时间，向个体生活的分散性、生活性时间延伸"②。由此可见，从整体上讲，网络媒介时代思想政治教育主客体交往时间呈现出共时性与历时性的统一。

总而言之，通过分析对网络媒介时代思想政治教育交往时空的变化可知，该历史时期内思想政治教育交往时空的无限延展，共同带来了思想政治教育交往场域一定程度的开放性。有学者指出，"互联网的崛起由空间和时间交互

---

① 杨直凡，胡树祥. 网络思想政治教育的互动过程及其本质特征 [J]. 思想教育研究，2010 (3)：33-36.

② 潘一坡，项久雨. 思想政治教育时空论 [J]. 思想教育研究，2020 (11)：44-50.

作用构建出新型的社会时空结构，成为思想政治教育的新场域"①。基于此，可以说，网络媒介时代思想政治教育交往场域在整体上呈现出开放性特质。

二、思想政治教育主客体交往形式的散状化

一切交往实践活动的开展都必须基于特定的交往场域并具备特定的交往形式。毋庸置疑，思想政治教育主客体交往活动亦必须在特定的交往场域中通过特定的交往形式进行。网络媒介时代的思想政治教育交往形式整体上呈现出非线性化或散状化特质。从总体上看，该历史时期内思想政治教育主客体交往的形式是多样的，不仅包括单主体与单客体之间的一对一交往、单主体与多客体之间的一对多交往，而且包括多主体与多客体之间的多对多交往和多主体与单客体之间的多对一交往。以上交往形式都是思想政治教育实践在网络空间场域下的远距离虚拟交往。具体而言，网络媒介时代思想政治教育主客体之间的交往形式主要包括以下方面。

一是思想政治教育过程的一对一交往，即单主体与单客体之间的私人化交往。此种交往形式既包括主客体双方通过网络通信技术，如微信或QQ等实现的即时性信息沟通交流，又包括主客体双方的延时性交往，如通过电子邮件等书面文字的方式实现思想政治教育信息的有效传播。二是思想政治教育过程的一对多交往，即单主体与多客体之间的交往互动。此亦是网络技术参与下思想政治教育交往的主要形式。例如，在高校思想政治理论课教学活动中，思政课教师作为教育主体可利用腾讯会议向学生集体传授思想政治理论知识并与学生进行实时互动，以此实现一对多的即时性交往；此外，利用各大网络学习平台，如学习强国、网易云课堂等教育平台学习思想政治知识，了解时政信息等亦属于一对多的延时性交往活动，但在此情境下思想政治教育主客体交往属于单向灌输的数字化交往。三是在开放的虚拟网络系统中，受教育者客体可利用丰富的网络资源开展自我教育并形成多对一的交往。在此过程中思想政治教育客体是具有鲜明主体性的客体，不仅可以同时向不同

---

① 刘爱玲. 互联网视域下思想政治教育场域的转换与重构［J］. 思想理论教育导刊，2020（6）：135-138.

的教育主体主动请教，而且还可以利用网络世界丰富的教育资源开展自我教育。四是在虚拟网络空间中亦可实现思想政治教育参与者之间多对多的即时性跨空间交流互动，彼此分享思想政治教育信息，此时思想政治教育主客体具有双重身份。例如，腾讯会议可实现多人同时参与思想政治教育交流互动，就某一具体的思想政治教育问题如社会主义核心价值观问题展开讨论，彼此交流看法。在此情境下，思想政治教育主客体交往活动是相对平等的多对多交往。

综上所述，网络媒介视域下思想政治教育交往形式不仅可实现一对一的个体化远距离交往，而且还包一对多、多对一和多对多的群体化跨空间交往。总之，网络媒介时代的思想政治教育交往实践具有数字化特征，可同时满足思想政治教育交往过程单向灌输和双向交互的统一。从整体上看，网络媒介时代思想政治教育交往形式呈现非线性特质，亦可以说，在此背景下思想政治教育交往形式逐渐呈散状化趋势。

三、思想政治教育主客体交往样态的公共性

与前网络媒介时代相比，在互联网技术的渗透下，网络媒介时代由于交往场域和交往形式的变化，思想政治教育交往样态亦同步呈现出自身的独特性。

其一，网络媒介时代思想政治教育主客体交往样态逐渐呈脱域融合态势。此处"脱域"概念是借鉴安东尼·吉登斯（Anthony Giddens）关于社会系统脱域的理论。吉登斯认为脱域是由时空分离引起的，"脱域意味着社会关系得以超越地域关系和地方性维度，以跨越时间—空间的方式得以重组"①，由此形成社会交往的脱域融合性。杜骏飞教授指出，"数字社会应被视为一种脱域融合的媒介化社会"②。毋庸置疑，随着互联网技术的发展演进，社会交往活动的开展越来越多地依托虚拟数字网络空间进行。在由网络技术构成的数字化社会中，交往实践活动呈现明显的脱域融合性，其本质是网络媒介导致人

---

① 吉登斯. 现代性的后果［M］. 田禾，译. 南京：译林出版社，2000：18.
② 杜骏飞. 数字交往论（1）：一种面向未来的传播学［J］. 新闻界，2021（12）：79-87，94.

类交往活动时空结构的变化。作为人类社会一项重要的教育实践活动，网络媒介的发展在引起思想政治教育交往时空结构无限拓展的基础上，亦必然导致思想政治教育主客体交往样态的脱域融合。

其二，网络媒介时代思想政治教育主客体交往具有鲜明的虚拟互动性。网络技术的出现不仅使世界连为一个整体，而且促进了人与人之间的虚拟交往。在前网络媒介时代的思想政治教育活动中，传统媒介技术如文字印刷、电视广播等作为思想政治教育信息传输的手段，使交往活动呈现出单向度性或使交往活动具有时间或空间上的分离性。在此情境下，思想政治教育信息的获取只能"由媒体把信息'推'向大众，大众是被动接受的"①。以广播电视为传播媒介的思想政治教育最具此种典型性。而网络媒介一定程度上打破了传统思想政治教育信息的单向输出模式，使思想政治教育过程形成了虚拟化的双向互动模式。在网络空间中，任何思想政治教育活动的参与者都同时具有双重身份，即思想政治教育客体作为教育活动的参与者不仅可以平等地享用网络世界丰富的思想政治信息资源，而且可以自主发布思想政治教育信息并不断传递思想政治教育价值观。因此，互联网的应用使思想政治教育主客体地位具有相对的平等性，且两者之间的交往具有鲜明的虚拟交互性。

其三，网络媒介时代的思想政治教育交往具有去中心化特质。有学者明确指出，"去中心化是指事物或者现象从中心化的状态向外分散的过程及其呈现的样态"②。由此推知，思想政治教育主客体交往样态的去中心化，意味着思想政治教育主体的权威性和主导性逐渐被消解，其话语权逐渐被分散。如前所述，前网络媒介时代的思想政治教育交往主体作为教育活动的主导者，在一定程度上控制着思想政治教育信息的输出。例如，通过文字印刷媒介和电视广播等电子媒介进行的交往都具有中心化特质，此类交往媒介主要是通过自上而下一对多的单向输出进行思想政治教育信息的传播。

"互联网与传统媒体最大的不同在于信息传播结构的平等性和信息关联无

---

① 常晋芳. 网络哲学引论：网络时代人类存在方式的变革 [M]. 广州：广东人民出版社，2005：16.
② 郭玉锦，王欢. 网络社会学 [M]. 3 版. 北京：中国人民大学出版社，2017：296.

中心化。"① 因此，"所有基于互联网的沟通都是基于无权威中心的平等网络展开"②。在此意义上，网络媒介时代的思想政治教育实践活动可以在一定程度上实现交往的相对平等。思想政治教育客体亦可通过网络平台丰富的教育资源获取思想政治信息，逐渐打破思想政治教育主客体的身份限制，由此加速了思想政治教育活动的去中心化进程。马修·弗雷泽（Matthew Fraser）指出，"身份、地位和权力是社会组织中不可动摇的动态机制，这三个层次在网络社会发生了巨大的变化。这些变化正是网络社会去中心化的集中体现"③。由于网络空间社交中身份、地位和权力中心的不断分散，网络媒介视角下的思想政治教育交往活动逐渐从传统教育实践中权威控制的中心化模式逐渐转向主客体共享网络信息的去中心化模式。

其四，网络媒介时代思想政治教育交往样态整体上更具复杂性。首先，从网络技术维度看，网络空间的虚拟数字化为思想政治教育主客体的数字符号化交往奠定基础，使传统思想政治教育主客体之间的直接交往转向依靠网络通信技术的间接化交往。同时，由于网络数字空间的开放性，传统思想政治教育交往实践的时空限制得以突破，为思想政治教育的数字化交往提供技术基础。其次，从教育主客体维度看，"网络条件下，思想政治教育的主体和客体是复杂多变的，甚至是模糊不清的"④。换言之，在网络思想政治教育活动过程中，思想政治教育客体的能动性不断增强，从而使教育主客体之间的界限逐渐模糊。同时，在网络思想政治教育交往实践过程中教育主客体的身份可随时转化，主体的主导性逐渐减弱且客体的主体性不断增强，由此亦将导致思想政治教育的交往样态日益复杂。总之，由于网络技术本身的特殊性和网络媒介视域下思想政治教育主客体身份转化的易变性，网络媒介时代思想政治教育主客体交往呈现数字化、间接化、去中心化、脱域融合等多元并存的复杂特质。在此意义上，网络媒介时代思想政治教育主客体交往样态整

---

① 王光艳. 文化传播与媒介研究：基于历时性与共时性的考察［M］. 武汉：华中师范大学出版社，2018：63.

② 马向阳. 纯粹关系：网络分享时代的社会交往［M］. 北京：清华大学出版社，2015：5.

③ 弗雷泽，杜塔. 社交网络改变世界［M］. 谈冠华，郭小花，译. 北京：中国人民大学出版社，2013：1-2.

④ 宋元林. 网络思想政治教育［M］. 北京：人民出版社，2012：121.

体上呈现出日益复杂化的趋势。

　　总之，网络媒介时代思想政治教育交往的脱域融合、虚拟交互、去中心化和日益复杂化等典型特质，都体现了思想政治教育从传统的个体化交往向网络媒介时代的公共性交往不断演进的态势。由此，可以说，网络媒介时代思想政治教育主客体交往样态整体上呈现出公共性特质。

　　综上所述，交往场域的开放性、交往形式的散状化和交往样态的公共性共同勾勒出网络媒介时代思想政治教育主客体交往的典型特征。通过对前网络媒介时代和网络媒介时代思想政治教育主客体交往特征的详细分析可以看出，其交往特征具有明显不同的本质性差异。系统分析媒介技术演进不仅能够使本研究整体上更具历史纵深感，而且能够为分析当下智能技术发展背景下思想政治教育主客体交往的新特征形成鲜明的对照。

第三章

智能技术对思想政治教育主客体交往要素的影响

从普遍意义上讲,任何交往实践活动都必须具备特定的交往要素以形成特定的交往结构。有学者指出,"人际交往的要素结构包括交往的主体、客体、内容和媒介四个部分"①。毫无疑问,思想政治教育主客体交往活动亦必须具备完备的交往要素方可有序进行。因此,思想政治教育主客体交往要素的改变必然在整体上影响思想政治教育交往实践的开展。基于此,智能技术对思想政治教育主客体交往要素的影响必然使交往过程呈现新的特征。可以说,智能技术视域下思想政治教育主客体交往的新特征主要是由于智能技术对思想政治教育各交往要素的改变引起的。

以下将论述智能技术给思想政治教育主体、客体、环境、载体及方法等带来的影响,以此阐明智能技术何以引起思想政治教育主客体交往的改变。第一节和第二节分别分析智能技术对思想政治教育主体和思想政治教育客体带来的改变,第三节系统分析智能技术对思想政治教育其他交往要素的影响。如前所述,智能技术并不是某种单一的具体技术,而是诸多具有智能性质的现代技术叠加构成的智能技术生态群落。因此,探讨智能技术对思想政治教育主客体交往要素的影响,就是要具体分析大数据算法、人工智能、虚拟现实等智能技术分别给思想政治教育主客体交往要素带来的改变。

---

① 张向东. 人际交往与社会新观念 [M]. 天津:南开大学出版社,1991:33.

第一节　智能技术对思想政治教育主体的影响

思想政治教育主体在思想政治教育过程中占据主导地位，是思想政治教育最基础的要素。"任何思想政治教育都是一定主体组织开展的教育活动，离开主体就不可能有思想政治教育活动。"① 由此，可以说，思想政治教育主体是影响思想政治教育实践活动成败的关键要素。研究智能技术视域下思想政治教育主客体交往问题，首先要关注智能技术对思想政治教育主体的影响。从整体上看，智能技术对思想政治教育主体的影响包括以下方面：首先，智能技术改变思想政治教育主体交往观念；其次，智能技术革新思想政治教育主体教育方式；最后，智能技术的发展尤其是教育智能机器的出现可在一定程度上改变思想政治教育主体的构成，进而拓展思想政治教育主体范畴。因此，必须从整体上审视智能技术对思想政治教育主体的改变。

一、改变思想政治教育主体交往观念

智能技术对思想政治教育主体思维方式及交往观念的革新是思想政治教育主客体交往变革的前提。"信息网络技术创造了一种全新的实践方式、认知方式、思维方式和交往方式。网络技术在教育领域的广泛应用促进人类的教育观念发生革命性变革。"② 由此可见，智能技术的快速发展必然将引起思想政治教育主体思维方式和交往观念的变化。可以说，智能技术视域下思想政治教育主体交往观念的改变主要基于以下原因。

其一，大数据和虚拟现实技术的应用潜移默化影响思想政治教育主体的交往观念。首先，对大数据技术的过度依赖使思想政治教育主体在潜移默化中逐渐改变自身的交往观念。有学者指出，"大数据是现代信息技术鲜明的时

---

① 骆郁廷. 思想政治教育原理与方法 [M]. 北京：北京师范大学出版社，2019：93.
② 张刚要，李艺. 技术时代教育哲学的拓展研究：兼论教育技术学与教育学的深度融合何以可能 [J]. 中国电化教育，2014 (9)：13-19.

代标识，为思想政治教育现代化提供智力支持和发展空间"①。基于此，思想政治教育活动应充分利用大数据技术的精准判断及科学预测价值。思想政治教育因大数据技术的加持而更加高效，并促进思想政治教育主客体交往过程的精准化。但由于大数据技术的便捷高效性，思想政治教育主体逐渐对其产生强烈的依赖心理。在此情境下，思想政治教育主客体交往将由传统不依赖任何技术手段的直接交往逐渐转向基于大数据技术的精准化交往，思想政治教育主体的交往观念由此改变。

其次，虚拟现实技术的应用在无形中重塑思想政治教育主体的交往观念。虚拟现实技术是一种交互式的拟态数字环境，可增强用户的具身体验感并为用户的身体感官体验提供现实可能性。随着虚拟现实技术的发展，人的生存越来越依赖各类智能化的虚拟空间场景，虚拟世界成为人类生存的第三空间。由此，虚拟现实技术亦将成为促进思想政治教育交往发展的新技术手段。"虚拟仿真技术、可穿戴设备、人机交互技术等将使思想政治教育由传统的'现实环境'向'虚拟环境+现实环境'的结合转变，促使思想政治教育环境呈现智能化场景。"② 可以说，虚拟现实技术为思想政治教育交往实践提供的智能沉浸式场景，可不断增强思想政治教育交往过程的真实体验感。思想政治教育主客体之间将形成"沉浸化、共情化、在场化"③ 等全感官共同参与的虚拟现实交往。思想政治教育主体将因虚拟现实技术带来的全新体验而对各项智能技术产生新的认知和理解，使自身越来越认可并主动利用虚拟技术赋能思想政治教育交往活动的开展。"虚拟技术的沉浸性与构想性的特点给主体的感官造成极其强烈的刺激，从而促使主体不自觉地选择客体，并进一步提高了主体的选择水平与认识能力。"④ 由此，思想政治教育主体可借助虚拟现

---

① 罗红杰，平章起．大数据驱动：思想政治教育现代化的重要引擎［J］．重庆大学学报（社会科学版），2020，26（4）：257-266.
② 张志丹，刘书文．人工智能必将引发思想政治教育理论课变革［J］．思想教育研究，2020（10）：103-108.
③ 温旭．VR 技术赋能高校思想政治教育的价值与应用［J］．思想理论教育，2021（11）：88-93.
④ 胡小安．虚拟技术与主客体认识关系的丰富［J］．科学技术与辩证法，2005（1）：83-86，97.

实技术提升自身的交往能力并逐渐改变其交往观念。

其二，数据算法的过度应用导致思想政治教育主体的工具理性思维泛滥，由此引起自身交往观念的转变。马克斯·韦伯最早提出"工具理性"概念，他指出人的理性包括价值理性和工具理性两大基本特征，且两者在人的行为中不可分割。为了避免人内在本性的异化和扭曲，必须坚持价值理性和工具理性的和谐统一。随着现代技术的发展，在教育领域亦存在着工具理性与价值理性日趋断裂的问题，主要呈现为工具理性思维的僭越、人内在本性的异化及人与人情感沟通的缺失。由于工具理性的越位，虽然在表面上现代技术服务于人，但实质上人被技术全方位控制，从而在潜移默化中形成工具理性思维。

当智能技术越来越普遍地应用于思想政治教育活动时，可引起思想政治教育主体的工具理性思维泛滥，从而使其思维方式日趋单向化。在此过程中，思想政治教育主体的交往观念由此改变。具体而言，首先，思想政治教育主体思维方式的单向化可带来交往观念的改变。大数据技术和智能算法是基于知识生产和逻辑规则的"计算和表征"来精准预测受教育者的学习需求。教育主体可根据数据算法精准预测的结果对受教育者因材施教实施个性化教育。可以说，大数据技术的应用不仅有助于增强思想政治教育过程的针对性，而且将提升思想政治教育的实效性。不难看出，大数据和智能算法的合理应用建立在教育主体能够辩证分析预测结果的基础之上。如果思想政治教育主体过度依赖智能技术的工具理性逻辑，不加分析地全盘接受大数据给定的教育信息，很可能会使智能技术的理性逻辑逐渐挤压人本身的独立思维，从而削弱教育主体的批判性反思能力。因此，面对智能技术的发展，思想政治教育主体若不愿花费时间精力了解大数据和智能算法背后的运行规律，不及时反思和总结智能教育系统自动生成的个性化培养方案，人工智能的应用将很有可能成为思想政治教育主体发展的限制因素，进而不断消解其自身固有的批判性思维并使其思维方式渐趋单向度化。思想政治教育主体思维方式的单向化使自身逐渐接受和认同智能技术的教育价值，进而在无形中重塑自身的交往观念。

其次，思政治育主体的主体性弱化引起思想政治教育交往观念的改变。

一是大数据和算法的精准预测将弱化思政教育主体的主体地位。智能时代大数据和算法使得信息搜集和筛选更为精准和高效。当大数据与智能算法应用于思想政治教育领域时，可快速高效地从海量数据信息中推演出受教育者的学习需求，为其量身定制个性化的培养方案，并自动推荐适合不同受教育者的学习内容，科学合理地做出思想政治教育决策。与此相反，人类智能因大脑存储容量及个体能力的有限性，在信息搜集和教育决策方面将远远无法与智能算法相媲美。因此，思想政治教育主体将越来越习惯于智能算法的便捷性，从而逐渐失去独立搜集教育信息的积极性和主动性，这将在无形中导致教育主体信息搜集能力的弱化，影响其在教育过程中的主体地位。二是客体主体化将削弱思想政治教育主体的主体地位。传统意义上受教育者主要通过教育主体的知识灌输和价值引导来接受思想政治教育，然而，智能时代的到来大大拓展了受教育者的教育途径。"自主在线学习平台、自动化测评系统、智能导师系统等已经走进实际的思想政治教育教学场景，使思想政治教育朝着'智能化'的方向发展。"① 在新的学习平台和学习空间中，受教育者的主观能动性被全面激活，可以自主选择符合自身发展的教育内容，这有助于扭转传统思政课堂机械化灌输的教育模式。但不可忽视的是，受教育者很可能将高度依赖智能学习平台或智能导师助理开启自主化学习模式，从而使教育客体的主体化程度日益加深，并导致对主体的依附性逐渐减弱，从而在很大程度上弱化思想政治教育主体的主体性地位。在此意义上，可以看出，智能技术应用将使思想政治教育主体在无形中越来越认同智能技术的工具理性价值，并越来越依赖各项智能技术开展思想政治教育交往活动，由此导致自身交往观念的改变。

其三，教育智能机器入场促使思想政治教育主体重新认识人与机器的关系，进而引起自身交往观念的转变。智能机器的应用将不可避免对思想政治教育参与者的心理和行为产生潜移默化的影响，思想政治教育主体不得不重新审视自身与智能教育机器的关系。传统的思想政治教育主体作为唯一施教者出现，技术在教育教学过程中仅处于次要地位，"技术起一种'支持性'的

① 武东生，郝博炜．思想政治教育有效利用人工智能的分析［J］．马克思主义理论学科研究，2019，5（3）：103-112.

作用，是一个辅助性工具"①。而在人工智能时代，随着教育智能机器的快速发展演进，有专家预言未来强人工智能将具有类似于人的主体性特质。"智能机器逐渐从操作性的工具层面向控制性的信息形态转变，逐渐具有开展教育活动的主体功能，能够自主对受教育者施加教育作用。"② 可以说，智能教育机器可协助人类教育者开展思想政治教育实践活动，使人类教育者从重复性的机械劳动中得以解脱。智能机器逐渐替代传统人类教育主体的机械劳动，意味着人类教育者可以有更多的精力和时间进行自我提升并培养自身的创造能力，使人在思想政治教育交往互动过程中发挥更重要的价值。基于此，教育智能机器的介入将使人机协作成为未来思想政治教育发展的新常态，在一定程度上解放人类教育者的教育和交往观念，改变传统教育主体在思想政治教育过程中的角色地位。可以说，思想政治教育主体在心理上越来越认同智能机器的教育价值，进而在潜移默化中改变自身的交往观念。

二、革新思想政治教育主体教育方式

智能技术应用最明显的改变是不断革新思想政治教育主体的教育方式。具体表现如智能算法可促进思想政治教育主体教育方式的精准化，人工智能发展为思想政治教育主体进行个性化教育奠定基础，虚拟现实技术可为思想政治教育主体的沉浸体验式教育提供技术支持，教育智能机器将为思想政治教育主体的人机协作教育创造条件。具体而言，以上各项智能技术主要因下述原因不断革新思想政治教育主体的教育方式。

首先，大数据和智能算法的应用促进思想政治教育主体教育方式的精准化。在以往的思想政治教育实践过程中，教育主体只能通过观察受教育者的行为特质分析其思想状况，通过了解受教育者的学习生活情况，逐渐把握其行为变化和精神成长的需求。但是随着受教育者尤其是青年学生成长环境和人格特质的日益复杂化，思想政治教育主体越来越难以通过传统方式把握受

① 朱永新，徐子望，鲁白，等."人工智能与未来教育"笔谈：上 ［J］. 华东师范大学学报（教育科学版），2017，35（4）：15-30.
② 张瑜. 论思想政治教育网络观的演进与理论创新 ［J］. 马克思主义与现实，2020（5）：190-196.

教育者的思想道德状况。大数据信息处理技术的引入为思想政治教育主体准确了解受教育者的实际需求提供了可能。大数据能够将受教育者个体的真实行为转化为可存储的数据信息，并运用智能算法进行数据挖掘与分析，依次总结出受教育者的思想发展状况和现实教育需求。通过大数据技术对受教育者学习生活状况的精准预测，教育主体可根据不同受教育者的实际需求制定个性化的教育实施方案，使思想政治教育过程更加有的放矢。因此，大数据技术和算法的结合将有助于思想政治教育主体改变只能通过经验观察把握受教育者的传统教育方式，并开启精准化的思想政治教育交往活动。由此可见，数据算法的加持可不断促进思想政治教育主体教育方式的精准化。

其次，人工智能应用促进思想政治教育主体教育方式的多样化。随着人工智能技术的迅速发展，教育领域逐渐出现了智能教育系统和智能教师助理等新型教育平台，由此将带来教育主体教育方式的多样化。随着思政云课堂、天空课堂等智能教育系统在思政教育领域的广泛应用，思想政治教育主体既可以通过智慧教育平台提前录制课程内容，以供受教育者随时开展自主学习模式；又可通过智慧教育平台即时开展思想政治教育活动，使思想政治教育实践突破传统意义上的时空限制。这一转变意味着思想政治教育主体的教育方式将逐渐从传统的实体化教学拓展至虚拟数字空间的远程在线教育，教育方式日趋多元化。此外，思想政治教育主体也将利用各类智能教育平台进行自我学习和自我教育，不断探索个性化的教育方式。总之，伴随人工智能的广泛应用，思想政治教育主体能够利用各类智慧教育平台，以更加灵活多样的方式开展思想政治教育活动，进而实现教育方式的多元化。

再次，虚拟现实技术的应用可满足思想政治教育主体的沉浸交互式教育。虚拟现实技术的快速发展和广泛应用，将成为促进思想政治教育创新发展的驱动力。有学者指出，虚拟现实技术实现了人机互动的和谐状态，"虚拟现实的目标是创造一种全新的人机交互界面，在此界面中机器与人体之间建立了一种互动变化的关系，进而获得一种最佳的和谐状态——自然化的身体运动方式"[①]。由此，场景化和交互性将成为思想政治教育交往实践的新特征，为

---

① 杭云，苏宝华. 虚拟现实与沉浸式传播的形成 [J]. 现代传播（中国传媒大学学报），2007（6）：21-24.

思想政治教育主体提供了沉浸式的智能教育场景，促进思想政治教育主体教育过程的沉浸式体验感。总之，虚拟现实技术使思想政治教育主体从传统的面对面教育拓展至虚拟空间的场景化教育，思想政治教育主体的教育方式由此得以改变。

最后，智能机器应用为思想政治教育主体的人机协同创造条件。随着智能技术的快速发展，思想政治教育领域将越来越多地引入先进的智能技术以提高教育活动的实效性。未来人工智能的思想政治教育应用包括两大方面：一是智能教育系统或智慧教育平台作为人工智能技术的应用层，使虚拟数字教师的存在成为可能；二是智能机器作为具有一定主体性的存在物，逐渐成为人类思想政治教育主体的协作者。无论是虚拟数字教师还是智能教育机器，都将使思想政治教育主体开启全新的人机协作模式。但受制于目前人工智能发展的有限性和思想政治教育的特殊性，人机协作的过程仍然以人类教育者为主导，需逐渐促进人与智能机器的和谐共存。然而，在人工智能发展的不同阶段，"人机协作"具有完全不同的内涵。在当前的弱人工智能发展阶段，"人机协作"主要是指人和智能教育机器共同参与思想政治教育活动，但主要以人类教育者为主导，智能教育机器处于辅助地位，如"AI 助教系统模型"[1]。弱人工智能主要依赖机器学习技术，智能机器只能简单地学习和模仿容易记忆和理解的知识，因此，当前的人机协作是以人类思想政治教育主体的教授为主，智能教育机器只能进行少量的知识输出。在强人工智能阶段，"人机协作"将仍然是人和机器共同教授知识，此时两者的教育地位均等，只是对教授内容的分工不同，人和智能教育机器分别负责各自擅长的知识，"AI 教师伙伴"[2] 即是典型。在未来的超人工智能阶段，"人机协作"是指机器完全负责思想政治教育硬知识的传授，人类思想政治教师主要负责如何育人的问题，两者分工合作共同履行思想政治教育的使命任务。

---

[1]　杨彦军，罗吴淑婷，童慧 . 基于"人性结构"理论的 AI 助教系统模型研究 [J]. 电化教育研究，2019，40（11）：12-20.
[2]　余胜泉，王琦 . "AI+教师"的协作路径发展分析 [J]. 电化教育研究，2019，40（4）：14-22，29.

三、重塑思想政治教育主体构成样态

智能技术对思想政治教育主体构成的改变，在本质上就是要追问智能技术发展背景下人的生物性变化或人与智能机器的关系，即人机关系问题。智能技术的快速发展彻底颠覆了人之生命和人之身体存在的自然性特质，非自然性的生命和身体存在构成对自然人的彻底瓦解。何怀宏预言，"未来社会将存在'人化物'和'物化人'两种形态的'神人'，'人化物'即是越来越高级的机器人，而'物化人'是通过植入芯片乃至基因改造的'新人'"①。因此，在不远的将来人工智能的发展可解构自然人存在的唯一性，我们应做好自然人与技术人共存共处的心理准备和现实应对。人的生物性改变对思想政治教育最直接的影响是重塑思想政治教育主体的构成样态。智能教育机器作为人工智能技术发展的产物将逐渐替代人的部分劳动，传统人类教育者与智能机器之间的协作将很快成为现实。在此前提下，智能机器的介入将彻底改变思想政治教育主体的结构，如虚拟数字教师或智能教育机器应用不断促进思想政治教育过程的人机协作。

具体来讲，智能技术对思想政治教育主体构成样态的重塑主要基于以下缘由。其一，强智能机器将颠覆人类思想政治教育主体存在的唯一性。当下的弱人工智能只是人类行动的辅助工具，无法对人的主体性地位构成威胁，属于人工智能发展的初级阶段。随着人工智能的发展，未来具有自主意识的强人工智能将成为仅次于人类的存在者，拥有一定思考判断能力的强智能机器能够独立从事特定的社会实践活动。可以说，强智能机器将全方位模拟人的行为甚至能够在某一领域超越人的能力并自主应对各种风险挑战，属于人工智能发展的高级阶段。"人工智能体已经逐步发展成为在认知、行动和交互等能力上可以部分地和人类相比拟的存在，或者说人工智能体具有某种'拟主体性'。"② 在此意义上，未来强智能机器作为拟主体存在将颠覆传统自然

① 何怀宏. 何以为人 人将何为：人工智能的未来挑战 [J]. 探索与争鸣，2017（10）：28-40.
② 段伟文. 人工智能时代的价值审度与伦理调适 [J]. 中国人民大学学报，2017，31（6）：98-108.

人存在的唯一性，强人工智能的发展将形成人与智能机器共生共存的局面。可以预测，未来具有一定拟主体性质的强人工智能将承担特定的思想政治教育职责，并接替传统教育者的机械性劳动。因此，应将强智能机器纳入思想政治教育主体范畴。

随着人工智能技术的进步，不远的未来以人机融合智能为标志的强人工智能可达到类似于人类智能的推理判断水平。"强人工智能能够对信息自动加工和生产，最终发展成相当于'类人'的智能体，具有类生命的能动性和一定程度的创造性思维并实现自主反馈，在某些方面甚至比人类更高级。"① 同时，随着脑机交互、机器深度学习、生物传感技术的日益成熟，人与机器将在思维层面实现融合。脑机融合的实现使人工智能逐渐具有人类的思维意识和情感特征，人工智能的拟人化将变得越来越容易。"具有自主意识的强人工智能具有主体地位的可能性，人类与强人工智能在'主体—主体'的关系模式中将会走向共存于世界之中的超主体性。"② 因此，我们应充分利用强人工智能赋能思想政治教育交往实践的发展，并将其作为具有特定劳动能力的存在者纳入思想政治教育主体系统，成为传统思想政治教育主体的强大助手。

其二，人机融合智能亦可能成为新的思想政治教育主体。随着人工智能的发展，泰格马克（Max Tegmark）预言的生命 3.0 将会降临。3.0 版的生命无论在硬件还是软件方面都将被人工智能所设计和改变，"人"的定义将会被重新界定。人机融合智能是典型的 3.0 版生命，它是生物器官和智能机器的结合体，以实现人类智能和人工智能的优势互补。人机融合智能不同于人类智能和人工智能之处在于，"在智能输入端将传感器收集的数据与人的感知信息相结合；在信息处理方面，它将人的认知与计算机的算力融合形成新的理解方式；在智能输出端将人在决策中的价值与算法相匹配从而形成优化判断"③。可见，人机融合智能在信息处理过程中将实现人和机器的交互，在此意义上，人机融合智能将成为新的存在主体。未来人机融合智能广泛应用于

---

① 蔡超. 义脑·涌现·连接：媒介延伸视角下的强人工智能［J］. 理论月刊，2020（4）：154-160.

② 韩敏，赵海明. 智能时代身体主体性的颠覆与重构：兼论人类与人工智能的主体间性［J］. 西南民族大学学报（人文社科版），2020，41（5）：56-63.

③ 刘伟. 人机融合智能的现状与展望［J］. 国家治理，2019（4）：7-15.

思想政治教育实践，亦将使其成为具有一定主体性特质的教育主体。

虽然人工智能可能成为具有一定主体性的思想政治教育者，但思想政治教育的意识形态和价值培育使命决定智能机器不可能独立开展思想政治教育活动。人工智能归根结底仍然是人自身将算法程序嵌入机器的结果，强智能机器只有在人的主导下才能在思想政治教育实践过程中发挥作用。"人类智能拥有人工智能难以企及的独特创造性、情感性和意向性，人工智能只能作为人类智能创造活动的协作者。"① 因此，具有主体意识的强人工智能只能是人类思想政治教育主体的协助者。有机智能体的人与无机智能体的机器将分工协作，分别承担思想政治教育过程中的教学和育人功能，共同履行作为教育主体的价值使命。鉴于此，为适应思想政治教育智能化发展的时代要求，我们应当积极构建人机协同的思想政治教育主体系统，坚持人与人工智能的有机协作，实现思想政治教育过程的"人智协同化"②，不断优化和完善思想政治教育主体的构成样态。

总而言之，智能技术发展对思想政治教育主体构成的影响是一个综合的系统工程。要把智能教育机器和人机融合智能纳入思想政治教育主体范畴，坚持人人协同、人机协同的思想政治教育交往理念，构建人机共生的思想政治教育主体结构，不断创新思想政治教育主体理论。需要特别说明的是，虽然未来强人工智能将具有人的主体性特质，可被纳入思想政治教育主体范畴，但受制于智能技术本身的发展和思想政治教育的意识形态属性，智能机器永远不可能完全替代人而成为独立的思想政治教育主体。相反，我们应当坚信人工智能必须在人的主导下方可发挥特定的教育功能。在此意义上，人工智能永远只可能是有限的思想政治教育主体，必须与人类教育者合作才能共同完成思想政治教育实践活动。

---

① 高华，陈红兵. 论人工智能与人类智能之差异［J］. 东北大学学报（社会科学版），2021，23（2）：15-20，126.
② 张广斌. 人工智能时代的价值教育：定位、内涵与样态［J］. 南京社会科学，2019（9）：139-144.

第二节 智能技术对思想政治教育客体的影响

思想政治教育客体与思想政治教育主体是相辅相成的，没有思想政治教育主体就无所谓思想政治教育客体，两者共同构成思想政治教育活动的参与者。可以说，智能技术对思想政治教育客体的影响亦将在很大程度上影响思想政治教育主客体交往的过程。具言之，智能技术应用对思想政治教育客体的影响主要有三：引起思想政治教育客体思维观念的变化，带来思想政治教育客体学习方式的多样化，导致思想政治教育客体信息获取的圈层化。以上变化都将使思想政治教育主客体交往过程呈现新的特征。

一、引起思想政治教育客体思维观念的变化

当下智能技术的融合发展在很大程度上深刻影响着思想政治教育客体的思维观念。此影响不仅包括智能技术整体上对思想政治教育客体思维方式的改变，而且包括具体的智能技术如大数据、虚拟现实、人工智能应用给思想政治教育客体思维观念带来的潜移默化影响。从总体上讲，智能技术对思想政治教育客体思维方式的影响是双重的，必须认真分析并及时规避智能技术带来的不利影响，以促进思想政治教育客体的充分发展。具体而言，智能技术对思想政治教育客体思维观念的改变主要包括以下方面。

其一，智能技术的综合应用导致思想政治教育客体思维观念的开放性与浅表化并存。"思维观念"言外之意即思维方式和思想观念。思维方式是人以观念的方式把握世界和认识世界的基本形式，是人进行一切科学研究和实践活动的前提。智能技术与思想政治教育的深度融合形成了全新的认知方式、思维方式、实践方式和交往方式。因此，在智能技术快速发展的背景下，全面系统地分析智能技术对思想政治教育客体思维观念的影响，是深入探究智能技术视域下思想政治教育主客体交往变革的前提。

在传统意义上，思想政治教育客体在潜意识中认为，思想政治教育实践活动的要素主要局限于思想政治课教师、思想政治理论课堂或其他形式的思

想政治教育活动场所等，思想政治教育内容的传授主要以教育者即思想政治课教师为主。然而，智能技术时代的到来彻底打破了这一传统的思想政治教育形态。与此同时，一种全新的思维观念正在思想政治教育客体的意识中形成。如由网络3.0构筑的智能网络平台可提供海量的思想政治教育信息并带来教育资源的开放共享。可以说，智能网络平台的出现使受教育者客体不再受制于传统思想政治教育活动的局限，而且对教育信息的获取具有一定的自主选择权。同时，智能教育平台不断强化思想政治教育客体以自身发展为中心的思维理念，同时在无形中促进其思维观念的开放性，更容易接纳和认同智能网络平台开展的思想政治教育活动。此外，教育智能机器的介入将使人机协同成为未来思想政治教育的常态。因人机协同的高效便捷，思想政治教育客体很容易接受智能机器在思想政治教育中的常态化应用。

与此同时，智能技术不可避免导致思想政治教育客体对智能技术的过度依赖，并逐渐习惯于利用各种智能技术自主开展自我教育。长此以往，思想政治教育客体受制于智能技术带来的工具理性思维，导致其自身的深度思考能力和认知批判思维逐渐退化；同时，由于智能技术的加持，传统思想政治理论课教师在教育过程中的主体地位逐渐式微，思想政治教育客体的思维能力日益浅表化。总之，智能技术的常态化应用将可能带来思想政治教育客体思维观念的开放性和浅表化并存。

其二，大数据技术应用可导致思想政治教育客体大数据思维不断滋长。随着数据信息处理技术的广泛应用，在不远的未来，大数据技术不仅是获取和筛选海量思想政治教育信息的主要方式之一，而且将对人的思维观念产生巨大影响。"大数据是一场革命，将对各行各业带来深刻影响，甚至改变我们的思维方式。"[1] 英国学者维克托·迈尔-舍恩伯格（Viktor Mayer-Schönberger）等亦认为，"大数据使我们的思想发生了转变，不再探求难以捉摸的因果关系，转而关注事物的相关关系"[2]。可见，大数据技术将可能从根本上改变人类的思维方式，即以相关性思维观念替代对因果关系的追求。随

---

① 赵志耘，杨朝峰. 大数据：国家竞争的前沿［N］. 学习时报，2013-09-16（7）.
② 迈尔-舍恩伯格，库克耶. 大数据时代［M］. 盛杨燕，周涛，译. 杭州：浙江人民出版社，2013：29.

着大数据技术的广泛应用，大数据所带来的相关性思维将逐渐深入人心。在此前提下，当大数据技术应用于思想政治教育交往实践时，思想政治教育参与者固有的思维观念将被打破，尤其是作为接受思想政治教育的思想政治教育客体，其思维观念将受到大数据技术相关性思维的巨大影响。同时，大数据搜集教育信息资源的快捷和高效，使思想政治教育客体越来越依赖大数据技术的理性分析能力，从而使自身在思想政治教育交往实践中的情感投射越来越少。由此，思想政治教育客体的工具理性思维逐渐得以生成。总之，大数据技术将在无形中引起思想政治教育客体思维方式的改变。

其三，虚拟技术带来的沉浸交互体验强化思想政治教育客体的虚拟思维。"虚拟思维是一种超越现实的创造性思维，是人类超越现实、建构理想生活世界的一种特殊的思维工具。"[1] 虚拟思维在人类社会早期的思维活动中便已存在，如人们在头脑中建构宗教、神话传说等虚拟存在，并将其作为自身把握世界超越现实的工具。此外，文学艺术创作亦是虚拟思维的典型应用。在现代科学技术的发展进程中，虚拟思维也发挥着不可替代的作用，虚拟思维可为技术产品的设计提供丰富的想象力和原创性理念。随着现代技术的进步，尤其是 21 世纪以来各项虚拟技术的发展，人类社会逐渐突破现实物理空间的限制，从原有的实体空间拓展至虚实结合的二元空间。由此，虚拟沉浸交往逐渐成为人类社会交往的主要方式。在此基础上，亦必须利用虚拟技术赋能思想政治教育实践的发展，思想政治教育客体因虚拟交互体验的常态化而不断强化其自身的虚拟思维。可以说，虚拟现实技术将最终导致思想政治教育客体对数字化虚拟实践产生越来越强烈的心理依赖，在无形中形成虚拟思维。

其四，教育智能机器或虚拟数字教师的介入引起思想政治教育客体的人机交互思维生成。智能技术的深入发展使以人工智能为驱动的智能机器被不断应用于社会生活的各领域。思想政治教育也应紧跟人工智能发展的步伐，将教育智能机器或虚拟数字教师应用于思想政治教育活动，不断重塑思想政治教育实践的整体生态。在此情境下，教育智能机器或虚拟数字教师将接替传统教育者负责思想政治教育知识的传授，人工智能将与传统的人类教育者

---

[1]　张明仓. 虚拟形态：从虚拟思维到虚拟实践［J］. 福建论坛（人文社会科学版），2002（5）：77-81.

分工协作共同完成思想政治教育活动。思想政治教育客体与智能教育机器或虚拟数字教师开始交往互动并不断汲取思想政治教育知识，思想政治主客体交互方式由此得以改变，即从传统的人人交互向人机交互拓展。思想政治教育活动中人机交互的出现，使思想政治教育客体越来越依赖与智能教育机器或虚拟数字教师的交互，长此以往将导致其人机交互思维的形成。

二、带来思想政治教育客体学习方式多样化

思维观念的更新是学习方式变革的前提。因此，智能技术在革新思想政治教育客体思维观念的基础上亦必然改变自身的学习方式。从总体上讲，思想政治教育客体思维观念的革新、新型学习工具如智能教学系统的广泛应用、思想政治教育环境的虚拟智能化、思想政治教育信息来源的多元化、智能机器的介入等，都将引起思想政治教育客体学习方式的改变。具体来讲，智能技术视域下思想政治教育客体学习方式的变化主要包括以下方面。

其一，智能技术应用带来思想政治教育客体学习方式的个性化。首先，大数据技术可科学分析和清晰呈现思想政治教育客体的个性特征，包括其认知结构、思维模式、知识储备、学习习惯、能力水平等。思想政治教育客体可根据大数据技术精准诊断的结果，有的放矢地选择并定制符合自身发展需求的学习方式。其次，智能教育平台系统丰富的教育资源可为思想政治教育客体提供多样化的学习内容，为其个性化学习奠定基础。如智能算法的精准推送可为思想政治教育客体提供多样化的学习资源，思想政治教育过程将彻底实现以学习者为中心的教育模式并为其提供丰富的学习内容，促进思想政治教育客体的个性化学习。最后，虚拟现实技术的应用创造了思想政治教育客体个性化学习的外部环境。以往思想政治教育实践活动的发生集中于实体化的社会空间中，而虚拟现实技术的应用使思想政治教育活动的发生从传统的物理空间拓展至虚拟空间。

其二，智能技术促进思想政治教育客体学习方式的交互性。此处所谓学习方式的交互性主要是基于人机交互而言的。随着智能技术的发展，智能教学系统或智能教育机器等将不断渗透至思想政治教育交往实践的全过程。教育客体只有不断提高自身应用智能学习设备的能力，才能使自身的学习过程

逐渐与教育智能机器、虚拟数字教师及智能教育平台等进行有效互动。"人工智能时代的教育活动中既有作为教育者和受教育者的人,也包括承担教育者或受教育者角色的机器,出现了人与人、人与机器、机器与机器的多元化主体关系及其交互作用。"① 在此意义上,人工智能的发展将必然带来思想政治教育客体学习方式的彻底改变,即思想政治教育客体的学习方式将从传统的接受教师的知识传授拓展至依靠各类智能机器或数字教师甚至是智能教学平台自主学习。可以说,智能技术背景下思想政治教育客体学习方式的交互性不仅包括人与人的交互,更重要的在于人与机器的交互,思想政治教育客体的学习过程正是基于此种多元交互进行的。总之,智能技术应用促进了思想政治教育客体学习方式的多元交互。

其三,智能技术应用可实现思想政治教育客体学习方式的立体化。大数据技术的应用可使思想政治教育客体依据数据算法获得精准的诊断结果,并通过智能教育系统或自适应学习系统自主开展自我教育,以最优化的学习资源供给和学习目标定制弥补在现实中学习效果的不足。因此,数字化和实体化并存将成为智能时代思想政治教育客体的常态化学习方式。此外,虚拟仿真教学情境也极大地丰富了思想政治教育客体学习的体验感,能够不断激活学习者身体的全部感官,增加思想政治教育客体学习的情感投入度,以达到更理想的思想政治教育效果。由此可以说,无论是通过智能教育平台的自我学习教育,还是基于教育智能机器的人机交互式学习,抑或是虚拟仿真场景中的交互体验式学习,都是对传统物理空间中人与人交互的拓展和延伸,不断促进思想政治教育客体学习方式的多元立体化。

其四,智能技术促进思想政治教育客体学习方式的共同体化。一是思想政治教育客体将与各类智能技术形成合作共同体,实现思想政治教育客体学习方式的多样化;二是思想政治教育客体之间将自发组成自主学习的社群共同体,利用各类智能教育设备进行自我教育和自主学习。在此情境下,思想政治教育客体将不再仅仅是被动接受教育的人,而是具有一定自主学习能力的主体存在者,思想政治教育主客体之间的界限逐渐模糊。智能技术与思想

① 张瑜. 论思想政治教育网络观的演进与理论创新 [J]. 马克思主义与现实,2020 (5): 190-195.

政治教育的融合可打造新型的学习环境和学习空间，进而塑造全新的社群和学习社区。由此，思想政治教育客体学习方式的共同体化主要包括以受教育者和智能机器组成的人机共同体、受教育者之间自发组成的学习共同体以及思想政治教育者和受教育者构成的主客共同体。"以学生和机器构成的人机共同体将成为学习网络中新的基本单元。同时，传统的师生共同体和生生共同体将因人工智能的泛联而变得更加紧密。"① 可见，在智能技术的参与下，思想政治教育客体的学习方式不断完善，多元学习共同体之间将建立有效的联结以形成分布式联通学习网络，帮助思想政治教育客体获得多元丰富的学习支持。因此，必须借助人工智能的技术优势，不断增强思想政治教育主客体之间的关联，以"打通交往壁垒，减少教育活动的容量压力，完成思想政治教育主客体之间的高能合作"②。在此意义上，智能技术应用可促进思想政治教育客体学习方式的共同体化。

三、导致思想政治教育客体信息获取圈层化

所谓"圈层化"是指"在网络生活空间中由于信息获取定制化、个人社交圈子化、交互关系层级化而形成的在特定圈层中进行信息交互的现象和趋势"③。基于此，"信息获取圈层化"是指在虚拟数字空间中智能算法带来的定制化信息推荐机制，导致用户的信息获取呈现出特定的圈层化特质。智能算法作为人工智能的底层架构，是人工智能得以广泛应用的前提和基础。随着现代智能技术的深入发展，智能算法凭借其技术优势越来越成为主导信息传播的新兴权力。"我们已经进入了一个随时可能被算法计算的社会。"④ 智能算法技术的赋能使智能推荐和智能分发等呈井喷式发展态势，不仅可为用户提供精准化的信息资源，而且将不断形塑用户的认知结构、思想观念和行

① 卢嘉仪，易丽. 人工智能时代高校学生学习方式变革的渐进特征及方向 [J]. 软件导刊，2022，21（1）：56-61.
② 吴满意，王丽鸽. 从精准到智慧：思想政治教育创新发展的根本态势分析 [J]. 马克思主义与现实，2019（4）：198-204.
③ 陈志勇. "圈层化"困境：高校网络思想政治教育的新挑战 [J]. 思想教育研究，2016（5）：70-74.
④ 彭兰. 生存、认知、关系：算法将如何改变我们 [J]. 新闻界，2021（3）：45-53.

为方式。

智能算法作为当下传播信息的核心技术，依托人工智能系统的平台优势，凭借迎合用户需求定制个性化推荐的路径，不断增加用户黏性。因此，在智能算法与思想政治教育不断融合的背景下，思想政治教育客体越来越依赖智能算法的推荐获取自身发展所需的信息资源。表面上看，思想政治教育客体获取信息的途径越来越多元化。但智能算法在不断深挖用户数据、分析用户需求、形成个性化内容推送的同时，将引起思想政治教育内容供给的"信息茧房"效应，由此导致思想政治教育客体信息获取的圈层化。以下将阐述智能算法的本质及其与思想政治教育信息推送之间的关联机制，以此分析智能算法的应用何以导致思想政治教育客体信息获取的圈层化。

"算法"概念最初源于计算机科学领域，算法的发展历程经历了人工算法、计算机算法和深度学习算法（智能算法）三个阶段。当下引人关注的算法即是以计算机程序和以数字技术为核心的智能算法。智能算法是基于设定的函数模式，通过机器的深度学习和不断训练来模拟人类的思维和智能，从而为社会各领域繁杂的信息处理和传播提供便利，以提升社会信息传播的效率。

智能推荐算法是目前应用最广泛的智能算法类型，在统一的技术原理指导下主要包括基于内容推荐、协同过滤推荐、实时流行热度推荐三种。在通常情况下，智能推荐算法需要将上述三种方式有机结合，方可完成信息内容推荐任务。而智能推荐算法的便捷性和高效性使其逐渐成为数字时代信息分发和信息传播的主要途径。基于智能推荐算法的运行原理，当其应用于思想政治教育领域时将成为思想政治教育内容传播的重要渠道。智能推荐算法将基于思想政治教育客体在网络平台上的信息浏览记录和阅读点击率，为其推荐符合自身发展需求的教育内容。从表面上看，智能算法可定制个性化的教育或学习内容，为思想政治教育客体的全面发展奠定基础。然而，智能推荐算法不仅是智能网络平台思想政治教育内容分发的主要手段，而且正在成为一种新兴的控制力量和决策权力，决定着思想政治教育客体接受信息的内容和形式，同时在无形中塑造着思想政治教育客体的价值观念并影响客体的行为选择和对教育内容的抉择。

可以说，借助于智能算法的精准推送，思想政治教育客体无须主动思考和操作即可获得自身所需要的教育内容。这种投喂式的信息分发方式在潜移默化中与思想政治教育客体的需求形成了信息闭环，其结果是带来"信息找人"而非"人主动寻找信息"的局面，思想政治教育客体只能接收到自身感兴趣的教育内容，无法真正利用网络世界多元化的思想政治教育信息重塑自身的内在精神世界。思想政治教育客体选择权的让渡和智能算法的主动推荐，共同加剧了思想政治教育客体对智能算法的心理依赖，进而导致其认知窄化甚至偏离主流价值观。"智能算法技术会进一步窄化青年学生的认知边界和认知框架，导致'过滤气泡''信息茧房''回音室'效应的出现。"① 因此，若思想政治教育客体长期依赖智能算法的信息推荐，将不可避免引起"信息茧房"效应并导致其教育内容获取的同质化。同质化的思想政治信息在思想政治教育客体的活动圈层中得以循环和强化，并由此隔绝圈层内部信息的外流和外部信息的有效输入，从而使思想政治教育客体的信息获取形成圈层化效应。

第三节　智能技术对思想政治教育其他交往要素的影响

思想政治教育是一个由主体、客体、环境、载体、方法等诸多要素构成的整体系统，思想政治教育主客体交往必须在特定的环境中借助交往载体并通过具体的方法而开展。探究智能技术视域下的思想政治教育主客体交往问题，不仅要具体分析思想政治教育主客体自身在智能技术背景下的改变，而且要阐明智能技术对思想政治教育其他交往要素的影响。只有从整体上系统分析智能技术对思想政治教育各交往要素的影响，才能从根本上明晰智能技术何以影响思想政治教育主客体交往过程。本节将聚焦思想政治教育环境、思想政治教育载体及其方法，分析智能技术给上述思想政治教育要素带来的影响。

① 王贤卿. 以道御术：思政教育对智能算法技术弊端的克服 [J]. 毛泽东邓小平理论研究，2021（2）：38-44，107.

一、拓展思想政治教育环境

基于媒介技术演进的视域可以看出，思想政治教育环境的发展经历了传统物理空间环境、虚拟网络环境以及由智能技术构建的数字智能环境三个历史阶段。智能技术应用使思想政治教育环境逐渐呈现出动态性和开放性特质。具言之，智能技术将给思想政治教育环境带来以下改变。

其一，人工智能发展带来思想政治教育环境的智能化。"任何技术都倾向于创造一个新的人类环境。"① 由此，智能技术的发展亦将为人类社会创造新的生存和交往环境。在此前提下，智能技术的思想政治教育应用亦将不断重塑思想政治教育交往的环境。以数据算法为基础的人工智能面对不同应用场景时将自动做出选择，并赋予人类社会的交往空间以场景化和智能化特质。"随着人工智能应用的不断普及，一个日益智能化的人机共生的社会环境成为思想政治教育面临的新境域。"② 可以说，人工智能应用可带来思想政治教育环境的智能化，促使思想政治教育主客体交往从实体化的物理环境向智能数字环境拓展。

思想政治教育环境的智能化包括两个层面的含义：一是虚拟空间中思想政治教育环境的智能化，如智能教育平台或智能教学系统等；二是实体空间中思想政治教育环境的智能化，如教育智能机器将生成人机协同的智能化思想政治教育环境。随着人工智能技术的发展，在不远的未来，思想政治教育环境将实现全方位连接物理空间和虚拟空间的思想政治教育场域。虚拟智能教室、虚拟数字教师、人工智能机器等将共同形塑出思想政治教育的智能化环境。在此意义上，"人工智能+思政"将是人与智能环境之间不断的交互运动，教育环境的智能化将成为未来不可阻挡的发展趋势。

其二，虚拟现实技术应用带来思想政治教育环境的虚拟场景化。在虚拟现实技术出现以前，思想政治教育主客体之间的交往互动主要以线下实体空间和网络二维空间为主要活动场域。随着虚拟现实技术的发展，互联网加速

① 麦克卢汉.理解媒介：论人的延伸［M］.何道宽，译.北京：商务印书馆，2000：2.
② 张瑜.论思想政治教育网络观的演进与理论创新［J］.马克思主义与现实，2020（5）：190-195.

从"在线"向"在场"演变，虚拟场景将成为思想政治教育环境的重要组成部分。"VR+思政"重塑思想政治教育主客体与教育环境之间的关系。虚拟现实技术使思想政治教育参与者能够在虚拟数字场景中进行具身交互，从而带来全新的交往体验。

基于此，在虚拟现实技术的加持下，思想政治教育环境将"由原本的'现实环境'向'虚拟环境+现实环境'进行转变"①。虚拟现实技术所具有的沉浸感、场景化、虚拟实在性等特质极大地丰富了思想政治教育主客体交往的环境。当下的元宇宙热潮即是虚拟现实技术的未来形态，元宇宙技术通过对现实空间的模拟，能够真实呈现出可视化的实践场景，并不断构建出新的学习交往环境。不同发展阶段的虚拟现实技术与思想政治教育融合，都将塑造出虚拟场景化的思想政治教育交往环境，由此不断更新思想政治教育主客体交往的体验。因此，有学者呼吁，"要充分利用虚拟技术，建设在线智能教室、智能实验室、虚拟工厂等智能体验中心，形成以学习者为中心的智能化学习环境"②。显而易见，虚拟技术的应用将直接带来思想政治教育环境的虚拟场景化。

其三，智能技术不断重塑思想政治教育环境生态。思想政治教育环境包括物质形态和精神形态两种类型。物质环境是开展思想政治教育活动的基础条件，而精神环境是影响思想政治教育参与者价值观念及交往方式的核心要素。"思想政治教育环境的生成方式，不仅表现为以物质形态为思想政治教育活动提供对象和基础，而且以精神形态进入思想政治教育运行之中，生成思想政治教育主体的价值观念和交往方式。"③ 智能技术的社会文化特性不仅可改变思想政治教育的物质环境，而且将重新塑造其精神文化环境，从而在整体上重构思想政治教育实践的环境生态。"教育环境只有在和教育实践活动的互动关系中才能获得自身的存在意义，才能获得其与教育主体相对应的独立

---

① 张志丹，刘书文．人工智能必将引发思想政治理论课变革［J］．思想教育研究，2020（10）：103-108.

② 孙立会，刘思远，李芒．面向2035的中国教育信息化发展图景：基于《中国教育现代化2035》的描绘［J］．中国电化教育，2019（8）：1-8，43.

③ 周琪．论思想政治教育环境的生成、生活形态和自觉实践［J］．教学与研究，2017（10）：89-93.

性和外在性。"① 在此过程中，思想政治教育环境将不再是纯粹客观意义上的物质环境，而是在与思想政治教育参与者的互动中不断生成主观意义的精神性和文化性存在，进而潜移默化影响思想政治教育环境的整体生态。

基于上述，智能技术在拓展思想政治教育物质环境的基础上，将与思想政治教育主客体不断发生交互，使思想政治教育环境同时获得客观工具性和社会文化学的双重阐释。"教育系统接纳技术的过程改变着技术应用、技术应用者以及其所处的环境，同时教育系统也被这些因素改变着。"② 可以说，智能技术的思想政治教育应用是思想政治教育参与者、智能技术、教育环境、学习资源等各要素相互协调不断融合的系统化过程，在此过程中必然使思想政治教育环境附着上社会文化的价值倾向。总之，智能技术在潜移默化中重塑思想政治教育环境的整体生态，不断拓展思想政治教育的环境系统。

二、丰富思想政治教育载体

任何思想政治教育活动的开展都必须借助特定的载体，缺少思想政治教育载体无法开展正常的思想政治教育活动。可以说，思想政治教育载体是思想政治教育交往实践活动的媒介或中介系统，是连接思想政治教育主客体的桥梁或纽带。伴随现代媒介技术的演进，思想政治教育载体亦必定随之丰富和发展。"思想政治教育作为一种精神交往的实践活动，面对社会环境的变化必然需要选择和开发适应时代特征的新载体，以符合时代发展和人之精神交往需要。"③ 因此，在互联网技术发展的基础上，近年来智能技术的迅速崛起及其综合应用必然将极大地促进思想政治教育载体的发展。具体而言，智能技术对思想政治教育载体的影响主要表现在以下方面。

其一，大数据技术为创新思想政治教育载体提供方法论基础。大数据技术的关键在于通过对海量数据信息的分析和处理寻找事物的内在规律，从而

---

① 冯鹏志. 论技术创新行动的环境变量与特征：一种社会学的分析视角 [J]. 自然辩证法通讯，1997（4）：39-46，80.
② 单美贤，李艺. 技术驱动教育发展序列之：教育环境的"生命力" [J]. 电化教育研究，2014，35（8）：5-10，16.
③ 倪松根，孙其昂. 思想政治教育载体价值的逻辑意蕴及其实现 [J]. 思想教育研究，2017（8）：31-35.

为科学预测和研判事物发展的方向提供可能。就大数据技术和思想政治教育载体的关联而言，利用大数据技术可实现对传统思想政治教育载体的技术赋能，从而及时弥补传统思想政治教育载体的不足，为智能技术时代思想政治教育载体的转型和创新提供技术支持。传统思想政治教育主要借助独立的思想政治教育载体开展。例如，在网络思想政治教育交往活动中，只能将互联网技术作为思想政治信息传输的通道，无法精准预测受教育者的真实需求，由此导致思想政治教育实效性不足。而大数据技术可通过智能技术平台实现各类教育载体之间的优势互补。此外，在大数据技术的支持下，思想政治教育载体可突破传统的时空限制，促使自身从实体化向数字化拓展，智能教学平台、虚拟数字教师等都属于大数据技术支持下的数字化思想政治教育载体。基于此，大数据技术作为研判和预测事物发展的新方法，为创新思想政治教育载体提供了方法论基础。

其二，人工智能的应用可生成新的思想政治教育载体。传统思想政治教育载体主要包括语言文字、大众媒介、网络技术等。不同的教育载体直接影响思想政治教育活动开展的具体方式及教育实践的整体样态。以大数据、智能算法和强算力为底层技术逻辑的人工智能与思想政治教育的深度融合，可以使智能教育系统或智能教育机器直接成为思想政治教育的新载体。将人工智能视为思想政治教育新载体蕴含两个层面的含义：一是作为人工智能技术外化物的智能教育机器可直接成为思想政治教育的新载体。在此情境下，智能教育机器不仅可作为传输思想政治教育信息的载体系统，而且承担着思想政治教育知识传授者的角色。由此，智能教育机器的应用将使教育载体和教育主体不断融合，以更高效地促进思想政治教育活动的开展。二是智能教育平台系统将成为思想政治教育的新载体。智能教育平台作为新型的思想政治教育载体将成为思想政治教育知识输出的新渠道，但智能教育平台作为信息传播的媒介系统，与虚拟数字教师分属不同的教育要素，两者可协同合作，共同完成思想政治教育知识的传授任务。总之，无论是智能教育机器还是智能教育平台系统，都是人工智能在思想政治教育实践中的具体应用，都可生成新的思想政治教育载体。

其三，智能技术的综合应用不断丰富思想政治教育的载体形态。思想政治教育载体形态是由不同思想政治教育载体或同一载体的不同要素之间共同组成的结构体系。智能技术对思想政治教育载体的整体形态产生重大影响。首先，智能学习系统或虚拟学习场景丰富和拓展思想政治教育的载体形式。在传统思想政治教育活动中，思想政治教育活动的发生必须依托特定的空间场域进行，如高校思想政治理论课应在学校的实体化教室内进行。随着虚拟现实和人工智能技术的发展，思想政治教育主客体对智能技术的依赖将不断增强。由此，思想政治理论课将从传统物理空间场域向虚拟智能场景拓展，以智能教育平台为依托的数字化空间将成为思想政治教育活动开展的新场域。思想政治教育的组织方式将发生彻底的变革，进而使思想政治教育载体系统从传统的班级授课形式拓展至虚拟空间的自主学习模式。

其次，智能技术的融合将不断更新思想政治教育的实体载体。如前所述，大数据技术的赋能将使传统的实体化教育载体与现代数字化教育载体形成优势互补，同时人工智能技术的应用将直接生成新的思想政治教育载体。"新兴技术的飞速发展，要求我们在继承和发扬传统载体教育优势的同时，不断实现与新技术的有机融合。"① 因此，在智能技术发展的背景下，思想政治教育必须适应智能技术应用对思想政治教育实践带来的新变化，积极更新完善思想政治教育的载体系统。在此意义上，可以说，智能技术的综合应用可在整体上更新和完善思想政治教育实践的载体形态。

三、创新思想政治教育方法

伴随智能技术的进步和思想政治教育实践活动的发展，思想政治教育方法亦必须随之更新和完善。换言之，思想政治教育方法应伴随现代科学技术的发展而不断更新。因此，应充分利用"现代科学技术改造和整合思想政治教育的途径，形成信息化、立体式、双向互动的教育方法"②。可见，随着智能技术的普及应用，思想政治教育方法的信息化和智能化亦将成为常态。从整体上讲，智能技术应用将实现思想政治教育方法的快速转型，例如，大数

---

① 孙梦婵，杨威．论新时代思想政治教育载体的新发展［J］．思想政治教育研究，2018，34（3）：63-67.

② 骆郁廷．思想政治教育原理与方法［M］．北京：北京师范大学出版社，2019：221.

据技术带来思想政治教育方法的科学化，人工智能促进思想政治教育客体的自我教育法，等等。具言之，智能技术视域下，思想政治教育方法的发展将呈现以下特征。

其一，大数据技术不断创新并促进思想政治教育方法的科学化。"大数据是新资源、新技术和新理念的混合体。从资源视角看，大数据体现了一种全新的资源观；从技术视角看，大数据代表了新一代数据管理和分析技术；从理念视角看，大数据打开了一种全新的思维视角。"① 由此可以说，在大数据技术的赋能下思想政治教育方法的科学化主要包括三个层面的含义。首先，大数据技术提供了全新的数据分析方法。大数据技术能够科学高效地搜集、分析和处理思想政治教育信息，从而使受教育者能够快速准确地搜集到适合自身发展所需的思想政治教育知识。在此基础上，思想政治教育主体可通过大数据技术准确研判并定制教育计划和实施方案，有针对性地开展思想政治教育交往实践活动。其次，大数据技术亦将不断倒逼思想政治教育方法的创新。大数据技术的应用要求思想政治教育实践过程必须具备整体性、动态性和复杂性思维。整体性思维是由大数据技术搜集和处理信息的全样本模式决定的，"大数据是指不用随机分析法这样的捷径，而采用所有数据的方法"②。这种数据分析的方式要求思想政治教育必须及时更新其方法以适应大数据处理方式的变革。同时，大数据技术处理数字化思想政治教育信息的过程将形成不断动态变化的数据链，由此将为思想政治教育方法的选择提供更多的契机。

此外，数字社会的来临使思想政治教育系统将处于更加开放的状态，必须及时创新思想政治教育方法以适应思想政治教育实践日益复杂化的实际需要。总之，无论是智能技术的发展，还是思想政治教育自身转型的现实需要，大数据技术都将在一定程度上创新并促进思想政治教育方法的科学化。

其二，人工智能技术应用不断强化思想政治教育的自我教育法。人工智

① 中国信息通信研究院（工业和信息化部电信研究院）. 大数据白皮书（2016 年）[EB/OL]. 中央网络安全和信息化委员会办公室，2016-12-28.
② 迈尔-舍恩伯格，库克耶. 大数据时代 [M]. 盛杨燕，周涛，译. 杭州：浙江人民出版社，2013：39.

能技术的应用不断改变思想政治教育客体的学习体验。基于此，在当下智能技术飞速发展的时代背景下，思想政治教育活动将逐渐从传统实体化场域中思想政治教育者的灌输传授转向依靠智能教学系统、智能教育机器或智能教学代理等自主学习模式。"智能教学系统，是指一个能够模仿人类教师或者助教来帮助学习者进行某个学科、领域或者知识点学习的智能系统。"① 智能教学系统较强的逻辑推理和决策能力，能够为学习者推荐更加个性化的学习路径，受教育者可根据智能推荐的结果进行自主学习。"智能教育机器人是一种具象化的智能陪伴，智能教学代理主要是一种虚拟卡通形象"②，随着人工智能技术的演进，两者同样具有较强的学习能力和情绪感知能力，能够与思想政治教育学习者的交互更加流畅自然。因此，可以说，人工智能技术的思想政治教育应用，将彻底改变传统思想政治教育实践过程的单向灌输传授模式，与此同时亦将不断强化思想政治教育过程的自我教育法。基于上述，大数据技术、智能算法、人工智能、虚拟现实等智能技术的综合应用，使智能化的思想政治教育方法逐渐渗透至思想政治教育领域，彻底实现思想政治教育方法与现代智能技术的有机融合。此外，将思想政治教育诸要素作为彼此关联的整体系统亦是创新思想政治教育方法的观念前提。如有学者指出，"把思想政治教育作为一项系统工程加以考察和进行科学决策，将为思想政治教育方法提供新的思路"③。

总而言之，智能技术应用不仅对思想政治教育主客体产生重大影响，而且给思想政治教育环境、载体和方法等诸要素带来重大改变。可以说，思想政治教育主客体交往的诸要素都将受到智能技术应用的深刻影响。需要特别强调的是，智能技术对思想政治教育主客体交往诸要素的影响并不是彼此独立的，而是一个相互关联的整体系统。很显然，思想政治教育主客体是交往过程最核心的要素，思想政治教育环境亦影响着教育活动的开展，思想政治教育载体是主客体交往的中介，同样"思想政治教育方法不仅使思想政治教

① 贾积有. 人工智能赋能教育与学习 [J]. 远程教育杂志，2018，36（1）：39-47.
② 陈凯泉，沙俊宏，何瑶，等. 人工智能2.0重塑学习的技术路径与实践探索：兼论智能教学系统的功能升级 [J]. 远程教育杂志，2017，35（5）：40-53.
③ 金鑫，张耀灿. 论新时期思想政治教育方法的创新与发展 [J]. 思想教育研究，2009（6）：17-20.

育其他要素互相连接，而且激活调动思想政治教育其他要素参与到思想政治教育运行之中"①。由此可以看出，思想政治教育诸要素都将对思想政治教育交往过程产生重大影响。基于此，考察智能技术对思想政治教育交往要素的影响，是研究智能技术视域下思想政治教育主客体交往的前提基础。以下将对智能技术视域下思想政治教育主客体交往的整体图景予以详细阐述。

---

① 骆郁廷．思想政治教育原理与方法［M］．北京：北京师范大学出版社，2019：205.

第四章

智能技术影响下思想政治教育主客体交往的新特征

通过前文系统阐述媒介技术影响思想政治教育主客体交往的内在机理，并具体分析智能技术对思想政治教育交往要素的影响可知，智能技术发展势必引起思想政治教育主客体交往实践的变革。智能技术视域下的思想政治教育主客体交往将呈现前所未有的崭新图景。智能技术发展对思想政治教育交往场域、交往形式及最终的交往样态予以重塑。因此，对智能技术视域下思想政治教育主客体交往研究主要基于上述三个维度展开，三者共同构建出智能技术视域下思想政治教育主客体交往的整体图景。

总体来讲，智能技术可带来思想政治教育交往场域全景开放、交往形式丰富多样、交往样态多元复杂等典型特征。本章拟通过对智能技术视域下思想政治教育交往场域、交往形式、交往样态的系统分析，明晰在此背景下思想政治教育主客体交往实践的整体特征。此外，需要特别说明的是，智能技术并不是完全独立于互联网技术的新型技术体系或技术生态。相反，智能技术是互联网技术发展的更高阶段和更深层次的演化，亦有人将智能时代称为网络 3.0 时代。因此，可以说，智能技术视域下思想政治教育主客体交往的特征，本质上是在网络媒介时代思想政治教育交往实践基础上的进一步深化和拓展。

第一节　思想政治教育主客体交往场域全景开放

智能技术视域下思想政治教育主客体交往的新特征首先表现在外在交往场域的变化。可以说，交往场域的改变是智能技术视域下思想政治教育主客体交往变革的重要组成部分。随着智能技术的发展，思想政治教育主客体交往场域呈现出全景开放的态势。从空间维度看，思想政治教育主客体交往活动不再局限于在实体空间和平面网络空间中开展，虚拟现实技术的加持使思想政治教育交往空间呈现出虚拟场景化特质。从时间维度看，思想政治教育主客体交往将不再受限于特定的时间，交往双方可借助各项智能教育平台在任意时间内进行交往互动。在此基础上，由交往时间和交往空间共同构建的思想政治教育交往场域因此而改变，最终使思想政治教育主客体交往场域呈现全景开放的特质。

一、思想政治教育主客体交往空间的场景化

在阐述本部分之前，首先需要澄清的是思想政治教育主客体交往空间的性质问题。从空间社会学的视角看，"具体的社会空间必须从人的社会行为入手，它只能是一种活动着的现实"①。由此出发，从思想政治教育参与者之间的社会行为入手，思想政治教育主客体交往过程必然是一种不断活动着的现实，是在思想政治教育主客体交互过程中不断遭遇的社会现实。当思想政治教育主客体交往作为特殊的社会实践活动发生在特定的场所或空间时，此空间必然被打上社会性的烙印。同时，只有从社会空间的范畴出发，才能更合理地解释在现代技术发展背景下思想政治教育空间的改变是如何引起思想政治教育交往时间的变化的。因此，从根本上讲，思想政治教育交往空间不再是纯粹客观意义上的物理空间，而属于社会空间范畴。现代智能技术形塑的思想政治教育场景化空间将成为把握思想政治教育主客体交往变革的一个重

---

① 郑震. 现代性：空间激增与时间荒：概念重建与时空的具体性 [J]. 广东社会科学，2020（6）：184-194.

要维度。如有学者所言，"场景作为交往的基础条件和核心构成在数字媒介化环境中发生的根本性重构，可以成为观察当下深度媒介化时代交往实践的具体切口"①。

美国学者罗伯特·斯考伯（Robert Scoble）和谢尔·伊斯雷尔（Sher Israel）在2014年出版的《即将到来的场景时代》一书中，把即将到来的媒介化时代重新定义为"场景时代"②。此处所谓"场景"即是由智能技术应用而带来物理空间和数字空间的交互融合，从而不断构建出虚实交融的复合空间。毋庸置疑，智能技术视域下思想政治教育交往活动具有明显的场景化特质，此场景化完全不同于传统物理空间中面对面交往的固定场景，而是由智能技术所带来的虚拟智能场景对传统物理空间场景的颠覆和超越。换言之，思想政治教育主客体交往空间的场景化是智能技术在思想政治教育交往活动中的应用导致的。具体而言，智能技术视域下思想政治教育主客体交往空间的场景化主要有以下内涵。

其一，思想政治教育主客体交往场景的流动与固化。随着智能技术的进步，数字媒介化逐渐成为智能技术时代人类社会交往的主要表征。智能技术时代社会的高度媒介化使思想政治教育主客体交往场域不再局限于提前设定的物理空间，而是呈现出不断变换和流动的特质。思想政治教育交往场景的流动性主要包括以下方面：一是智能教育平台带来思想政治教育主客体交往的流动性。在智能技术视域下思想政治教育活动可随时随地通过智能教育系统或智能交互平台而展开，思想政治教育参与者亦可随时随地通过智能教育平台进行在线交互或自主学习，从而使思想政治教育主客体交往场景呈现强烈的流动性特质。二是虚拟技术赋能交往场景的流动性。随着虚拟现实技术的不断发展，思想政治教育主体越来越依赖VR、AR等带来的虚拟智能场景开展教育活动，在此背景下思想政治教育主客体交往亦将打破传统的实体化交往场景，使思想政治教育交往空间呈现出数字化、虚拟化及智能化等不断

① 王敏芝. 媒介化时代"云交往"的场景重构与伦理新困 [J]. 暨南学报（哲学社会科学版），2021，43（9）：13-23.
② 斯考伯，伊斯雷尔. 即将到来的场景时代 [M]. 赵乾坤，周宝曜，译. 北京：北京联合出版公司，2014：11-12.

流动的样态。然而基于智能技术赋能的思想政治教育交往场景具有抽象性和不可见性，属于数字化的流动空间。

　　智能技术在带来思想政治教育主客体交往场景数字流动化的同时也伴随着教育场景的不断固化。所谓"固化"是指智能技术的隐性控制使交往活动越来越无法逃离其随时随地构建的流动化场景。就此而言，智能技术在带来思想政治教育主客体交往场景高度自由流动化的同时，也将造成对思想政治教育交往场景的不断控制。例如，利用腾讯会议开展思想政治教育实践活动虽然能够为思想政治教育主客体节约时间和精力；然而，长此以往我们将越来越习惯并依赖此种类型的交互方式，从而在潜移默化中导致思想政治教育主客体交往场景的固化。此外，智能算法的定制化推送亦将导致对思想政治教育场景的控制。大数据技术基于对受教育者客体的用户需求分析，可自动分发和推送特定的教育学习场景甚至主动邀请其进入特定的交互场景中，这在无形中亦将造成对思想政治教育场景的隐性控制。在此意义上，可以说，智能技术应用可导致思想政治教育主客体交往场景的流动与固化并存。

　　其二，思想政治教育主客体交往场景的分享与共在。传统思想政治教育主客体交往活动的发生是基于实体化物理空间而展开的面对面交往，此空间场景是"可以感知到界限存在的、限定的地方"①，无法移动和复制，它对思想政治教育交往时间、思想政治教育交往形式等都具有较强的制约和限制。而随着大数据、智能算法、人工智能、区块链等现代智能技术与思想政治教育的深度融合，思想政治教育交往场景彻底打破了传统物理空间的限制，使思想政治教育交往场景呈现出共享性。例如，利用腾讯会议开展思想政治教育交往活动，思想政治教育的参与者双方都可以开启视频界面，此时我们肉身所在的场景可共享给交往活动的参与者，线下物理空间场景和线上数字化场景共同构成了思想政治教育交往的场景系统。

　　可以说，智能技术的应用加剧了思想政治教育交往场景的可移动性，为交往场景的分享提供了技术支持，使跨越空间的特定物理场所成为彼此共在的特殊交往场景。当处于不同环境中的思想政治教育参与者以数字化的方式

---

　　①　戈夫曼. 日常生活中的自我呈现［M］. 冯钢，译. 北京：北京大学出版社，2008：94.

进行远程交往互动时，通过彼此分享自身所在的特定场景而最终构建出特定的复合场景系统，在此过程中使思想政治教育主客体彼此产生共在感。因此，通过智能技术进行的远程思想政治教育交往活动，其本质亦在于通过场景的彼此分享进而寻求思想政治教育参与者之间的共在感，从而实现思想政治教育主客体之间的知识传递、思想沟通和情感维系。

其三，思想政治教育主客体交往场景的私密与开放。在以互联网为基础的智能技术加持下，思想政治教育交往活动的数字化场景可进行不断地复制、重组、共享，并呈现不断扩张的趋势，且日益透明化和公共化。思想政治教育主客体必须同时面对技术层面思想政治教育场景的日益开放和权益层面思想政治教育交往内容的隐私保护两种力量的共同牵制，此种境况使思想政治教育的交往场景同时呈现私密和开放并存的局面。未来随着智能技术与思想政治教育的深度融合，将会有越来越多的智能教育平台或智能媒介系统介入思想政治教育交往活动。思想政治教育主客体作为特定的网络用户必须注册个人账号，以数字化的个体身份进入特定的交往场景中。在建立个人账户的前提下，思想政治教育主客体双方在智能教育平台的交往属于点对点的相对个体化的私密交往。

然而，智能教育平台的应用使思想政治教育交往场景逐渐呈现透明化和开放性趋势。数字化的交往场景具有相当模糊的空间边界感，由此导致思想政治教育交往场景更加开放。"借助于虚拟环境空间，每一个交往主体都可以自由地同时以多种角度与多个对象进行交往，交往空间更具开放性。"[1] 由于数字化交往空间的开放性和数字平台的算法定制化运行，思想政治教育参与者的数据信息不断被记录在公共平台上。换言之，当思想政治教育主客体依托数字化的智能平台媒介进行交往时，智能平台系统将不可避免留下思想政治教育主客体的信息内容。此种情景意味着思想政治教育参与者主动向教育平台或交往媒介系统交付关于自我的各种信息，最终将在潜移默化中带来思想政治教育交往场景的不断开放。

---

① 王学俭，张哲. 多维空间视阈下的思想政治教育研究［J］. 马克思主义研究，2014（4）: 133-140.

二、思想政治教育主客体交往时间的全时性

对任何人文社会科学问题的研究都无法完全脱离时空维度的分析。时间和空间是不可分割的，"空间从来都是时间化的"①，两者共同构成了分析社会具体问题的独特视角。基于此，就思想政治教育交往活动而言，交往空间的变化亦必然引起其交往时间的改变。因此，当智能技术应用导致思想政治教育交往空间变化的同时，亦必然带来其交往时间的彻底革命。

随着思想政治教育交往数字化和智能化趋势的不断深化，思想政治教育过程彻底打破了传统自然时间的限制，思想政治教育交往时间在整体上呈现出"全时性"特质，从而使思想政治教育主客体、交往媒介和思想政治教育信息三者之间的关系结构得以重新整合。可以说，智能技术视域下思想政治教育主客体交往时间的全时性，本质上是由当代智能技术的交往媒介功能引起的。"全时性"概念最早由杜骏飞教授在 2001 年提出，其核心意涵是"满足受众对于时间向度的无限跨越的渴望"②。以下将借此概念阐述智能技术背景下思想政治教育交往时间的典型特质，并以此说明智能时代将不断加剧思想政治教育交往时间的无限延展。具体而言，智能技术视域下思想政治教育主客体交往时间的全时性有以下三个向度的内涵。

其一，智能技术深化思想政治教育主客体之间的即时性交往。智能技术的应用使思想政治教育交往实践的媒介形态发生了质的改变，思想政治教育主客体之间的交往媒介系统逐渐从网络平面化向智能场景化延伸。如果说电子媒介，尤其是网络 2.0 时代的网络媒介技术把思想政治教育活动领进了即时性交往的大门，那么在互联网基础上的智能场景化交往媒介将带来思想政治教育交往活动更为极致的即时性。具体来讲，智能技术视域下思想政治教育交往时间的即时性主要是基于以下两方面的因素引起的。一是 VR、AR 等虚拟技术带来的智能场景化即时交互。显而易见，当下各项虚拟技术正不断向思想政治教育领域渗透，并带来虚拟场景中思想政治教育交往互动的即时

---

① 郑震. 现代性：空间激增与时间荒：概念重建与时空的具体性 [J]. 广东社会科学，2020（6）：184-194.

② 杜骏飞. 网络新闻学 [M]. 北京：中国广播电视出版社，2001：246-248.

性。伴随元宇宙逐渐从概念走向现实，未来最典型的思想政治教育交往实践场景应是融合多种新技术构建而成的元宇宙虚拟空间。作为一个虚实相融的交往空间，"时空再造成为元宇宙的内隐特性"①。由此，"时空矢量延展性成为元宇宙时空环境的突出特点"②。很显然，思想政治教育主客体可利用元宇宙构建的虚拟场景化交往空间进行即时性的数字化交互。在此意义上，可以说，虚拟技术将带来思想政治教育智能场景化的即时交往。

二是人工智能介入现实交往场域带来的即时性交互。在智能技术融合发展的背景下，思想政治教育主客体交往实践除了具有元宇宙场景的虚实融合特质之外，在现实物理空间场域的交往实践中亦不断渗透智能技术要素。首先，当人工智能作为单纯的交往媒介时可促进思想政治教育主客体在现实空间中的远距离数字化即时交往。目前被广泛应用的智能教育平台系统即是采用智能云计算技术达到远程在线交流的效果。当思想政治教育主客体通过智能交互平台进行远程交往互动时，很显然将带来彼此之间的数字化即时交往。其次，智能教育机器作为人工智能技术的外化物直接与受教育者客体实时交互。未来人工智能不仅将作为教育活动的辅助工具，而且将作为具有一定主体性的教育者参与到思想政治教育活动中。在此情境下，智能教育机器人与思想政治教育客体之间将产生即时性交互。总之，无论是元宇宙场域的虚拟交往，还是现实场景中的远程数字化交往，抑或是智能教育机器人与思想政治教育客体之间的实体化交互，都意味着智能技术不断深化思想政治教育主客体之间的即时性交往。

其二，智能技术不断赋能思想政治教育的历时性交往。随着智能技术的发展应用，"智能思政逐渐成为思想政治教育创新发展的新形态"③。由此，智能时代思想政治教育交往活动逐渐由传统的实体空间或网络平面空间向立体化的智能空间拓展。目前全国各高校及各级教育主管部门都在积极搭建智

---

① 喻国明，耿晓梦．元宇宙：媒介化社会的未来生态图景［J］．新疆师范大学学报（哲学社会科学版），2022，43（3）：2，110-118.

② 王宇荣，陈龙．作为元媒介的元宇宙：虚实在场的媒介实践与困境［J］．传媒观察，2022（7）：13-19.

③ 胡华．智能思政：思想政治教育与人工智能的时代融合［J］．思想教育研究，2022（1）：41-46.

能化思政平台以拓展思想政治教育的渠道和途径。例如，"北京交通大学智慧思政"平台、"全国职业院校思政智能教学云"平台、"浙江省高校智慧思政"系统、"安徽省高校智慧思政"平台、"学习强国"平台等都属于典型的智慧思政平台。以"安徽省高校智慧思政平台"为例，此系统平台包括"课程思政""智慧思政课""精品课程"等栏目，学生可通过此智能平台随时随地开展自主学习，使思想政治理论课的教学过程完全摆脱时间和空间的限制。从交往的视角看，智能思政平台逐渐成为思想政治教育实践的新型载体或媒介，教师作为人类教育者主体可将提前录制的课程视频上传至智慧思政平台系统，学生作为受教育者客体可根据自身时间安排和实际需求进行自主学习。可以说，智慧教育平台可使思想政治教育主客体交往过程产生时间上的错位，从而使两者的交往呈现时间上的历时性。

其三，智能技术满足思想政治教育交往实践的随时性。不可否认，人工智能应用可促使思想政治教育交往过程越来越受制于教育客体的自由选择和自主安排，即智能技术可在很大程度上满足思想政治教育主客体交往的随时性。具体而言，智能技术主要基于以下两方面因素深化思想政治教育交往的随时性。一是智能思政平台的应用使思想政治教育主客体之间的交往具有随时性。在智能思政平台所构建的教育模式中，由于思想政治教育主体提前将思想政治教育内容以视频课程的方式上传至智能学习平台，受教育者客体可根据自身的时间安排，随时登录智能教育系统进行自主学习。在此情境下，思想政治教育内容的发布者和教育内容的学习者分别作为思想政治教育主客体的交往活动具有时间向度上的随时性。二是智能教育机器或数字化教师作为教育主体可使思想政治教育交往活动随时开展。随着人工智能技术的发展，智能教育机器或虚拟数字教师被应用于思想政治教育领域时，可作为具有一定主体性的思想政治教育主体参与思想政治教育活动，并与思想政治教育客体实时交互。在此情境下，思想政治教育客体作为自主学习者可随时控制与智能教育机器或虚拟数字教师的交互。在此意义上，智能技术应用使思想政治教育交往时间在整体上呈现出可控性，即智能技术满足了思想政治教育主客体交往的随时性。

综上所述，智能技术的快速发展使思想政治教育主客体交往时间整体上呈现出即时性、延时性和随时性特征，以上特征的融合满足了思想政治教育过程对交往时间无限跨越的渴望。可以说，智能技术应用使思想政治教育主客体交往时间呈现出全时性。

三、思想政治教育主客体交往场域的全域性

如上所述，随着智能技术与思想政治教育的深度融合，思想政治教育主客体交往时间和交往空间不断发生质的改变。由此，以交往时间和交往空间为经纬构建的思想政治教育交往场域亦必然发生深刻变革。思想政治教育主客体交往场域既包含交往活动所需的客观时空场所，又内含其交往实践所形成的社会关系网络。智能技术视域下交往时间的全时性和交往空间的场景化使思想政治教育主客体交往场域呈现出全域性特征。具体而言，智能技术发展背景下思想政治教育主客体交往场域的全域性具有以下含义。

其一，思想政治教育主客体交往场域的脱域性。技术发展不断形塑人类社会的生存和交往活动。如果说网络 2.0 时代的思想政治教育交往活动具有时空分离的属性，那么在互联网基础上的智能技术应用将不断推进人类社会交往的数字媒介化进程。可以说，智能技术将加速思想政治教育交往过程的数字媒介化态势。很显然，思想政治教育主客体的数字媒介化交往将必然带来交往场域的脱域性。换言之，智能技术视域下思想政治教育主客体交往场域的脱域性主要是由智能媒介系统的生成演化导致的。

随着智能技术的深入发展，思想政治教育交往实践活动越来越依赖智能网络平台而开展，思想政治教育活动因智能媒介技术的演进而不断出现新的交往方式或信息传播方式。"传播技术的演进，使得新的媒介力量能够在潜移默化中不断建构、形塑、释放着新的文化元素与场景想象，改变人们的交往场域、信息方式、行为习惯与价值体验。"[①] 可见，智能技术发展带来的媒介演化将不可避免引起思想政治教育主客体交往过程的脱域性。在此过程中，思想政治教育主客体逐渐脱离传统意义上彼此互动的实体化地域性关系，并在数字化的虚拟智能场景中实现交互重构。思想政治教育交往场域的脱域性

---

① 张军锐. 技术化交往中的"媒介人"及其主体性适应 [J]. 兰州文理学院学报（社会科学版），2015，31（1）：75-80.

不仅意味着交往空间的错位，而且内含着交往时间的流动性，两者交织融合共同构成思想政治教育主客体交往所需的智能化数字场景。在此意义上，可以说，脱域性成为智能技术视域下思政教育主客体交往场域的典型特征之一。

其二，思想政治教育主客体交往场域虚实共融。如上所述，现阶段智能技术的发展可带来思想政治教育交往场域的脱域性。然而，随着现代技术的演进和深化，智能技术将不仅仅停留在承载交往活动媒介功能的层面，其融合发展带来的虚拟智能场景将引领人类社会的生存交往进入虚实融合的场景化阶段。由此，思想政治教育的数字化转型将随着智能技术的演进而不断推进。"平面化的视听体验无法构建身体在场的认知沉浸与主体交往"①，思想政治教育活动亦不可能满足于停留在视听体验阶段。因此，由虚拟现实、增强现实等沉浸技术共同建构的数字化虚拟场景将逐渐成为未来思想政治教育主客体交往的新场域。目前被学界和产业界广泛热议的元宇宙即是智能技术演进和发展的最新形态，亦将成为未来思想政治教育交往的新场域。关于元宇宙概念，有学者指出"元宇宙是一种虚拟与现实无缝衔接、深度融合的数字世界"②。由此，作为人工智能、区块链、沉浸技术、通信技术等多项智能技术融合构建的新场景，元宇宙的发展将呈现出虚实相融的终极形态。目前，学界普遍认为元宇宙的发展可分为三个依次演进的阶段，即借助屏幕显示而构建的三维拟态仿真立体叙事空间、基于数字孪生技术和扩展现实技术而生成的沉浸式具身交互空间、依托脑机接口技术实现人与虚拟世界的融合共生。基于元宇宙发展演进的路径可知，元宇宙可为思想政治教育活动创设具身沉浸式的交互场景，使思想政治教育交往场域呈现虚实共融的特征。

其三，思想政治教育主客体交往场域的实体化。所谓"交往场域的实体化"意即交往活动的发生依赖真实可见的物理空间或特定的实体化场所。由此，思想政治教育主客体交往场域的实体化，即思想政治教育主客体交往依赖的现实物理空间或特定实体化场所。智能技术的应用虽然使思想政治教育

---

① 石磊，张笑然. 元宇宙：思想政治教育的未来场域［J］. 思想教育研究，2022（3）：36-42.

② 刘革平，王星，高楠，等. 从虚拟现实到元宇宙：在线教育的新方向［J］. 现代远程教育研究，2021，33（6）：12-22.

交往场域呈现出脱域性甚至是虚实融合的深度媒介化特质，但是思想政治教育主客体之间的实体化交往不会因智能技术的参与而自动消失，而是与智能化数字空间彼此交织相互作用，共同构建出更具时代特色和更加符合现代智能技术发展需求的新型交往场域。因此，智能时代思想政治教育主客体交往场域仍然具有实体化的特征。

进一步讲，智能技术视域下思想政治教育主客体交往场域的实体化，其实质是由人工智能机器在实体空间中参与的思想政治教育交往活动。其包含以下两重内涵：一是人工智能机器参与延伸出新型思想政治教育主客体交往关系，即人机关系。"人工智能时代，人的主客体关系正由人与自我、社会、自然，延伸到人与'机器人'。"① 由此，在教育智能机器的参与下思想政治教育主客体交往关系将从传统人与人的关系拓展至人机关系，思想政治教育交往场域的内涵将因智能教育机器的参与而得以拓展。二是脑机融合智能参与思想政治教育交往实践而形成的新场域。美国未来学家雷·库兹韦尔（Ray Kurzweil）预言，"在 21 世纪行将结束的时候，人类智能中的非生物部分将无限超越人类智能本身"②，生物智能将越来越多地与人类自身所创造的非生物智能紧密结合。由此，未来可能会出现越来越多的脑机融合智能参与到人类社会的日常实践活动中。在此背景下，未来思想政治教育交往活动亦可能有越来越多的脑机融合智能机器承担思想政治教育参与者的角色。在此意义上，人工智能技术的全面介入将使思想政治教育交往场域实体化的内涵不断丰富。

可以说，智能技术参与下的思想政治教育既完全不同于在传统实体化空间中的思想政治教育交往实践，也不同于网络 2.0 时代的虚拟网络思想政治教育。基于智能技术发展基础上的思想政治教育交往场域是一种具有全域性的新型教育实践场景。智能技术视域下思想政治教育交往场域的全域性是由交往场域的脱域性、交往场域的虚实共融、交往场域的实体化共同构建而呈现的新图景，三者共同构建出智能技术时代思想政治教育交往场域的整体特征。

---

① 张广斌. 人工智能时代的价值教育：定位、内涵与样态 [J]. 南京社会科学，2019 (9)：139-144.

② 库兹韦尔. 奇点临近 [M]. 李庆诚，董振华，田源，译. 北京：机械工业出版社，2011：2.

综合上述，智能技术视域下思想政治教育主客体交往场域逐渐呈现全景开放的态势。交往时间的全时性和交往空间的数字场景化共同形塑出智能技术视域下思想政治教育主客体交往的全新场域，为智能时代思想政治教育交往活动奠定基础。智能技术应用对思想政治教育主客体交往场域的改变，必然影响其交往形式和最终的交往样态。以下两节将具体阐述智能技术视域下思想政治教育主客体交往形式和交往样态所呈现的新特征。

第二节　思想政治教育主客体交往形式丰富多样

智能技术应用不仅直接改变思想政治教育主客体交往场域，而且思想政治教育主客体交往形式也因此发生质的变化。从整体上看，智能技术视域下思想政治教育主客体交往形式更加丰富多元。智能平台系统带来思想政治教育主客体交往的数字媒介化，虚拟现实技术的应用促进思想政治教育主客体交往的具身在场化，智能教育机器或虚拟数字教师的介入导致思想政治教育主客体交往的多元协同化。总之，智能技术的应用不断丰富思想政治教育主客体的交往形式，从而使思想政治教育交往过程逐渐呈现新的特征。

一、思想政治教育主客体交往的数字媒介化

人类社会一切交往活动的开展都必须依赖特定的交往媒介。交往形式与交往媒介深度互嵌。可以说，交往媒介是开展交往活动的中介系统，直接决定着交往活动的具体形式。随着智能技术的发展，数字化交往将逐渐成为人类交往实践的新形式。如果说互联网打开了数字媒介革命的大门，那么以互联网为基础的智能技术将不断深化交往媒介的数字化。随着智能技术的发展及其与思想政治教育的融合，思想政治教育交往的媒介系统逐渐向数字智能化方向拓展，从而使思想政治教育交往形式呈现出以智能为核心的数字媒介化特征，即智能技术时代思想政治教育主客体交往形式的数字媒介化内含智能化特征。

智能技术视域下思想政治教育主客体交往的数字媒介化具有特定的含义。

智能技术时代将形成网络化、数字化、智能化彼此整合的全新数字媒介，这种全新的数字媒介将成为智能时代思想政治教育交往形式变革的根本原因。如果说网络 2.0 时代的信息传输是借助计算机终端设备实现信息互联互通的信息互联网，那么建立在智能技术基础上的互联网将实现人—机—物多终端、多场景、全时在线的万物互联互通。智能媒介参与下信息的交流沟通不再局限于二维网络平台，而是一个立体化和场景化的具象世界。以智能为基础的万物互联时代将是一个更加持续开放的复杂整体系统，由此呈现出更加全时性的数据信息涌现特征。此种涌现是人与非人共在的动态生成矩阵，完全不同于平面网络的数字化信息传输结构。

在此情境下，数字媒介技术也必然重塑思想政治教育主客体的交往媒介，使全新的数字化交往逐渐成为其交往的新形式。此乃智能时代思想政治教育主客体交往数字媒介化的内在机制。虽然智能时代思想政治教育交往形式从整体上呈现出数字媒介化特征，但思想政治教育交往的数字媒介化在智能技术发展的不同阶段亦具有不同的样态。

按照智能技术的发展历程，可将思想政治教育交往的数字媒介化划分为三大发展阶段。首先，以智能平台作为信息传输通道的思想政治教育数字化交往。从普遍意义上讲，互联网的出现开启了人类数字化交往的先河。在互联网发展的基础上，近年来大数据、智能算法等智能技术的快速进步使越来越多融合智能元素的交互平台系统得以开发并不断推广应用。由此，人类社会交往实践的数字媒介化程度不断加深。当下正处于网络 3.0 时代，以大数据技术和智能算法为核心技术构建的智能平台是进行社会交往或信息传播的新通道。在此前提下，智能平台将利用大数据技术分析用户需求并推送相应的信息。由此，人与智能平台之间将形成人机交互关系。当借助智能平台开展思想政治教育交往活动时，将形成思想政治教育主客体交往的数字媒介化。如"学习强国"平台的应用就是思想政治教育领域数字化的典型例证。可以说，当下以智能平台作为信息传输或交往通道的媒介系统内含数字化和智能化的双重特征，是思想政治教育主客体交往数字媒介化的初级阶段。

其次，人机融合共同作为媒介的思想政治教育数字化交往。如果说在人工智能发展初级阶段构建的平台式人机交互界面属于人机分离的状态，那么，随着人工智能、脑机接口等技术的发展，人类社会将进入人机融合时代。"所谓人机融合强调的是人机关系从过去的对话互动进入人体与机器合二为一。"① 从技术的角度看，人机融合是人类的生物大脑与智能机器连接组合成的人机融合体，是人类社会未来发展的必然趋势。尤瓦尔·赫拉利（Yuval Havari）明确指出，"人工智能可能是 21 世纪最重要的一股变革力量"②。正因为如此，智能时代人与机器之间的界限将逐渐模糊，人机深度融合成为必然，由此亦将引起人类生存交往的革命。在此基础上，思想政治教育活动将从人机分离的平台式交互过渡到人机融合的数字媒介化交往。由此，未来的人机融合体不仅将是思想政治教育主客体交往的媒介，同时也将成为教育活动的参与者。可以说，人机融合的出现彻底打破了思想政治教育交往实践的生态结构，开启了全新的思想政治教育数字媒介化交往。

最后，拟真场景中具身沉浸式的思想政治教育数字化交往。如前所述，伴随人工智能、虚拟技术、区块链技术、5G 通信等现代技术的融合发展，拟真场景将逐渐成为未来社会生态结构的一部分。数字化的交往互动逐渐成为人类生存发展的一部分，即人与人之间将以数字交往的方式在虚拟世界中进行互动。如杜骏飞教授所言，"虚拟交往定义了人—物—实践融合的交往人，数字文明开始走向更为广阔而深邃的数字实践，使人与媒介从分立的协同，转向了脱域的融合"③。因此，虚拟场景中的交往活动不仅呈现出具身沉浸的特征，而且同样将实现人与媒介的融合。在此基础上，虚拟技术带来的具身沉浸式交往将极大地拓展思想政治教育交往的形式。由此，当思想政治教育活动在虚拟场景中进行时，将不可避免导致思想政治教育交往的具身沉浸化。未来元宇宙场景下思想政治教育主客体的虚拟交往将成为思想政治教育实践开展的常态，元宇宙构建的虚拟场景与思想政治教育参与者的数字化身共同构成思想政治教育交往的媒介系统，从而深入推动思想政治教育交往的数字媒介化。

---

① 吕尚彬，黄荣. 智能技术体"域定"传媒的三重境界：未来世界传播图景展望［J］. 现代传播（中国传媒大学学报），2018，40（11）：37-45.

② 泰格马克. 生命 3.0：人工智能时代人类的进化与重生［M］. 汪婕舒，译. 杭州：浙江教育出版社，2018：3.

③ 杜骏飞. 数字交往论（2）：元宇宙，分身与认识论［J］. 新闻界，2022（1）：64-75.

综上所述，智能技术的发展演进不断加深思想政治教育主客体交往的数字媒介化进程。智能数字平台作为信息传输通道是数字化交往的初级阶段，人机融合共同作为交往媒介以及拟真场景中的沉浸式交互是思想政治教育主客体数字化交往的未来场景。我们应充分利用各项智能技术推进思想政治教育主客体交往的数字媒介化进程。

二、思想政治教育主客体交往的具身在场化

在交往的数字媒介化基础上，人类教育者将越来越多地利用各项虚拟技术开展思想政治教育活动。换言之，虚拟现实技术带来的拟真场景将成为思想政治教育交往实践的重要场域。"VR 作为一种新兴媒介，使受众有机会建立完全不同于以往的沉浸式社交体验。"① 可以说，VR 技术为未来人类社会思想政治教育交往的开展提供了更加广阔的空间。进一步而言，虚拟场景中的思想政治教育交往将呈现典型的"具身在场化"特征，逐渐实现身体感官在虚拟场景中的交互，极大地增强思想政治教育主客体交往的真实体验感。

"具身"一词来源于英文词汇 embodiment，美国学者凯瑟琳·海勒（Katherine Hayles）将其翻译成"具形、体塑、化身"②。当"具身"概念被应用于社会交往实践时，即是"人的身、心、物以及环境无分别地、自然而然地融为一体，以致力于该活动的操持"③。美国学者唐·伊德（Don Ihde）专门论述了具身与技术的关系，即"技术具于人的自然身体，从而直接改变人们感知世界的方式和能力"④。可以说，在具身理论的框架下，技术将不再仅仅是人类沟通交流的媒介系统，而是逐渐与人的身体有机融合并不断延展人的身体机能，进而促使两者共同参与特定的社会交往实践活动。

---

① 李佳佳，郑子霞.VR 技术在社交领域的具身传播与未来构建［J］.传媒，2022（4）：51-53.

② 海勒.我们何以成为后人类：文学、信息科学和控制论中的虚拟身体［M］.刘宇清，译.北京：北京大学出版社，2017：263-264.

③ 芮必峰，孙爽.从离身到具身：媒介技术的生存论转向［J］.国际新闻界，2020，42（5）：7-17.

④ 芮必峰，孙爽.从离身到具身：媒介技术的生存论转向［J］.国际新闻界，2020，42（5）：7-17.

在智能技术快速发展的背景下，尤其是在虚拟现实技术被广泛应用的情境下讨论思想政治教育交往的具身在场性，即是要阐述虚拟现实技术产生的拟真场景如何使思想政治教育主客体以具身在场的方式进行交互。随着虚拟现实技术的发展演进及其与思想政治教育的不断融合，思想政治教育主客体交往活动将呈现不同程度的具身在场化特征。以下将依据虚拟现实技术不同发展阶段建构的拟真场景，具体阐述未来虚拟数字化场景下思想政治教育交往具身在场化的内涵。

综合目前智能技术的发展状况可以预测，由各项智能技术融合构建的元宇宙将成为下一代互联网发展的全新形态。元宇宙世界将是一个可实现身体参与、沉浸式社交等多种实践方式并存的全新虚拟交互场景。随着技术的深入发展，有学者指出，"元宇宙将相继达到近期的外链式虚拟体验阶段、中期的内置化虚实相生阶段和远期的赛博格后人类阶段"①。在元宇宙的不同发展阶段，思想政治教育主客体交往将呈现不同程度的具身在场化特征。

就当下的弱人工智能发展阶段而言，人类社会的交往实践活动仍然处于以现实物理空间为主、以虚拟空间为辅的初步虚拟体验状态，现实世界与虚拟世界之间存在明显的界限。此时虚拟技术的思想政治教育应用可通过各类外接的虚拟现实感应器来帮助思想政治教育主客体完成感官的替代和感觉的传输。在此阶段虚拟现实技术还只是开展思想政治教育交往活动的辅助工具，无法对思想政治教育交往的整体形态产生革命性变革。而在元宇宙发展的内置化虚实相生阶段，人类可将高度小型化的感应器置入人体内部，直接实现现实世界与虚拟世界的自由切换。此时当元宇宙应用于思想政治教育活动时，思想政治教育主客体交往将逐渐打破虚拟与现实的界限。如脑机接口技术可使思想政治教育主客体与虚拟信息世界直接交互，由此元宇宙开始真正影响思想政治教育交往活动。

元宇宙发展的高级阶段将促使社会进入后人类时代，不仅有机生物体与无机物机器的结合体将完全参与人类社会的生存实践活动，而且"终极形态的元宇宙将是一个包含丰富数字内容的虚拟世界，是对人类生存和感官维度

---

① 喻国明，赵秀丽，谭馨.具身方式、空间方式与社交方式：元宇宙的三大入口研究：基于传播学逻辑的近期、中期和远期发展分析 [J].新闻界，2022（9）：4-12.

的拓展"①。可以说，在元宇宙发展高级阶段的虚拟场景中，思想政治教育交往实践将是人机结合体作为主体或客体逐渐与自然人之间生成的交往互动过程。在元宇宙终极形态的虚拟数字世界中，交往实践将彻底实现由生物人或人机结合体组成的交往人的数字具身化，即虚拟数字世界的实践活动是通过现实人的数字化实现具身交往的。因此，在未来元宇宙发展的高级阶段，思想政治教育活动也将很大程度上实现虚拟具身的在场化交往。

综合上述，就思想政治教育的交往实践而言，如果说在元宇宙发展初期和中期阶段的虚拟具身体验无法从根本上影响思想政治教育交往的形式，那么，在未来元宇宙发展的高级阶段，虚拟具身化交往将是思想政治教育交往实践的常态。

但是需要强调的是，无论未来智能技术发展到何种程度，任何数字化交往活动都不可能完全替代人类社会的现实性交往。"未来交往最引人入胜之处在于 MR 所带来的混合性——在现实与虚拟之间的'纵跳'，是一种我们早已在电竞直播之类场景中体验过的变换维度的生存。"② 可见，虚拟与现实的融合将是未来人类社会交往的主流形式。毫无例外，思想政治教育交往活动同样也不可能完全摒弃在现实空间中的交往，而是彻底实现了现实空间交往与虚拟数字交往的有机统一甚至无缝衔接。但即便如此，彼时的思想政治教育主客体交往实践将依然呈现出具身在场化特征，使思想政治教育主客体能够借助智能技术重新体验原始口语时代的在场化交往。

三、思想政治教育主客体交往的多元协同化

思想政治教育各要素的改变必然导致思想政治教育内部结构的重新组合。因此，智能技术视域下思想政治教育要素结构的变化必然要求思想政治教育过程要处理好各交往要素之间的关系以实现交往过程的多元协同，最终提升思想政治教育的实效性。可以说，智能技术的应用使思想政治教育主客体交往过程逐渐呈现多元协同化特征。

---

① 何诚颖，黄珂，张左敏旸，等 . 元宇宙产业发展：重塑效应、阶段特征及演进前景 [J]. 安徽师范大学学报（人文社会科学版），2022，50（5）：111-122.
② 杜骏飞 . 数字交往论（2）：元宇宙，分身与认识论 [J]. 新闻界，2022（1）：64-75.

所谓"协同"是指思想政治教育主客体与各交往要素之间的协调合作，以共同促进交往目标的达成。智能技术视域下思想政治教育主客体交往的多元协同，不仅包括思想政治教育主客体之间的彼此协作，更重要的在于思想政治教育主客体与智能技术之间的协作以及不同思想政治教育交往场域之间的协同融合等，如思想政治教育主体与教育智能机器或智能教学系统之间的协同合作、思想政治教育客体与智能教育机器或虚拟数字教师的交互、思想政治教育不同交往场域之间的协同融合等诸多方面。具体而言，智能技术视域下思想政治教育交往的多元协同化主要包括以下四个层面。

其一，思想政治教育主体与智能技术的协同。思想政治教育主体作为思想政治教育交往活动的主导者直接决定着思想政治教育交往如何开展。思想政治教育主体的智能素养及其掌握智能技术的熟练程度，亦直接决定着思想政治教育交往活动的实效性。基于此，在智能技术与思想政治教育深度融合的背景下，首先，作为自然人的思想政治教育主体必须提升自身的智能素养。智能时代的思想政治教育主体在不断提升自身专业技能并丰富自身知识储备的同时，必须积极学习并掌握各项与教育教学活动相关的智能技术，以便熟练运用智能技术尤其是人工智能机器或智能教育系统，促进思想政治教育交往过程的智能化。其次，要加强思想政治教育主体与智能教育机器的协作。随着人工智能技术的演进，未来"人类与机器的界限越来越模糊，人与机器之间已经不存在绝对的分界"①。因此，智能机器将不再仅仅是传统意义上辅助人类交往的工具，而是作为具有一定主体性地位的存在者共同参与人类的交往实践。在思想政治教育实践中，思想政治教育主体的构成结构亦不再是传统意义上纯粹的生物人或自然人，智能机器或人机结合体将可能成为新的思想政治教育主体。人机结合体或智能机器将与传统的自然人主体共同与思想政治教育客体交往互动。因此，伴随着思想政治教育智能化程度的不断加深，无论是传统的自然人主体，还是人机融合的新型思想政治教育主体，都必须与各项智能技术密切协作，以不断提升思想政治教育的实效性。

其二，思想政治教育客体与智能技术的协同。显而易见，未来各类智能

---

① 李政涛，罗艺. 智能时代的生命进化及其教育 [J]. 教育研究，2019，40（11）：39-58.

交互平台将不避免成为思想政治教育主客体交往的媒介系统。思想政治教育客体必须积极主动了解各项智能机器或智能交互平台的操作原理，充分利用人工智能赋能思想政治教育活动的开展。例如，作为受教育者的思想政治教育客体可借助"学习强国"平台、智能学习系统开展自主学习。在此境况下，思想政治教育主客体的交往属于跨地域的延时性泛在交往。同时，思想政治教育客体亦可利用智能交互系统，如通过腾讯会议与思想政治教育主体进行即时性交流会话。总之，在各项智能技术融合发展的时代背景下，思想政治教育客体必须及时熟练掌握各项智能技术的操作原理，积极主动在思想政治教育过程中融入智能元素。此外，有学者指出，未来人工智能亦可能成为受教育者接受必要的价值规训和道德教育。"人工智能的到来，为教育的指向开出了新的可能：机器成为新的教育对象。教育的对象因此划分为两类：对人的教育和对机器的教育。"[①] 因此，可以大胆预测在未来的思想政治教育交往实践中，智能机器很可能像自然人一样，作为思想政治教育客体主动参与思想政治教育交往活动。在此情境下，自然人和智能机器都将作为思想政治教育客体且必须积极与其他智能技术协同合作，共同完成思想政治教育交往活动。

其三，思想政治教育主客体及其与各交往要素的协同。如前所述，智能技术的融合发展将对思想政治教育主客体、思想政治教育环境、思想政治教育载体以及思想政治教育方法等思想政治教育交往要素产生革命性影响。可以说，人工智能时代的思想政治教育交往是在大数据技术、智能算法、人工智能、虚拟现实等各项智能技术融合发展的基础上形成的全新思想政治教育交往生态。在此背景下，必须促进思想政治教育主客体交往各要素之间的有机协同，才能真正提升思想政治教育交往的实效性。首先，要坚持思想政治教育主客体彼此协同。思想政治教育主客体必须主动适应智能技术与思想政治教育的融合。思想政治教育主体要在交往互动过程中充分发挥自身的育人优势，并与思想政治教育客体形成合力，充分认识到智能技术在思想政治教育过程中的独特价值。思想政治教育主客体只有主动更新自身的交往观念，

---

① 李政涛，罗艺. 智能时代的生命进化及其教育 [J]. 教育研究，2019，40（11）：39-58.

才能真正将智能技术要素融入思想政治教育过程，实现思想政治教育交往实践的智能化转型，彻底改变思想政治教育交往的形式。其次，要不断促进思想政治教育主客体与其他交往要素的协同。思想政治教育主客体交往过程是一个多要素协同作用的动态过程，思想政治教育主客体不仅要积极适应智能化、数字化的思想政治教育环境，充分认识和适应思想政治教育交往环境的改变，还要善于利用大数据技术、人工智能等拓展思想政治教育交往实践的载体系统。思想政治教育主客体只有在主动适应智能化的思想政治教育环境，并在积极利用大数据、人工智能等新型思想政治教育载体的基础上创新思想政治教育方法，才能使思想政治教育交往过程形成彼此关联的系统整体。

其四，思想政治教育交往场域的实体化与数字化多元共存。思想政治教育主客体交往的多元协同不仅包括交往活动的参与者与其他交往要素的协同，而且内含思想政治教育不同交往场域的协同并存。如前所述，智能技术视域下思想政治教育主客体交往场域呈现出典型的脱域融合性。但是作为一种提升人的思想道德素养、培育人的价值观的精神教育活动，思想政治教育交往实践不可能完全依赖虚拟空间场景而展开，思想政治教育主客体的交往互动必须根据交互的具体内容选择适合的场景。"在历史剧变中，流动空间并非简单地消灭了地方空间：转化的过程才是。"① 可以说，传统意义上在实体化物理空间中进行的思想政治教育交往互动更能使参与的彼此双方投入更多的情感和精力，从而取得更好的思想政治教育效果。因此，即便日新月异的智能技术能够为思想政治教育交往带来便利，也要为传统实体化的面对面交往留存空间，使智能技术在赋能思想政治教育交往实践的同时，保存思想政治教育本身的育人价值。在此意义上，智能技术视域下思想政治教育主客体交往场域应坚持实体化与数字化共存，以更好地促进思想政治教育的良性发展。

综上所述，智能技术视域下思想政治教育主客体的交往形式丰富而多元。智能技术应用不仅可深化思想政治教育的数字媒介化交往，而且虚拟现实技术将使思想政治教育交往呈现具身在场化的特征。在此基础上，智能技术将导致思想政治教育交往的内在结构日益复杂化。因此，思想政治教育交往过

---

① 卡斯特．网络社会的崛起［M］．夏铸九，王志弘，等译．北京：社会科学文献出版社，2001：4.

程的各要素应坚持多元协同，从而使智能技术视域下思想政治教育主客体交往呈现出多元协同化特征。

第三节　思想政治教育主客体交往样态多元复杂

思想政治教育主客体交往样态是思想政治教育交往实践最终所呈现的结果状态。智能技术在带来思想政治教育交往场域和交往形式深刻变革的基础上，必然引起思想政治教育主客体交往样态的改变。智能技术视域下思想政治教育主客体交往样态日益多元复杂，具体包括思想政治教育主客体交往的泛在性、思想政治教育主客体交往的精准性以及思想政治教育主客体交往的沉浸性。

一、思想政治教育主客体交往的泛在性

所谓"泛在性"，即广泛存在之义。"思想政治教育主客体交往的泛在性"即指思想政治教育交往活动因智能技术的加持而更加广泛地开展，并由此作为人类社会教育实践的重要组成部分而普遍存在。从整体上讲，智能技术视域下思想政治教育主客体交往的泛在性是由多方面原因引起的。首先，智能技术应用使思想政治教育交往活动不再受传统意义上交往时间或交往空间的限制，从而使思想政治教育主客体交往可随时随地进行。其次，交往形式的多元化亦将促进思想政治教育主客体交往的泛在性。最后，智能技术对思想政治教育载体和环境等思想政治教育要素的影响，也为思想政治教育交往活动的广泛开展奠定基础。具体而言，思想政治教育主客体交往的泛在性主要是由以下原因引起的。

其一，交往时间的全时性和交往空间的流动性为思想政治教育活动的随时发生提供可能。如前所述，在智能技术日益发展的背景下，思想政治教育主客体的交往时间和交往空间都呈现出前所未有的变化。在空间维度上，智能技术将带来思想政治教育主客体交往空间的场景化。此场景化完全不同于传统思想政治教育交往活动的实体化场景，而是一种高度压缩的数字化虚拟

空间场景。随着虚拟现实技术的发展应用，思想政治教育交往活动逐渐由现实空间中的在场化交往向虚拟场景中的数字化交往拓展。同时，随着智能技术的演化，虚拟场景中的数字化交往将越来越成为思想政治教育交往最普遍的方式。由于虚拟场景的流动性、共享性和开放性，思想政治教育主客体可在任意时空内开展线上交流互动。在时间维度上，与交往空间的虚拟数字化紧密相关，思想政治教育交往时间可根据主客体彼此的意愿自主安排。通过各类虚拟智能交互平台，思想政治教育主客体不仅可实现即时性交往，而且越来越多的思政学习平台将促使思想政治教育客体进行自主学习。在此情境下，思想政治教育主客体交往在时间维度上呈现出鲜明的延时性和即时性相统一的特质。有学者指出，"时间和空间是社会存在的基本形式，当时间和空间都已经发生了变化，社会变化的深度和广度也就可想而知"①。因此，思想政治教育主客体交往空间的流动性和交往时间的全时性，将共同促使思想政治教育主客体交往活动在更广泛更普遍的范围内发生。在此意义上，智能技术的发展为思想政治教育主客体交往的泛在性提供了发生的可能性。

其二，交往形式的不断丰富使思想政治教育活动的开展更加便捷高效，进而带来思想政治教育主客体交往的泛在性。如前所述，智能技术应用使思想政治教育主客体交往形式不断丰富多元，思想政治教育主客体交往具有数字媒介化、具身在场化及多元协同化特质。首先，思想政治教育主客体交往的数字媒介化意味着思想政治教育交往活动将以各种智能化的数字交互平台作为信息沟通的媒介。由于智能技术突飞猛进的发展，在不远的未来思想政治教育主客体之间的数字媒介化交往将成为思想政治教育的常态化交往方式。可以说，智能技术带来的数字媒介化为思想政治教育主客体交往提供了极大的便利，使思想政治教育交往活动发生的频率更高。其次，虚拟技术带来的虚拟场景化交往一定程度上丰富了思想政治教育交往的形式，不断增加交往活动的频率。未来思想政治教育交往活动的开展将越来越多地依赖虚拟技术构建的虚拟智能场景，并由此增强思想政治教育主客体交往的真实体验感。在此情境下的交往形式亦将为思想政治教育活动的开展提供便利。最后，人

---

① 刘少杰. 网络交往的时空转变与风险应对 [J]. 社会科学战线，2022（4）：227–233.

机协同化交往亦将为思想政治教育活动的开展提供便捷。随着人工智能的发展,思想政治教育活动越来越多地借助智能机器或智能数字教师来开展。人工智能的参与促使思想政治教育主客体交往形式更加灵活多样,交往形式的多元化使思想政治教育活动的开展更具普遍性,由此带来思想政治教育主客体交往的泛在性。

其三,智能技术视域下思想政治教育交往要素的变革亦为思想政治教育交往的泛在性奠定基础。如前所述,智能技术视域下思想政治教育各交往要素发生了根本性变化,进而为思想政治教育交往的泛在性奠定基础。首先,智能时代思想政治教育主客体的改变是交往泛在性的首要因素。智能技术的发展应用使思想政治教育主客体越来越依赖或借助智能技术进行交往活动。在此背景下,思想政治教育教育主客体主动且善于通过智能技术进行交往将成为交往活动普遍存在的观念前提。同时,思想政治教育主体构成的多元化亦为思想政治教育主客体交往的普遍发生奠定基础。例如,强人工智能或人机融合智能将与人类教育者协同完成思想政治教育活动。其次,教育环境的丰富和教育载体的拓展亦将带来思想政治教育交往活动的泛在性。人工智能、虚拟现实等智能技术的融合发展将不断丰富思想政治教育交往活动的物质环境和精神环境。同时,因大数据技术和人工智能的应用使思想政治教育载体不断被拓展,人工智能机器、智能交互平台都将成为思想政治教育交往活动的新载体,从而使思想政治教育主客体交往的信息通道不断多样化,为交往活动的随时发生提供技术支持。此外,智能技术的应用不断革新思想政治教育方法,由此亦将带来思想政治教育主客体交往实践的广泛开展。

总而言之,智能技术视域下思想政治教育主客体交往的泛在性并不是某种单一因素的变化引起的。可以说,思想政治教育主客体交往样态的任何改变都与思想政治教育内部要素结构的变化紧密相关。因此,智能技术对思想政治教育任何要素的改变都将在不同程度上使交往样态呈现新的特征。在此意义上,我们应当将思想政治教育交往活动视为一个相互关联的整体系统。随着智能技术的快速发展和综合应用,以智能技术为基础构建的交往媒介将不断呈现出数字场景化发展态势,思想政治教育交往活动将可能随时随地在虚拟数字化环境中进行。在此意义上,思想政治教育主客体交往的泛在性是智能技术带来思想政治教育内部结构要素及其交往时间和交往空间的改变等综合因素作用的结果。

二、思想政治教育主客体交往的精准性

智能技术与思想政治教育的深度融合不仅促进思想政治教育主客体交往的泛在性，而且大数据技术、智能算法及人工智能的综合应用亦将带来思想政治教育主客体交往的精准性。随着以大数据和智能算法为基础的智能社会的到来，数据算法将被普遍应用于社会生活的各领域各行业。在此背景下，思想政治教育交往实践活动亦将越来越多地依赖大数据技术的精准把控，不断促进思想政治教育主客体交往的精准性，使思想政治教育交往实践与智能技术的发展演进相协调。

思想政治教育主客体交往的精准性主要是大数据和智能算法不断介入思想政治教育交往实践的结果。首先，大数据技术在潜移默化中改变思想政治教育主客体的交往观念，为彼此之间的精准化交往提供观念前提。大数据技术的精准高效使思想政治教育参与者逐渐认同数据算法赋能思想政治教育交往的合理性和可行性，并使自身不断加深对思想政治教育交往规律和交往本质的理解和把握。如有学者所言，"大数据是一种推动人们在数据利用思维方面实现质的飞跃的思维方式"[1]。在此意义上，大数据首先作为一种思维方式不断改变思想政治教育主客体的交往观念并深化其对精准交往的认知和理解，为思想政治教育主客体的精准化交往提供观念前提。

其次，大数据技术的数据搜集、数据画像、数据预测等独特功能为思想政治教育交往的精准化提供技术支持。具体而言，数据算法通过更新和优化思想政治教育方法，提高思想政治教育主客体交往的精准性。思想政治教育方法的优化最终是为了服务思想政治教育的目标。毋庸置疑，随着大数据技术的发展，人与人交流沟通的方式不断发生变化。数据算法的应用使思想政治教育方法逐渐向信息化方向发展。在大数据时代，思想政治教育客体的生活方式、学习方式等行为习惯被无处不在的大数据所记录保存；思想政治教

---

[1] 张鸣春. 从技术理性转向价值理性：大数据赋能城市治理现代化的挑战与应对 [J]. 城市发展研究，2020，27（2）：97-102.

育主体可利用大数据记录保存的数据信息分析受教育者客体的心理状态和学习情况并精准预测其受教育需求。

虽然大数据技术与思想政治教育的深度融合可同时在观念层面和技术维度为思想政治教育主客体交往的精准性提供双重保障，但要真正实现思想政治教育交往过程的精准化还应做到以下方面。其一，思想政治教育主体要不断提升自身的数据素养和综合能力，将大数据技术的独特优势真正落实到思想政治教育交往实践中。无论数据算法发展到何种程度，如果不及时提升思想政治教育参与者的数据素养，那么大数据技术无论如何也不可能真正落实到思想政治教育交往实践中。在大数据时代思想政治教育主体必须具备交叉学科素养，"通过学科交叉、掌握基本的数据分析技能来提升应用大数据技术的能力"①，并准确把握大数据技术应用于思想政治教育实践的广阔前景和伦理问题，科学合理地使用大数据技术促进思想政治教育交往的精准性。其二，思想政治教育主体要充分利用大数据加强对思想政治教育客体的整体性及动态性分析，科学把握其思想行为发展的规律，以提升大数据技术与思想政治教育融合的契合度。在大数据算法被日益普及的情境下，思想政治教育主体要积极利用大数据技术构建全过程、多层次的数据分析系统来实现对思想政治教育客体的全面分析，以科学把握其思想动态、人格特质、行为习惯等，从整体上了解思想政治教育客体的内在需求。在此意义上，大数据技术可提供有效的数据信息并促进思想政治教育主客体交往的精准性。

综上所述，智能技术视域下思想政治教育主客体交往的精准性主要是大数据技术和智能算法综合作用的结果。大数据技术通过全面搜集受教育者的数据信息并基于智能算法的科学决策为思想政治教育客体精准画像，从而使思想政治教育主体能够及时、全面、动态地掌握思想政治教育客体的相关信息。在此基础上，思想政治教育主体可有针对性地与受教育客体交往互动，不断促进思想政治教育主客体之间的精准化交往。

---

① 常宴会．思想政治教育者把握大数据时代的意义和方式［J］．思想理论教育，2022（9）：94-99.

三、思想政治教育主客体交往的沉浸性

虚拟现实技术的应用必然带来思想政治教育主客体交往的沉浸性。由于大数据技术和虚拟现实技术是并行出现的智能技术类型，因此，精准性和沉浸性亦将同时成为思想政治教育主客体交往过程的基本样态。换言之，智能技术视域下思想政治教育交往的精准性和沉浸性是同时存在的。很显然，思想政治教育主客体交往的沉浸性主要是交往场域的场景化、交往形式的数字媒介化及具身在场化交往等共同作用的结果。

首先，交往空间的虚拟场景化带来思想政治教育交往的沉浸性。如前所述，虚拟现实技术是由计算机、电子信息、虚拟仿真等诸多技术共同构建的新型技术生态。由此，虚拟现实技术的发展将不可避免带来社会整体的虚拟技术化及赛博空间的产生，进而实现对现实世界的重构。如穆尔（Jos de Mul）所言，"赛博空间不仅是超越人类生命发生于其间的地理空间或历史时间的一种新的体验维度，而且也是进入几乎与我们日常生活所有方面都有关的五花八门的迷宫式的关联域"①。因此，随着人类社会活动向赛博空间的移居，思想政治教育实践也必然越来越多地依赖赛博空间而开展。可以说，由虚拟现实技术所构建的虚拟场景化赛博空间具有高度沉浸性的典型特质，是实现思想政治教育主客体交往沉浸性的技术前提。

其次，交往的具身在场化是其交往沉浸性形成的关键。如前所述，智能技术视域下思想政治教育交往的形式越来越丰富多元，其中虚拟具身化交往是主要的交往形式之一，并直接导致思想政治教育主客体交往的沉浸性。同时，随着媒介技术发展演进的数字化和智能化，媒介化生存将逐渐成为人类生存的主要方式，人类生存的媒介化将导致"沉浸人"的出现。当"沉浸人"参与到思想政治教育活动中时，将使思想政治教育的交往样态呈现出高度的沉浸性。具体而言，思想政治教育交往的沉浸性主要基于以下两大原因。其一，思想政治教育主客体的具身在场化交往是导致思想政治教育交往沉浸性的首要原因。在人为构建的三维虚拟空间中，人的身体每一个细胞都将被

---

① 穆尔. 赛博空间的奥德赛：走向虚拟本体论与人类学［M］. 麦永雄，译. 桂林：广西师范大学出版社，2007：2.

全面激活，由此虚拟现实空间将使"人处于身心沉浸的状态，所有的感官都被调动起来并打通开来，身心以开放的状态全面谛听和感知信息，有一种身临其境的感觉"①。在此意义上，虚拟现实技术的应用必然带来思想政治教育主客体交往的沉浸性。其二，思想政治教育主客体的深度媒介化生存亦将导致思想政治教育交往的极致沉浸。现代智能技术的融合发展将逐渐形成虚拟与真实相互交织的媒介环境，并由此使人类社会生存及交往的环境呈现出虚实融合的特质。可以说，随着媒介技术的演进，媒介环境将越来越呈现出对现实环境的高度复制和模拟。"媒介的进化正在朝着创建一个'全觉符号'传播系统的方向迈进，人们将'深度沉浸'于媒介，成为一个特立于社会的'沉浸人'。"② 可以说，当下虚拟现实技术的发展使交往媒介的拟真环境呈现日益极致的沉浸性，并形成与现实高度互嵌的交往媒介生态，从而使人类走向更加深入的沉浸交往时代。在此基础上，当在虚实融合的媒介环境中开展思想政治教育交往实践时，很显然亦将导致思想政治教育主客体交往的高度沉浸性。

总之，无论是微观层面虚拟现实技术的思想政治教育应用，还是宏观层面未来人类社会生存交往的深度媒介化，都将导致思想政治教育交往的沉浸性。此外，思想政治教育主客体交往的沉浸性不仅表现在身体感官的沉浸，而且也将带来主客体精神情感更加投入于彼此的交互。"通过沉浸媒介，两个人更容易走进对方的内心，与对方建立情感交流，获取更深层次的信息。"③ 可以说，随着虚拟现实技术的发展，思想政治教育交往实践的沉浸性是不言而喻的。

综上可知，智能技术视域下思想政治教育主客体交往的泛在性、精准性和沉浸性同时并存。思想政治教育主客体交往的泛在性是基于智能技术融合发展带来交往时空的无限拓展、交往形式的多元丰富以及各交往要素综合作用的结果；思想政治教育主客体交往的精准性是大数据和智能算法为核心的

① 王妍. 虚拟现实技术系统的美学分析 [J]. 自然辩证法研究，2007（10）：62-65.
② 张成良. 融媒体传播论 [M]. 北京：科学出版社，2019：173.
③ 马梅，梁伟. 智能与沉浸：两种媒介技术的作用逻辑与实践路径 [J]. 传媒观察，2021（11）：13-20.

人工智能技术赋能的结果；思想政治教育主客体交往的沉浸性是虚拟现实技术带来的数字智能媒介不断应用于思想政治教育实践而引起的。可以说，以上三者有机统一共同构成了未来思想政治教育交往的总体样态。

通过本章阐述可知，智能技术视域下思想政治教育交往场域的全景开放、交往形式的丰富多样、交往样态的多元复杂共同勾勒出思想政治教育主客体交往的整体图景。因此，无论是作为一门社会实践性学科的理论体系，还是作为教育实践活动，思想政治教育都不可能完全置智能技术的发展于不顾，相反地，应当紧跟技术发展的浪潮，科学合理地利用各项智能技术赋能思想政治教育主客体交往的开展。然而，任何技术的发展应用都具有两面性，智能技术在赋能思想政治教育实践的同时，亦将不可避免引起思想政治教育过程的诸多风险挑战。

第五章

"交往新特征"对思想政治教育的现实挑战

从整体上讲,"交往新特征"对思想政治教育的现实挑战主要包括思想政治教育主客体关系疏离、思想政治教育的传播风险以及思想政治教育功能的弱化等。本章将基于智能技术视域下交往场域、交往形式、交往样态的变化,系统分析思想政治教育过程可能出现的风险挑战。

第一节 "交往新特征"引起思想政治教育主客体关系疏离

一切社会关系都是通过人与人之间的交往互动生成的。毋庸置疑,思想政治教育主客体关系的形成亦必然基于两者之间不断的交往互动。由此,智能技术视域下思想政治教育主客体交往的新特征必然生成新的思想政治教育主客体关系。同时,"交往新特征"将不可避免导致思想政治教育主客体之间的疏离。具体而言,思想政治教育主客体关系的疏离主要包括认同疏离、情感疏离和道德疏离三方面。

一、思想政治教育主客体认同疏离

智能技术视域下思想政治教育主客体之间的疏离首先是两者之间认同度的不断下降导致的,即智能技术不可避免带来思想政治教育主客体的认同疏离。此处所谓"认同"是"社会成员(个体或群体)相互之间确立共同的文化属性或价值方面的相似性"①。因此,思想政治教育主客体的认同疏离,即是思想政治教育客体由于种种原因对其主体的身份、地位及能力等产生怀疑或不认可的心理状态,由此带来两者之间的认同疏离。可以说,智能技术视域下思想政治教育主客体的认同疏离主要是由于智能技术应用对思想政治教育主体地位的弱化引起的,即智能技术对人类思想政治教育主体的思维方式、话语权力、角色认同等带来前所未有的挑战,同时教育智能机器作为"拟主体存在"解构思想政治教育主体结构,使思想政治教育主体由人类教育主体向人机融合教育主体逐渐拓展。具体而言,思想政治教育主客体的认同疏离主要由以下原因引起。

其一,算法定制带来思想政治教育主体思维方式的单向化,由此引起思想政治教育主客体的认同疏离。思维方式是人自身看待事物的角度、方式和方法,它对人的言行起决定作用。因此,思想政治教育主体的思维方式决定自身在教育教学过程中的言行举止,对思想政治教育活动的开展至关重要。传统思想政治教育活动的教育信息搜集、教育计划制订、教育活动的实施以及教育结果的评定都需要教育主体的亲力亲为。然而,智能技术时代,思想政治教育实践的开展可通过大数据技术搜集受教育者的个人信息,精确诊断受教育者的学习情况并预测受教育者的学习需求,由此制订出适合受教育者客体需求的教学方案。在此情境下,教育主体可根据智能算法精准预测的结果进行因材施教,实施个性化教育,这有助于增强思想政治教育活动的针对性。

很显然,数据算法的合理应用是建立在思想政治教育主体能够辩证分析其预测结果的基础之上。如果思想政治教育主体过度依赖智能技术的工具理性价值,不加分析地全盘接受大数据给定的预测结果,很可能导致智能技术的理性逻辑逐渐挤压人本身的独立思维,从而弱化思想政治教育主体的批判反思能力。因此,面对智能技术与思想政治教育的深度融合,思想政治教育主体若不愿花费时间精力了解大数据和智能算法背后的运行规律,不及时反思和总结智能教育系统生成的个性化培养方案,人工智能将成为自身发展的

---

① 李萍. 论道德认同的实质及其意义 [J]. 湖南师范大学社会科学学报, 2019, 48 (1): 57-63.

限制并不断消解其固有的批判性思维，从而使思维方式日益单向化。智能技术视域下思想政治教育主体思维方式的单向化不可避免削弱其自身的主体性地位，由此导致思想政治教育客体对其教育主体的认同度不断下降，从而引起两者之间的认同疏离。

其二，智能技术应用削弱思想政治教育主体的话语权，由此引起两者之间的认同疏离。法国哲学家米歇尔·福柯（Michel Foucault）最早提出"话语权"概念，他认为"话语即权力"①。对任何掌权者而言，权力地位的确立离不开话语统治。在思想政治教育活动中，教育者拥有话语权是自身作为教育主体最基本的权力表达。传统思想政治教育活动中的教育主体作为教育组织者、实施者和指导者集多重角色于一身，凭借自身的知识储备和教育资源对受教育者进行知识传授与价值引导。在此背景下的思想政治教育主体拥有绝对的话语权并决定着教育活动的成败。而随着智能技术在思想政治教育领域的深入应用，此种局面逐渐被打破，传统思想政治教育主体的话语权逐渐式微。

首先，受教育途径多样化削弱思想政治教育主体话语权。智能时代的到来大大拓展了受教育者接受思想政治教育的途径，"自主在线学习平台、自动化测评系统、智能导师系统等已经走进实际的思想政治教育教学场景，使思想政治教育朝着'智能化'的方向发展"②。在新的学习场景中受教育者可自主选择符合自身发展需求的教育内容，其主观能动性被全面激活，这有助于扭转传统机械灌输式的思想政治教育模式。随着受教育者对智能学习平台或智能导师助理依赖程度的加深，受教育者客体的主体化趋势不断加强，思想政治教育客体的主体化在一定程度上削弱其教育主体的话语权。其次，信息传播多元化冲击教育主体的话语主导地位。在智能媒体蓬勃发展的当下，信息传播的方便快捷以及教育信息的开放共享极大地冲击着思想政治教育主体的主导性地位。一方面，智能媒介打破了思想政治教育信息传播的时空界限，受教育者获取信息的途径更加丰富多元，由此逐渐削弱教育主体的话语权；

---

① 许宝强，袁伟．语言与翻译的政治［M］．北京：中央编译出版社，2001：3．
② 武东生，郝博炜．思想政治教育有效利用人工智能的分析［J］．马克思主义理论学科研究，2019，5（3）：103-112．

另一方面，智能教育平台的广泛应用使话语生产日渐大众化。在人人都是"麦克风"的时代，受教育者话语表达的权利空间不断被拓展，受教育者可以通过多种途径实现与思想政治教育主体平等对话，亦将极大地冲击思想政治教育主体的话语主导地位。最后，教育主客体互动间接化亦将弱化教育主体话语权。随着智能教育系统和远程教育平台的普及，思想政治教育活动的开展逐渐从传统的线下传授拓展至线上的远程虚拟场景中。由此，教育主客体将从传统面对面交流转向虚拟空间的间接互动，即思想政治教育"主体—客体"直接互动模式将转化为"主体—智能机器—客体"间接互动模式，主客体的间接互动也将削弱思想政治教育主体的话语权。思想政治教育主体话语权的削弱不断降低思想政治教育客体对其主体的认同度，进而导致两者的认同疏离。

其三，智能化教育加剧思想政治教育主客体之间的角色认同危机，由此导致两者的认同疏离。传统语境下，思想政治教育主体主要依靠口头表达或通过教科书向受教育者客体传授教育知识。思想政治教育主体居于传播链的顶端，是教育信息的发布者和传输者，在整个教育过程中发挥核心作用。因此，传统思想政治教育主客体之间具有较强的角色认同感。然而，智能技术在思想政治教育领域的广泛应用不断加剧思想政治教育主体的角色认同危机。一是教育客体的主体化导致其对教育主体角色认同度下降。随着智能技术的发展，教育客体接受思想政治教育信息的渠道越来越多，同时受教育者不断被智能算法推送满足自身发展需求的思想政治教育内容。各种思想政治教育信息通过智能传播系统或远程教育平台自动投喂给受教育者，人与思想政治教育信息通过智能平台系统建立稳定的联结。由此，人类思想政治教育主体的知识传授功能逐渐被智能算法的推送所替代，导致其角色认同危机。二是教育主体知识能力的不足导致其角色认同危机。智能技术的介入使思想政治教育主体面临更加复杂的教育场景。如何借助智能机器协助思想政治教育活动的实施，如何利用智能教学系统开展思想政治教育等都成为思想政治教育主体必须解决的难题。在此情境下，人类思想政治教育主体如果不及时提升自身的能力素养并优化自身的知识结构，很有可能遭遇职业发展的瓶颈，进而对自身的能力定位、知识储备、角色意识产生焦虑并最终导致角色认同危机。思想政治教育主客体之间角色认同度的下降必然带来两者的认同疏离。

其四，人机协同化交往不断弱化人类教育者的思想政治教育主体地位，由此导致思想政治教育主客体认同疏离。人工智能的发展被分为弱人工智能和强人工智能两个阶段。当下弱人工智能的发展没有自主意识和判断能力，需要在人的支配下进行具体行动，因此，弱人工智能与人类教育者具有强烈的依附关系。然而，"强人工智能是一种能够自主学习、行动、设定目标和解决问题的智能，亦即它是一种能够成功从事人类任何智能工作的机器智能"[①]。因此，强智能机器将不再是完全听从命令的工具，其行为也不再完全代表人类的意志，而是作为具有一定主体性的存在物被看作仅次于人类的拟主体存在。可以说智能时代将打破"人是唯一主体"的古老神话，人必须学会与智能机器和谐共处。在此背景下，人机协同化交往将成为未来思想政治教育主客体交往活动发展的必然趋势。

随着思想政治教育过程的人机协同化逐渐成为常态，虚拟数字教师、智能教师助理等将作为人类思想政治教育主体的协助者共同完成思想政治教育活动。有学者提出，"人工智能条件下的思想政治教育主体由两方面构成：一是传统意义上'碳水化合物'构成的'人'，二是智能机器人尤其是高级智能机器人为代表的、具有主体部分功能的人工智能运用实体"[②]。因此，可以预测未来的强智能机器不仅将作为思想政治教育的辅助工具，而应当被看作具有一定主体功能的教育者不断与人类教育者和受教育者交互，并拓展思想政治教育主体的范畴。在此意义上，可以说强智能机器将解构传统思想政治教育主体结构，由此必然导致人类思想政治教育主体地位的弱化。思想政治教育主体地位的弱化将引起思想政治教育客体对其认同度的下降并导致彼此的认同疏离。

综上所述，随着智能技术的深入应用，人类教育者的思想政治教育主体地位在智能技术时代不断被弱化。即思想政治教育主体思维方式的单向化、话语权的削弱、角色认同危机以及思想政治教育主体结构的改变都将导致人

---

① 韩水法. 人工智能时代的人文主义 [J]. 中国社会科学，2019（6）：25-44，204-205.
② 张志丹，刘书文. 人工智能必定引发思想政治教育理论课变革 [J]. 思想教育研究，2020（10）：103-108.

类教育者主体地位的弱化，从而引起受教育者客体对其主体认同度的下降，带来两者之间的认同疏离。

二、思想政治教育主客体情感疏离

智能技术应用不仅可引起思想政治教育主客体的认同疏离，而且新的交往特征亦将使思想政治教育主客体的心理距离越来越远，从而导致彼此之间的情感疏离。具体而言，"交往新特征"带来的思想政治教育主客体情感疏离主要基于以下原因。

其一，交往场域全景开放导致思想政治教育主客体情感疏离。智能技术应用使思想政治教育主客体交往的时空结构发生了彻底的改变，从而使思想政治教育交往场域逐渐呈现全景开放的态势。交往场域全景开放带来的情感疏离主要是由于远程在场和时间延时共同增加了彼此之间的情感连接难度。如前所述，智能技术视域下思想政治教育主客体交往空间具有流动与固化并存的特质。思想政治教育交往空间的流动性是基于数字技术全面发展带来的可移动智能化数字空间，在此情境下，思想政治教育主体可借助各类智能数字平台开展思想政治教育活动，由此带来思想政治教育主客体交往的远程在场。此外，思想政治教育主体亦可根据自身的时间安排，将所要传授的教育内容提前录制成课程视频并上传至各类数字化的智能教学平台系统中。由此，思想政治教育主客体之间的交互呈现出时间上的延时性，在此情境下思想政治教育实践即是一种间接的交往互动过程。"现实交往中个体所连接的社会关系无法沿用到虚拟交往中，因为在长期的沉浸体验中，个体在塑造虚拟人格时也将真实的自我封闭起来。人与人之间缺少有灵魂的交流，长此以往社会关系也会被大大扭曲和弱化。"[①] 在此意义上，可以说，虚拟场景中思想政治教育主客体之间由于缺少深度的交流互动而使彼此的情感维系越来越难以持续。总之，无论是思想政治教育过程的远程在场还是时间延时，都不可能复原传统面对面交往场景下所产生的情感深度，两者共同加剧了主客体情感连接的难度，由此导致两者之间的情感疏离。

---

① 胡振宇，尚小成. 人际交往的在场与疏离：基于对"元宇宙"概念的反思 [J]. 中国传媒科技，2022（1）：24-27.

其二，思想政治教育客体在无形中弱化对符号化、匿名化甚至多元化思想政治教育主体的心理和情感依赖，由此导致两者之间的情感疏离。在虚拟数字化媒介视域下，思想政治教育主客体之间必然是以数字符号的方式进行间接交互。数字符号化的思想政治教育主体使思想政治教育客体无法直观感知其内在能量和人格魅力，而是将更多的注意力转向各类智能交互平台，思想政治教育主客体之间的交往将从传统人与人的直接交流互动转向人对智能教育平台的依赖。由此，受教育者客体逐渐降低对其主体的心理依赖，进而导致两者关系的疏远。此外，智能交互平台系统的思想政治教育主体并不是固定不变的特定教育者，是多个思想政治教育主体同时存在，且思想政治教育主体以数字匿名的方式在智能平台系统发布教育内容，并以此种方式与受教育者客体间接互动。总之，无论思想政治教育主体以符号化、匿名化还是多元化的方式呈现，思想政治教育主客体关系都无法与面对面交往的情感状态相媲美，由此导致两者关系的疏远。

其三，交往信息的共享性削弱思想政治教育主客体的互动频率及关系黏度，由此导致两者之间的情感疏离。在智能媒介时代，不仅思想政治教育信息共享与隐私保护之间存在无法调和的矛盾，而且教育信息的共享极大地降低了思想政治教育主客体互动的频率。思想政治教育主体可借助各类智能教育平台提前以音频、视频、图片等形式发布思想政治教育内容，思想政治教育客体可根据自身的时间安排和学习进度自主开展学习活动。由于智能教育平台的开放性，任何具备思想政治教育能力和意愿的人都可以在教育平台上发布教育内容。由此，思想政治教育客体无须直接与其教育主体产生直接互动即可获得思想政治教育信息。可以说，智能教育平台的开放共享极大地降低了主客体之间直接互动的频率，由此削弱两者之间的关系黏性，从而引起彼此的情感疏离。

其四，数字媒介化交往导致思想政治教育主客体之间的沟通停留在浅层次，从而使两者的心理距离越来越远并引起彼此之间的情感疏离。从本质上讲，智能技术视域下思想政治教育主客体交往的时空错位是由于智能技术的交往媒介功能引起的。在此意义上，交往时空的错位是交往过程数字媒介化的结果。而"数字媒介为情感交流提供了便捷的途径，也因其信息传输的即时性被视为现代亲密关系肤浅短暂的原因和症候"①。因此，如果说传统面对面的思想政治教育主客体互动过程内含情感维系和教育信息传播的双重功能，那么在智能媒介视域下思想政治教育主客体交往活动则更侧重思想政治教育内容的传播。可以说，媒介技术的应用极大地降低了思想政治教育交往活动的情感投入。因此，在媒介技术的介入下思想政治教育主客体很难在同一时空推心置腹地进行有深度的情感沟通，从而使思想政治教育主客体交往停留在浅层次和表面化，长此以往导致两者情感的疏离。

综上所述，智能技术视域下交往场域的全景开放、交往主体的数字匿名化和多元化、交往信息的共享以及数字媒介化交往等新特征，都将引起思想政治教育主客体之间的情感疏离。鉴于此，在智能技术发展的背景下，思想政治教育主客体交往必须及时关照智能技术所带来的负面影响，科学合理地利用智能技术以保持其应用过程中价值理性和工具理性的平衡，既要充分利用智能技术促进思想政治教育效率的最大化，又要保障思想政治教育的价值目标不被智能技术的工具理性所僭越。

三、思想政治教育主客体道德疏离

在伦理型文化中，一切教育活动都是以基本的人伦关系为基础展开的，其目的是促进受教育者的人格养成和精神成长。思想政治教育主客体关系作为最基本最重要的教育关系，亦是最具有伦理意义的关系。思想政治教育主体作为教育活动的施教者拥有至高无上的伦理权威地位，此种伦理地位的确立使其成为思想政治教育过程的伦理主体，其终极使命在于宣传政治主张、传播道德力量以培养向善之人。如陈继红教授等所言，"师生双方与'道'的真实联结，使二者的互动关系具体展开为道德义务的双向对待"②。因此，作为特殊的教育实践活动，思想政治教育主客体之间必然存有伦理关系。然而，智能技术应用不可避免导致思想政治教育主客体伦理关系的异化进而引起彼

---

① 粟花. 时间的亲密含义：数字化情感交流中的时间体验及其关系意涵 [J]. 现代传播（中国传媒大学学报），2021，43（5）：152-158.
② 陈继红，赵妍妍. 朝向生命共生：儒家师生之"乐"的教育学解读 [J]. 教育研究，2021，42（1）：59-65.

此的道德疏离。具言之，智能技术视域下思想政治教育主客体的道德疏离主要基于以下原因。

其一，过度依赖智能技术带来思想政治教育主客体伦理关系的异化，由此导致彼此之间的道德疏离。思想政治教育主客体交往过程任何维度的改变都将不同程度影响两者之间的伦理关系。言外之意，即思想政治教育主客体伦理关系的异化是智能技术时代思想政治教育过程诸多现实问题综合作用的结果。

一是智能技术本身的局限性及运用智能技术的能力所限，引起思想政治教育主客体伦理关系的异化。首先，数据算法自身的局限性引起思想政治教育主客体交往的圈层化。毋庸置疑，作为智能技术的核心架构，数据算法虽然能够促进思想政治教育主客体交往的精准化，但与此同时智能技术应用亦将带来思想政治教育主客体交往的圈层化。思想政治教育主客体交往的圈层化使彼此之间无法获得普遍而有效的深度联结，从而使思想政治教育主客体之间的伦理关系逐渐被淡化，在此前提下思想政治教育客体无法获得全面可靠的教育内容。由此可见，智能技术应用的底层技术逻辑决定其过度应用会带来思想政治教育主客体伦理关系的异化。其次，思想政治教育主客体运用智能技术的能力有限导致彼此伦理关系的异化。随着智能技术的深入应用，思想政治教育主客体必须不断提升自身熟练运用各项智能技术的能力，若思想政治教育主客体无法有效利用各项智能技术以促进思想政治教育实践的开展，将必然导致思想政治教育实践过程的主导权被人工智能所控制，从而使思想政治教育主客体陷入被动的地位，其主客体之间的伦理关系在一定程度上被异化。总之，从整体上讲，智能技术应用将导致思想政治教育主客体之间伦理关系的异化，使思想政治教育实践活动越来越背离立德树人的育人使命。

二是数字媒介化交往彻底改变思想政治教育主客体交往的整体样态，由此引起两者伦理关系的异化。随着智能数字社会的来临，未来人类社会的交往样态逐渐由面对面的实体化交往向虚实融合的数字媒介化交往拓展。虽然数字媒介化交往不再受制于交往时空的严格限制，但是"媒介化交往对技术的依赖在一定程度上会弱化人机交往的'人情味',异化人类交往的本质性意义"①。因此,在数字媒介化交往过程中,思想政治教育主客体将对智能技术产生依赖且人机交互将逐渐替代传统人与人之间的交往,由此导致两者之间伦理关系的淡化,从而使思想政治教育实践活动逐渐失去原本存在的意义。尤其是未来元宇宙场景的构建将带来虚拟场景化交往并不断增强交往互动过程的切身体验感,但是过度的数字化沉浸体验亦将不断暴露交往参与者的个人信息,从而失去面对面交往时的安全感和信任感。有学者已经明确提出批判,"全身沉浸性的元宇宙的出现和发展体现了技术现代性、工具理性对现实和意义、神圣和世俗的割裂"②。在此意义上,从伦理的维度讲,以元宇宙为典型代表的智能技术与思想政治教育交往实践深度融合将不可避免导致思想政治教育主客体伦理关系的异化。

其二,人机伦理挤压思想政治教育主客体之间的人际伦理,由此引起彼此之间的道德疏离。伴随智能机器在思想政治教育领域的介入,人与机器之间的联系越来越紧密。由此,思想政治教育过程不仅表现为主客体之间的人际互动,而且人与机器之间也呈现人机互动的状态。因此,人机伦理将逐渐挤压人与人之间的人际伦理,从而使思想政治教育主客体之间面临道德疏离的风险。如前所述,未来思想政治教育主体将不再仅仅由传统的人类教师构成,而是由人与智能机器共同构成人机融合的思想政治教育主体共同体。在此基础上,思想政治教育客体可直接与教育智能机器或虚拟数字教师交互,由此可直接拓展思想政治教育主客体交往关系的范畴。可以说,人工智能的介入不可避免使思想政治教育交往逐渐从人与人之间的互动拓展至人与人、人与机器甚至人与环境之间的交互融合。由此,人类思想政治教育主体的身份地位不可避免被弱化。

思想政治教育主体地位的弱化使人类教育者在越来越多的方面被人工智能所替代,人工智能作为先进的现代技术将在无形中控制人的自主性并解蔽其主体性。"人之主体解蔽的结果是人的主体性的变更与易位,即拥有主体地

位的人退居于技术背后，技术成为限定人之决定、导引人之行为的决策者和代理人。"① 由此可见，随着人工智能的深入应用，思想政治教育实践过程越来越难以摆脱智能机器的困扰，传统意义上的"人"在思想政治教育实践中的地位逐渐被遮蔽，由此极大地改变思想政治教育主客体交往的伦理生态，导致两者伦理关系的异化，由此引起彼此之间的道德疏离。

其三，交往的泛在性弱化思想政治教育主客体之间的伦理联结，进而导致两者之间的道德疏离。思想政治教育主客体交往的泛在性不仅指时空维度上交往时间的无限跨越和交往空间的无限延展，而且意味着智能技术赋能使思想政治教育的发生更具普遍性。一是交往时间的全时性和交往空间的流动性为思想政治教育主客体交往的泛在性提供了可能的基础。在时间维度上，由于各项智能教育系统或智能交互平台的加持，思想政治教育主客体不再延续传统实体空间中面对面即时性交往的状态，而是实现了交往时间的无限跨越，即思想政治教育客体可通过各类智能教育平台系统的丰富资源随时开展自主性学习。与此同时，思想政治教育主客体交往的空间也不再局限于实体化的物理空间，而是不断向虚拟数字空间拓展。交往时空的无限延展在很大程度上减少了思想政治教育主客体直接交往的机会，弱化了两者之间的伦理联结。

二是虚拟数字化交往中思想政治教育主客体的流动性甚至匿名性亦将弱化彼此之间的伦理联结。虚拟场景化空间中的交往主体不仅呈现出高度的流动性和不确定性，而且任何个体都能以匿名方式或真实身份与其他个体或群体产生交流互动。由此可见，在虚拟数字化场域中，思想政治教育交往活动不仅可在彼此熟悉的个体或群体中进行，而且亦可能在陌生人之间发生，即任何有能力担负思想政治教育任务的个体或群体都能以真实身份或匿名身份对他人开展思想政治教育活动。可以说，虚拟数字化交往可能带来思想政治教育主客体的高度流动性和不确定性。有学者指出，"网络环境中存在不同类型的社会互动结构，呈现出多元异质的主体交往关系及其活动空间，由此形

---

① 庞茗月，戚万学. 从解蔽主体到补偿"代具性"：智能时代教育技术价值新论 [J]. 远程教育杂志，2022，40（3）：56-66.

成了多元化的主客体交往生态"①。思想政治教育主客体的流动性和匿名性不可避免弱化两者之间的伦理联结，引起彼此之间的道德疏离。

综上所述，智能技术应用不可避免带来思想政治教育主客体间的认同疏离、情感疏离和道德疏离。基于此，必须积极采取措施规避智能技术应用带来的负面影响，以实现智能技术在思想政治教育实践过程中的效应最大化。

第二节 "交往新特征"带来思想政治教育传播风险

智能技术的应用虽然极大地提升了思想政治教育内容传播的效率，同时亦不可避免导致思想政治教育的传播风险。思想政治教育传播风险是指思想政治教育内容在传播过程中出现的诸多风险，包括传播主体、传播环境和传播内容等方面可能面临的现实挑战。具体而言，智能技术视域下思想政治教育主客体交往新特征带来的传播风险主要包括传播主体的泛众化、传播环境的复杂化以及传播内容的偏失三大方面。以下将阐述"交往新特征"何以导致思想政治教育传播风险。

一、思想政治教育传播主体的泛众化

思想政治教育传播主体是思想政治教育内容传播过程中最基本的要素，很大程度上影响着思想政治教育传播的效率。如前所述，自人类阶级社会产生以来便客观存在着思想政治教育主客体交往活动，思想政治教育主客体交往的形式与媒介技术的发展演进密切关联。在原始的口语媒介阶段，思想政治教育主客体只能借助口头语言媒介来传播思想政治教育信息内容。随着文字印刷和电子媒介的产生，思想政治教育主客体可借助书面文字或电视广播进行间接化的沟通交流。而网络媒介的出现满足了思想政治教育主客体之间的远程即时性交往。在前网络媒介阶段，思想政治教育的传播主体是对思想政治教育活动施加影响的特定个体。然而，随着智能技术的快速发展和深入

---

① 张瑜. 论思想政治教育网络环境的生态观 [J]. 教学与研究，2021（8）：97–104.

应用，思想政治教育传播主体正经历着从专业化、精英化到智能化、泛众化的改变。

智能技术视域下思想政治教育传播主体的泛众化主要是思想政治教育信息传播模式的变革、智能数字空间中传播主体的多元化、智能教育机器介入思想政治教育活动等多方面原因导致的。具体而言，智能技术视域下思想政治教育传播主体的泛众化主要由以下原因引起。

首先，智能媒介时代信息传播模式的变革导致思想政治教育传播主体的泛众化。在智能媒介技术兴起之前的漫长历史时期内，思想政治教育活动的信息传播主要通过报刊文字、电视广播等媒介进行即时性或延时性的传播。在此情境下，思想政治教育者是传播的主体。由此可见，传统媒介时代思想政治教育传播主体单一且固定。而随着智能媒介技术的发展演进，思想政治教育主客体交往不断呈现新的特征，如数字媒介化交往和泛在性交往使思想政治教育传播主体发生质的改变。一是智能媒介时代人类教育者在思想政治教育过程中的主体性地位不断被弱化。智能技术的介入使人类思想政治教育者的主体能力逐渐被削弱，取而代之的是智能数字空间中各类虚拟思想政治教育主体的主体性地位不断凸显。可以说，智能媒介时代思想政治教育信息的数字化传播使思想政治教育主体不再局限于传统的人类教育者主体，而是呈现出逐渐泛化的特征。二是智能媒介时代交往空间场域的数字智能化使思想政治教育传播主体呈现主客一体化的特质。在此情境下，思想政治教育主客体之间的界限逐渐模糊，由此思想政治教育主体不断泛化，即利用智能技术平台思想政治教育客体可同时承担思想政治教育主体的身份任务。在此意义上，亦可以说智能媒介技术的应用导致思想政治教育主体不断泛化。

其次，智能数字空间中多元化传播主体可带来思想政治教育传播主体的泛众化。随着智能技术的深入应用，智能数字空间中的思想政治教育交往活动不再仅仅局限于传统个体对个体之间的一对一交往，而是包括一对多、多对多的立体化交往。因此，智能技术视域下思想政治教育主客体交往的过程即是思想政治教育信息的立体化传播过程。思想政治教育信息传播的立体化意味着思想政治教育信息传播主体的日益多元化。可以说，智能数字空间中思想政治教育传播主体的多元化不仅能够提高信息传播的效率，而且很容易出现传播主体过度泛化的现象。言外之意，即智能数字空间中多元化的思想政治教育传播主体很可能包含思想政治教育素养不够甚至非专业人员，由此直接导致传播主体的泛众化并阻碍教育效果的实现。

最后，人工智能尤其是智能机器或数字教师的介入带来思想政治教育传播主体的泛众化。传统思想政治教育过程主要是由特定的教育者向受教育者客体传授知识内容和思想观念，思想政治教育者在整个教育活动过程中占据主导地位。即传统思想政治教育主体是思想政治教育内容的承载者、传授者和创造者，思想政治教育客体必须通过其主体才能获得教育内容并促进其思想政治道德等的全面发展。然而，随着近年来人工智能的快速发展尤其是ChatGPT的出现，"人类与机器之间的界限越来越模糊，人与机器之间已经不存在绝对的界限"①。可以说，在智能机器的介入下思想政治教育主客体交往将不再局限于人与人之间进行而是逐渐向人机交互的方向拓展。各项智能教育机器或虚拟数字教师将作为教育活动的参与者与受教育者客体进行互动。此时的人类教育者将不再是思想政治教育知识传授的唯一来源，且智能机器或数字教师的知识储备远远超过人类自身，思想政治教育客体越来越依赖智能教育机器或虚拟数字教师获取教育内容。有学者已经指出，"未来智能社会的主体构成日趋多元化，在独立人类主体与独立机器主体之外，还存在人机结合的赛博格主体"②。由此可以预测，未来各类数字教师或虚拟智能系统将成为与人类教育者相协同的新型教育主体。可以说，随着未来智能数字教师或智能教育机器的普遍存在，思想政治教育传播主体亦必然由于人工智能的介入而不断泛化。

综上所述，智能技术视域下思想政治教育传播主体的泛众化主要是信息传播模式的改变、教育主体的多元化以及智能机器作为传播主体导致的。因此，必须积极采取措施防范智能技术不当应用导致思想政治教育传播主体的过度泛化。

---

① 李政涛，罗艺. 智能时代的生命进化及其教育 [J]. 教育研究，2019，40（11）：39-58.

② 程明，赵静宜. 论智能传播时代的传播主体与主体认知 [J]. 新闻与传播评论，2020，73（1）：11-18.

二、思想政治教育传播环境的复杂化

思想政治教育传播环境是指对思想政治教育内容传播产生影响的一切自然因素和社会因素的总和。从宏观上讲，思想政治教育传播环境主要包括社会经济环境、社会政治环境、社会文化环境和大众传播媒介环境。思想政治教育传播环境并不是固定不变的，而是随着社会经济、政治、文化以及科学技术的发展而呈现出动态变化的过程。因此，智能技术作为现代传播媒介的显著标志不可避免带来传播环境的复杂化。言外之意，即智能技术视域下思想政治教育传播环境的复杂化主要是由智能技术的应用引起的。具体而言，智能技术视域下思想政治教育传播环境复杂化主要表现在以下方面。

首先，"交往新特征"使思想政治教育传播环境呈现去中心化和再中心化的交织并存。如前所述，随着智能技术使思想政治教育主客体交往不断呈现出新的特征，与此同时，从传播学的角度看，思想政治教育信息的传播过程亦呈现出新的发展趋势，从而使思想政治教育传播环境日趋复杂化。从整体上讲，智能技术视域下思想政治教育主客体交往泛在性和精准性的并存，不可避免导致思想政治教育传播环境从去中心化向再中心化的演变。有学者指出，"传统中心化传播的解构与新的多极化中心的勃兴成为当下传播格局中面临的显著性问题，构建出所谓的'去中心化—再中心化'语境"①，由此导致思想政治教育传播环境日益复杂化。具体而言，一是交往的泛在性带来思想政治教育传播环境的去中心化。所谓"泛在性"即广泛存在之义，在各项智能技术的加持下，思想政治教育主客体交往活动可在任何时空范围内发生。同时，智能技术的介入使教育内容的传播不再局限于人类教育者主体的亲自传授，还可借助各类智能教育平台海量的信息资源随时随地向受教育者客体传播思想内容。可以说，泛在性交往将导致思想政治教育传播环境从传统的中心化模式拓展至去中心化模式。二是数据算法不可避免带来思想政治教育传播环境的再中心化。如前所述，作为人工智能的底层核心技术，数据算法可通过大量搜集数据信息并科学预判受教育者客体的实际需求，以促进思想政治教育过程的精准化。在此背景下，思想政治教育内容将通过算法的定制

---

① 刘康. "去中心化—再中心化"传播环境下主流意识形态话语权面临的双重困境及建构路径［J］. 中国青年研究，2019（5）：102-109.

自动投喂分发给需要接受教育的受教育者客体。同时，智能算法可根据受教育者接受信息的意愿投其所好地不断发送其感兴趣的内容信息，由此带来思想政治教育客体信息获取的圈层效应。因此，数据算法应用于思想政治教育内容传播的过程不可避免导致思想政治教育传播环境的再中心化。即从表面看，由于各类智能交互平台的加持使思想政治教育传播环境日益去中心化，但数据算法的精准预测又不可避免带来思想政治教育传播环境的再中心化。基于上述内容，可以说，"交往新特征"在总体上使思想政治教育传播环境呈现去中心化和再中心化并存的局面。

其次，"交往新特征"导致思想政治教育传播环境的情感缺失。在传统实体化物理空间中，思想政治教育过程主要是基于主客体之间面对面的交往互动进行的，面对面的直接交往不仅能够使信息传播的效率更高，而且很容易建立起深厚的情感关系。然而，随着思想政治教育主客体之间数字化交往的日益常态化以及交往场域的全景开放，彼此之间的情感连接难度亦必然增加。在智能数字化空间场域中，思想政治教育主体可利用各类智能数字平台开展即时性的思想政治教育交往活动，此时思想政治教育主客体交往呈现出虚拟在场化样态，由此导致彼此之间情感的疏离。如有学者所言，"数字媒介为情感交流提供了便捷的途径，也因其信息传输的即时性被视为现代亲密关系肤浅短暂的原因和症候"①。此外，思想政治教育主体亦可根据自身的时间安排将所要传授的教育内容以视频课程的方式提前上传至智能教学系统中。在此情境下，思想政治教育主客体交往过程呈现出时间上的延时性，导致彼此之间的情感弱化。由此可见，随着数字媒介化交往的常态化，思想政治教育传播环境将逐渐失去实体化环境中所内含的情感因素，从而使思想政治教育传播环境越来越趋于理性化。在此意义上，可以说，智能技术视域下思想政治教育主客体交往的新特征可带来思想政治教育传播环境的情感缺失。

最后，"交往新特征"带来思想政治教育传播环境的无边界性。在大众传播时代，思想政治教育主客体之间信息沟通的媒介是可感的，如思想政治教育活动的开展可通过语言文字媒介、广播电视等传播思想政治教育信息。而

---

① 粟花.时间的亲密涵义：数字化情感交流中的时间体验及其关系意涵[J].现代传播（中国传媒大学学报），2021，43（5）：152-158.

随着媒介技术的发展演进尤其是智能数字媒介的兴起，思想政治教育主客体交往场域逐渐从传统的物理空间向数字世界无限拓展，信息传播媒介也从物质媒介向数字媒介转变，万物皆媒成为智能数字时代思想政治教育传播的必然趋势。在媒介技术不断演进的背景下，思想政治教育主客体可以借助各类智能交互平台在任何时空范围内根据自身的需求和安排自主开展思想政治教育活动。基于此，从传播学的角度看，当智能技术作为传播媒介时，思想政治教育传播环境不再受传统物理空间中大众传播媒介的限制，而是基于智能数字媒介呈现出无限开放的无边界性。智能技术视域下思想政治教育传播环境的无边界性必然弱化思想政治教育效果。

综上所述，智能技术视域下思想政治教育主客体交往的新特征不可避免带来思想政治教育传播环境去中心化与再中心化并存的局面、传播环境的情感缺失及传播环境的无边界性。此外，智能数字环境中思想政治教育信息的良莠不齐亦加剧了思想政治教育传播环境的日益复杂化。

三、思想政治教育传播内容的偏失

智能技术应用使思想政治教育内容传播过程不再局限于教育者自身的知识传授和观念传递，而是通过各类数字化智能教育平台丰富的信息资源进行思想政治教育内容传播。智能技术虽然为思想政治教育内容传播提供了便捷，但与此同时，智能技术本身的局限性以及智能数字环境的复杂性亦将带来思想政治教育传播内容的偏失。具体而言，智能技术视域下思想政治教育传播内容的偏失主要表现在以下方面。

首先，去中心化的传播环境带来思想政治教育传播内容碎片化。在智能技术视域下的去中心化传播环境中，思想政治教育内容传播不再局限于传统的人类教育者主体，而是越来越多地依赖各类智能教育平台丰富的思想政治教育信息资源进行广泛传播。然而在"去中心化"的数字媒介传播环境下，传播路径的多元化引起思想政治教育信息发布的盲目性和随意性，这种裂变式的传播方式势必导致思想政治教育传播内容的日益碎片化。碎片化的思想政治教育信息由彼此没有逻辑关联的信息碎片拼凑而成，很容易造成对思想政治教育意义本身的解构和割裂并冲击思想政治教育的权威性和引导力。此外，碎片化的思想政治教育信息很容易误导受教育者客体的认知，阻碍其对思想政治教育内容的系统性理解和掌握。

其次，算法定制带来的圈层化交往导致思想政治教育传播内容窄化。此处所谓"思想政治教育传播内容窄化"是指在智能算法的介入下，思想政治教育圈层化带来的信息茧房效应使思想政治教育传播内容不断窄化。如前所述，大数据技术通过自身强大的信息搜集能力以及智能算法的定制化推送，在了解思想政治教育客体兴趣偏好的基础上传播思想政治教育内容信息。以智能技术为基础搭建的智能化数字平台不断记录思想政治教育客体的信息浏览偏好，并据此自动推荐其感兴趣的内容信息。长此以往，思想政治教育客体接收的信息内容具有高度同质化的倾向，由此逐渐窄化思想政治教育的传播内容。即数据算法的应用使思想政治教育活动无法向受教育者完整系统地传播思想政治教育知识谱系和价值观念，必然影响思想政治教育实践活动的成效。

最后，智能数字空间的多元社会思潮阻碍思想政治教育内容传播。在物理空间中开展的思想政治教育活动，其传播的内容是系统化的思想政治教育知识体系和价值观念，思想政治教育内容对受教育者客体的影响是深刻且全面的。然而，随着智能技术的发展演进，思想政治教育活动开始从实体场域拓展至虚拟数字场域。智能数字空间中信息资源的共享性、开放的信息传播渠道和自由发表言论的氛围，使思想政治教育传播过程的公共性日益彰显。思想政治教育内容在公共传播空间中需要直面多元社会思潮的干扰并及时应对教育传播环境复杂多变带来的挑战。基于此，可以说，智能数字空间中各类社会思潮的交织堆叠很可能遮蔽社会主流意识形态的教育内容，由此影响思想政治教育内容传播的效率。

综上所述，智能技术视域下思想政治教育传播内容的偏失主要包括传播内容的碎片化、传播内容的窄化以及智能数字空间中多元政治文化思潮对传播内容的遮蔽等。总之，"交往新特征"不可避免对思想政治教育传播主体、传播环境以及传播内容带来现实挑战。

第三节 "交往新特征"弱化思想政治教育的功能

任何思想政治教育实践活动都有其自身特定的功能。思想政治教育功能的实现依托于思想政治教育内容在良好的教育环境中由主体到客体的有效传播。如前所述,智能技术视域下思想政治教育主客体交往新特征导致思想政治教育主客体关系疏离、思想政治教育传播主体泛众化、传播内容的偏失以及传播环境的复杂化等。在此基础上,智能技术应用亦可能在一定程度上弱化思想政治教育的功能。众所周知,政治功能、文化功能和育人功能是思想政治教育的基本功能。因此,从总体上讲,智能技术应用可削弱思想政治教育政治功能、文化功能并最终阻碍其育人功能的实现。

一、削弱思想政治教育的政治功能

传播社会主流意识形态并维护社会整体的政治稳定是思想政治教育的核心功能。如有学者所言,"思想政治教育的核心功能就在于传播社会的主流意识形态,以便使最大多数社会成员认同主流意识形态"①。基于此,智能技术视域下思想政治教育实践活动首先必须考虑智能技术应用对社会主流意识形态、国家意识形态安全等政治问题可能带来的负面影响。具体而言,智能技术应用基于以下原因导致思想政治教育政治功能的弱化。

首先,思想政治教育内容传播的偏失直接削弱其政治功能。数据算法作为人工智能的底层技术一定程度上决定着智能数字空间中思想政治教育信息传播的走向,日益成为传播意识形态建构社会价值观念的新兴权力,为思想政治教育内容传播提供便利。但智能算法本身的信息推荐机制亦不断影响思想政治教育内容传播的偏向,使思想政治教育过程的信息传播与思想政治教育应达成的主流意识形态建构目标相违背。智能技术主导下的信息传播机制势必会弱化思想政治教育的政治功能。具体而言,智能算法在数字空间中的

---

① 孙英. 论思想政治教育功能与主流意识形态传播 [J]. 湖北社会科学, 2014 (4): 177-179.

运行缺乏价值理性和有效的信息传播监管机制，使思想政治教育内容的传播主要依赖受教育者客体的个人偏好和算法自身的投喂机制进行自动分发，由此必然导致思想政治教育过程的信息茧房效应，从而影响思想政治教育内容的传播。思想政治教育传播内容的偏失不可避免引起智能数字空间中价值秩序的冲突和混乱，并潜移默化影响思想政治教育客体对主流意识形态的价值判断和认同。由此，思想政治教育实践活动很难真正履行培养良好思想政治素养并塑造公民政治人格的政治使命。在此意义上，可以说，智能技术可削弱思想政治教育的政治功能。

其次，智能数字化场域的开放性和复杂性瓦解思想政治教育的政治认同，由此削弱其政治功能。如前所述，随着智能技术的快速发展，基于各项智能技术构建的智能媒介场域越来越成为思想政治教育实践活动的主阵地。智能数字空间中多元社会政治思潮的并存不断扰乱思想政治教育宣传维护主流意识形态的政治功能。具体而言，一是智能数字环境的复杂性逐渐消解思想政治教育对主流意识形态的统合能力。智能数字空间的出现为西方资本主义政治思潮和境外反华势力的恶意渗透提供了可乘之机。他们不断利用现代化的智能技术手段和信息垄断优势贩卖资本主义的腐朽思想并灌输西方的思想政治观念，以此攻击社会主义的思想政治制度。由于多种政治思潮的干扰，思想政治教育很难实现对社会主流意识形态的统合，由此削弱其政治功能。二是智能数字场域的多元政治思潮阻碍受教育者客体对主流意识形态的认同。智能数字场域多元社会政治思潮的交织并存严重影响思想政治教育客体的价值判断和选择，并干扰其对主流政治文化的认同，进而影响思想政治教育政治功能的实现。总之，智能数字化场域的复杂性可消解思想政治教育对主流意识形态的统合能力，并影响受教育者客体对思想政治教育的政治认同，在一定程度上削弱思想政治教育的政治功能。

最后，思想政治教育各要素的改变妨碍其政治功能的实现。思想政治教育功能的发挥主要是由其内部各要素之间的关系结构决定的。如有学者所言，"思想政治教育功能侧重于思想政治教育内在各要素之间的关系，或者思想政治教育与外部系统之间的关系"①。因此，智能技术对思想政治教育要素带来的变化必然深刻影响思想政治教育功能的发挥。具言之，过度依赖数据算法推荐导致的信息获取圈层化，必然使思想政治教育客体信息获取的途径不断固化，思想政治教育客体很可能将越来越难以接受社会主流的思想政治观念，最终引起思想政治教育政治功能的弱化。此外，智能技术视域下思想政治教育外部媒介环境和载体系统的革命性变化亦将不断削弱思想政治教育的政治功能。如人工智能快速发展带来的教育环境日益智能化，虚拟现实技术带来教育空间的虚拟场景化等都会不同程度削弱思想政治教育的政治传播和政治统合功能。

综合上述，智能技术视域下思想政治教育主客体交往的新特征由于传播内容的偏失、教育环境的复杂化以及思想政治教育内在要素结构之间的改变，在整体上阻碍思想政治教育政治功能的发挥。

二、弱化思想政治教育的文化功能

思想政治教育不仅承载着维护国家意识形态有序运行的政治功能，而且具有促进社会文化发展的作用，具有重要的文化功能。思想政治教育的文化功能即通过影响人们内在的文化选择从而建立对社会文化规范的自觉认同，其主要包括文化传播、文化选择和文化创造功能等。可以说，思想政治教育文化功能的发挥是社会文化有序运行的基础，是增强中国特色社会主义文化凝聚力的有力保障。

思想政治教育的政治功能与文化功能密不可分，政治观点、思想观念和道德规范等都属于文化范畴。可以说，思想政治教育过程即传播政治文化、伦理文化的过程。智能技术应用既为思想政治教育文化功能的发挥提供了便利，又必然使思想政治教育在传播政治文化和伦理文化的过程中面临前所未有的风险。具体而言，思想政治教育文化功能的弱化包括以下方面。

首先，思想政治教育文化传播功能的弱化。思想政治教育的文化传播功能主要内含以下两方面：一是通过思想政治教育活动传播社会主流的政治伦

---

① 张苗苗. 思想政治教育价值及相关概念辨析 [J]. 学校党建与思想教育 [J]. 2017 (3)：28-30.

理文化，使受教育者客体接受社会主导文化的价值观，从而形成符合社会需求的行为模式；二是受教育者客体通过自身的主动学习以获取社会主流的政治道德知识，形成特定的政治道德观念和行为规范。由此可见，思想政治教育的文化传播过程是思想政治教育主客体之间不断交流双向互动的过程。思想政治教育要素的深刻变化必然弱化思想政治教育文化传播功能。思想政治教育传播主体的多元化、传播媒介的数字智能化、传播环境的日益复杂化等都将不同程度削弱思想政治教育的文化传播功能。具体而言，由于大数据技术和智能算法的应用，思想政治教育的文化传播过程逐渐转向智能算法的推荐。如前所述，智能算法的信息推荐机制及其智能算法本身的技术局限性导致思想政治教育文化传播的圈层化，由此必然弱化其文化传播功能。此外，智能技术综合应用带来思想政治教育环境的日益复杂化亦将影响思想政治教育文化传播的效率。

其次，思想政治教育文化选择功能的弱化。思想政治教育文化传播的过程必然伴随着对社会整体文化的批判、扬弃、选择和吸收，尤其是对传统文化和外来文化的扬弃和选择。因此，思想政治教育除了文化传播功能之外还具有文化选择功能。思想政治教育通过文化选择，在传统与现代、过去与未来之间建立起文化联结发展的桥梁。要想有效发挥思想政治教育的文化选择功能，首先必须引导思想政治教育主体树立正确的文化价值观并提高其文化判断和选择的能力。然而，数字空间各种社会文化思潮的多元并存以及智能算法的推送机制不断与思想政治教育的主流意识形态内容相混淆，必然会干扰思想政治教育主体的价值判断和文化选择，进而从整体上影响思想政治教育的文化选择功能。此外，智能技术视域下思想政治教育客体亦将受到数字空间中多元文化思潮的影响，并干扰其判断和选择主流政治文化的能力，由此导致思想政治教育文化选择功能的弱化。

最后，思想政治教育文化创造功能的弱化。思想政治教育的文化传播并不是机械的传输，而是在不断整合创新基础上进行的分散化传播。由此可见，思想政治教育除了文化传播和文化选择之外，还必然发挥着重要的文化创造功能。可以说，思想政治教育的文化创造功能是在文化传播和文化选择基础上的创造。有学者指出，"思想政治教育的文化创造功能一方面是选择构建适合思想政治教育活动开展的文化方式和文化形态，另一方面是通过培养适应社会发展需要的具有创新能力的人才，来促进个体精神财富和社会文化的不断更新发展"①。由此可见，思想政治教育的文化创造功能包括对文化本身的创造和对受教育者客体的文化塑造，以造就适应社会发展的创新型人才。然而在智能技术视域下，以下原因可能导致思想政治教育文化创造功能的弱化。一是虚拟数字空间中信息的多元混杂导致思想政治教育很难分辨自身所应当承载的文化血脉，由此更难以创造构建出社会所需要的先进文化；二是思想政治教育客体受算法推荐机制和智能数字空间多元信息的干扰，导致思想政治教育过程对思想政治教育客体的文化塑造难以产生正面影响，由此很难培养出适应社会发展所需的创新型人才。总之，智能技术的应用必然会在一定程度上削弱思想政治教育的文化创造功能。

综上所述，智能技术的深入应用必然影响思想政治教育文化功能的发挥，即思想政治教育的文化传播、文化选择和文化创造功能都在不同程度上受到智能技术的深刻影响。因此，必须合理控制智能技术的应用限度，最大限度减少智能技术应用对思想政治教育文化功能的弱化。

三、阻碍思想政治教育的育人功能

思想政治教育的育人功能包括引导个体的社会化、培育个体的思想政治素质以及促进人的全面发展等方面的内容。"思想政治教育育人是通过培养、提高人们的思想政治素质来实现的。育人功能是思想品德形成发展规律的运用，是思想政治教育的基本功能。"② 智能技术应用不仅可削弱思想政治教育的政治功能和文化功能，而且在个体维度上亦必然影响思想政治教育育人功能的发挥。具体而言，智能技术应用可基于以下原因阻碍思想政治教育育人功能的实现。

首先，智能数字空间中多元文化良莠不齐阻碍思想政治教育育人功能的

---

① 朱文，王涛．论思想政治教育的文化功能［J］．思想政治教育研究，2017，33（4）：96-99.

② 张耀灿，郑永廷，吴潜涛，等．现代思想政治教育学［M］．北京：人民出版社，2006：134.

实现。智能技术的发展演进使思想政治教育活动越来越依赖智能数字空间场域而开展。智能数字空间场域中多元文化交织加剧了不同思想文化之间的碰撞，由此逐渐弱化思想政治教育的文化育人能力。一方面，智能数字空间场域的开放自由使民意表达和思想文化传播的渠道更加畅通，从而使数字空间场域的信息内容多元化。多元思想文化的混杂使思想政治教育所承载的主流文化很容易被遮蔽，从而不断降低其价值引导能力，由此削弱思想政治教育的文化整合能力。另一方面，由于智能数字空间中思想政治教育话语传播具有去中心化的特质，由此传统人类教育者作为思想政治教育主体的主导性和权威性不断被弱化。与此同时，思想政治教育客体很容易受到各种不良信息的诱导，从而影响思想政治教育育人功能的发挥。总之，智能数字化空间中多元文化的混杂很大程度上影响思想政治教育育人功能的发挥。

其次，思想政治教育主客体关系疏离妨碍其育人功能的实现。智能技术视域下，交往场域的全景开放、交往形式的数字媒介化和交往过程的人机协同化等带来的思想政治教育主客体疏离，直接影响思想政治教育育人功能的发挥。一是主客体认同疏离弱化思想政治教育的育人功能。智能技术视域下思想政治教育主体话语权的削弱、主体的角色认同危机等都将导致彼此之间的认同疏离。思想政治教育的育人功能主要是通过思想政治教育主客体之间的交往互动传播思想政治教育内容而达成的。因此，智能技术视域下思想政治教育主体地位弱化带来的认同疏离必然影响思想政治教育育人功能的发挥。二是主客体情感疏离阻碍思想政治教育的育人功能。智能数字场域中的思想政治教育主体是以数字化甚至匿名化的方式呈现的，由于交往场域的全景开放和交往过程的数字匿名化，思想政治教育客体对其交往主体的情感依赖逐渐减少，并转向对教育智能机器或智能教育平台的过度依赖。然而，思想政治教育的根本目的在于对受教育者客体思想政治、价值观点和道德观念等方面产生耳濡目染的影响，因此，只有通过人与人之间的交往互动才能真正发挥思想政治教育的育人功能。总之，思想政治教育主客体之间的情感疏离亦必然在一定程度上影响思想政治教育育人功能的发挥。

最后，"交往新特征"在整体上影响思想政治教育育人功能的发挥。从根本上说，智能技术的介入使思想政治教育主客体交往活动能够在更加广泛的时空范围内进行，同时交往的形式亦更加丰富多样，如数字媒介化交往、具身在场化交往、人机协同化交往等。思想政治教育主客体交往的新特征不可避免阻碍其育人功能的发挥。具体而言，一是思想政治教育主客体交往时间的全时性和交往空间的流动性影响其育人功能的发挥。交往时空的错位意味着思想政治教育主客体交往可通过各类智能教育平台系统在任意时空范围内进行。在此情境下，思想政治教育主客体无法进行面对面的交流沟通且交往过程存在时间上的错位。很显然，在虚拟数字化场域开展的思想政治教育活动远远无法与物理空间中面对面的思想政治教育活动成效相媲美。在此意义上，思想政治教育的数字媒介化和具身在场化交往必然影响思想政治教育育人功能的发挥。二是思想政治教育过程的人机协同化交往亦将削弱思想政治教育的育人功能。如前所述，各类智能教育机器的介入使思想政治教育客体逐渐从对人类教育者的依赖转向对智能机器的依附，由此思想政治教育主客体直接交往的频率不断减少。而智能机器很难拥有类似于人类教育者的情感道德和价值观等，同时思想政治教育的本质决定其必须基于人与人之间的情感道德展开互动。由此可以说，思想政治教育过程对教育智能机器的过度依赖必然在一定程度上削弱思想政治教育的育人功能。

综上所述，智能技术视域下思想政治教育主客体交往的新特征不可避免使思想政治教育实践过程面临诸多现实挑战。思想政治教育过程的现实挑战主要包括思想政治教育主客体关系的疏离、思想政治教育传播风险以及思想政治教育功能的弱化等。

第六章

应对智能技术视域下思想政治教育现实挑战的策略

针对智能技术视域下思想政治教育实践面临的现实挑战，必须从各个维度切入积极采取措施，以保障智能技术能够最大限度赋能思想政治教育的发展。具体而言，必须从以下方面入手积极应对智能技术视域下思想政治教育实践面临的现实挑战。首先，应不断完善智能技术与思想政治教育融合的内在动力机制。其次，必须合理构建思想政治教育过程的智能技术融入机制。最后，要不断健全智能技术与思想政治教育融合的制度保障机制。以此最大限度规避智能技术视域下思想政治教育过程面临的现实挑战，保障智能技术演进与思想政治教育发展的同频共振。

第一节　完善智能技术与思想政治教育融合的内在动力机制

要想有效应对智能技术视域下思想政治教育实践面临的现实挑战，首先必须从思想政治教育自身出发及时优化思想政治教育主客体的能力结构，并降低其对数据算法等智能技术的过度依赖，从根本上解决思想政治教育主客体之间的认同疏离。如有学者所言，"人工智能时代的思想政治教育不仅要增强体系内部各要素的智能水平，更要使自身成为一个智能体系和智能系统，以更好地应对技术环境、学习环境、社会环境的挑战"①。同时，要遵循思想政治教育主客体交往的规律以纾解彼此之间的情感疏离。此外，还必须积极构建思想政治教育伦理共同体以防止道德疏离现象的发生。

一、优化思想政治教育主客体能力结构解决认同疏离

面对智能技术视域下思想政治教育主客体的认同疏离，首先应不断优化思想政治教育主客体能力结构并及时提升其综合素养以促进自身的发展，防止智能技术过度应用带来的认同疏离。具体而言，应从更新交往理念、优化知识能力结构、转变角色意识等维度进行全面把握，以缓解思想政治教育主客体的认同疏离。

其一，思想政治教育主客体应坚持自我教育和终身学习理念。智能技术的应用使思想政治教育主客体的思想观念、思维方式、认知模式、交往需求等都发生了根本性改变；同时，智能技术也使思想政治教育过程逐渐呈现智能化形态，人与人、人与机器的多元交互不可避免成为思想政治教育交往实践的常态。基于此，思想政治教育主客体必须坚持自我教育和终身学习理念，实现人与智能机器的和谐共处。首先，思想政治教育主客体应坚持自我教育理念。教育者育人的前提应当是知识能力的学习者，只有掌握了足够的专业知识并具备立德树人的能力和意愿，才能成为合格的思想政治教育主体。尤其在智能技术日益发展的当下，教育者必须进行自我教育并及时更新完善自身的知识储备。其次，思想政治教育主客体应树立终身学习理念。终身学习理念的提出是随着20世纪新科技革命的到来而首次在教育领域提出的。随着智能技术的广泛应用，思想政治教育主客体必须坚持终身学习理念，不断更新自身的知识体系并提升综合能力。只有全面系统地掌握各类智能技术的操作应用，才能及时应对思想政治教育过程智能化出现的一系列问题和挑战。如尤瓦尔·赫拉利所言，"智能时代的到来彻底打破了传统意义上人生阶段学习期和工作期的划分，这种模式在智能时代将很快过时，要想让自己在这世

---

① 杨威，耿春晓. 人工智能时代思想政治教育发展的可能议题［J］. 思想教育研究，2021（10）：47-52.

界上还有点用，就需要不断学习重塑自己"①。因此，智能技术时代思想政治教育主客体必须及时更新自身的学习和教育理念，以有效应对教育过程出现的现实挑战。

其二，应不断优化思想政治教育主客体能力结构培育其批判性思维。随着人工智能的机械模仿和自我复制能力不断超越人类，要想积极应对人工智能技术带来的冲击和挑战，必须及时优化思想政治教育主客体能力结构提升综合素养并培育其批判性思维，不断增强人类在思想政治教育实践中的教育智慧。一是应注重思想政治教育主客体批判性思维的培养。思想政治教育主客体若过度依赖数据算法的精准预测，将导致自身批判性思维能力的丧失。为避免思想政治教育主客体思维方式的单向化，必须积极培养其批判性思维。首先，应当使教育主客体了解和掌握思想政治教育知识生产的经验基础、方法和逻辑过程；其次，要提升教育主客体辨别思想政治教育信息的能力，及时规避智能技术应用带来的新问题，学会辩证审视人工智能与思想政治教育融合带来的利弊得失。此外，有学者指出，"人工智能时代的思想政治教育工作者必须具备整体性、动态性和关联性思维，从而不断增强人工智能与思想政治教育之间的融合度与契合度"②。二是思想政治教育主客体要不断提升自身的智能素养。如前所述，智能技术赋能下的智慧学习场景的确能够为受教育者提供个性化的定制推送服务，但长期依赖数据算法的定制将使受教育者客体对智能技术产生过度依赖，导致其对传统的人类教育主体依附性逐渐减弱，进而导致其话语权的式微。为保障人类教育者在思想政治教育过程中的主体地位，必须及时提升自身的智能素养并提高其隐私保护能力和数字交往能力，促进其利用智能交互平台进行数字化交往。因此，必须树立正确的智能交往观以提升人机协作能力，促进思想政治教育过程的智能化。此外，智能时代人类教育者亦应当关注自身创造能力的培养，不断提升道德审美能力、价值引导能力等，充分发挥自身在思想政治教育交往实践中的独特价值。只有不断优化人之为人的独特能力结构并及时提升教育智慧，才能充分发挥思

---

① 赫拉利. 今日简史［M］. 林俊宏，译. 北京：中信出版社，2018：257.
② 林峰. 人工智能时代思想政治教育的价值定位与发展［J］. 思想理论教育，2020（1）：79-83.

想政治教育主客体的作用，保障智能技术视域下思想政治教育实践的顺利开展。

其三，作为人类教育者的思想政治教育主体要及时转变自身在教育过程中的角色意识，积极从知识传授者向教育协作者及价值引导者转变。随着智能机器的应用，原本应该由教育者承担的部分教育职责逐渐被人工智能所替代。教育者应从以往的课程设计者、知识灌输者、教学评估者等向教育协作者及价值引导者转化。首先，人类教育者应从知识传授者向教育协作者的身份转变。一是要坚持教育者与受教育者之间的协作。受教育者作为需要接受思想政治教育的一方，其在思想政治教育过程中的主体性和能动性不容忽视。伴随受教育者越来越依赖各类智能教育系统进行自主学习，其主体性将被全面激活并不断强化。由此，传统教育者的知识灌输功能日渐式微，教育者与受教育者的力量呈现此消彼长的态势，教育者必须从教育过程的主导者向协作者的角色转变。二是教育者与人工智能协作。人机协作将成为未来思想政治教育实践的常态，这意味着教育者要善于与各类智能教育系统或智能教学机器协作，促进思想政治教育过程的智能化；同时，教育者还应当善于运用人工智能技术促进自身的发展，不断打破既定的认知框架并更新自身的思维观念和认知模式，真正帮助受教育者获得成长。其次，教育者应从知识灌输者向价值引导者转变。人工智能的算法模式与人的认知路径截然不同，人工智能不可能引导人的精神成长、培养受教育者的社会主义核心价值观。然而，思想政治教育的最终目的是促进人的精神成长，形塑人的价值取向，提升人的思想政治意识和伦理道德素养以促进人的全面发展。如张国启教授所言，"思想政治教育是一种具有价值引领意义的意识形态实践活动"①。可见，思想政治教育使命的达成不可能完全依靠智能机器来实现。鉴于此，智能时代应当重塑教育者在思想政治教育过程中的价值引导者角色，为受教育者的精神发展、政治素养提升、价值观培育等给予最大限度的指引。

综上所述，智能时代思想政治教育主客体的发展完善是一个多维度多层次的系统工程。面对智能技术应用导致思想政治教育主客体认同疏离的现实

① 张国启.论思想政治教育主体的价值引领意识及其强化维度 [J].思想理论教育，2017（4）：23-27.

境况，一方面，要提升思想政治主客体的能力素养，培养自我教育和终身学习理念，使思想政治教育主客体及时适应智能技术的发展；另一方面，要及时转变思想政治教育主体的角色意识，使其主动从思想政治教育的知识传授者向教育实践过程的协作者及价值引导者转变，促进思想政治教育主客体交往的人机协同化，以有效规避智能技术应用带来思想政治教育主客体认同疏离。

二、遵循思想政治教育主客体交往规律纾解情感疏离

智能技术应用的根本目的在于提升思想政治教育实践活动的效率。无论智能技术如何发展，思想政治教育对人本身的关注在任何时代都不会改变。基于此，在思想政治教育过程中关注主客体自身的发展和主客体之间的交互是智能技术应用的根本出发点。面对思想政治教育主客体的情感疏离，必须客观审视两者交往的现实境况并充分尊重思想政治教育主客体交往的客观规律，以确保其不被智能技术的工具理性所束缚，从而有效缓解两者之间的情感疏离。具体而言，必须从以下方面深化对思想政治教育主客体交往规律的认识以纾解其情感疏离。

首先，应坚持以人为本原则充分重视思想政治教育主客体的发展。智能技术为人类社会带来的最大变化是人与外部世界关系的改变，人借助智能技术能够更好地服务于人类社会的发展。无论未来智能技术如何发展，对人自身的关注与尊重都是思想政治教育最根本的出发点。"教育的起点和归宿都是人，人的成长和发展是教育关注和发挥作用之根本所在。"[①] 作为以思想、政治和道德等为主要内容的特定教育活动，思想政治教育更需要关注人自身的发展完善。智能技术视域下的思想政治教育实践必须尊重人的独特性和个体性差异，关注人的内在精神成长并引导人的思想发展和道德进步。首届国际人工智能与教育大会达成的《北京共识》已明确提出要坚持以人为本原则，

---

① 和学新，褚天. 人工智能时代教育变革的理性思索 [J]. 河北师范大学学报（教育科学版），2020，22（6）：112-118.

必须"认识到人类智能的独特性"①。基于此，智能技术的思想政治教育应用亦必须坚持以人为本原则，必须充分重视和时刻关注人的全面发展。因此，智能技术应用的首要前提是必须尊重思想政治教育主客体的发展，并不断提升其创造能力更新其思维方式，保证思想政治教育主客体能够有效运用和控制智能技术，从而在一定程度上规避智能技术过度应用可能带来的情感疏离。

其次，应注重思想政治教育主客体间的交往互动。在人工智能逐渐参与思想政治教育交往活动的背景下，仍然要将人类教育者和受教育者之间的交往互动作为最核心的关系。在人工智能日益与思想政治教育融合的背景下，以人工智能为底层技术逻辑所构建的虚拟数字教师或智能教育机器可直接参与思想政治教育实践活动，并在一定程度上替代人类教师为教育对象定制个性化的学习方案，使思想政治教育活动的开展更加高效便捷。然而，人工智能教师虽然能够参与思想政治教育活动并与受教育者客体产生一定的人机交互，但人工智能毕竟不具备人类的情感，因而无法与人展开情感互动。因此，作为人类教育者和受教育者的思想政治教育主客体之间交往互动所产生的效果是人机互动所无法比拟的。有学者指出，"师生群体之间在互动中所传达的方法经验与思维碰撞，是感受到的人与人之间的尊重、真诚和帮助，是情感的体验和对世界意义的理解和建构"②。可见，人与人之间的情感交互是教育与生俱来的独特优势，是建构人类意义世界的内在源泉。因此，智能技术无论如何发展进步都无法真正替代人类教育者和受教育者作为思想政治教育主客体之间的情感互动。因此，必须注重传统思想政治教育主客体之间的互动并将其作为思想政治教育实践过程的核心关系，以避免过度依赖智能教育机器造成对上述关系的僭越，从而引起彼此之间的情感疏离。

最后，必须把握思想政治教育的育人本质。面对智能技术视域下思想政治教育主客体之间的情感疏离，应当保持积极理性的态度坚持思想政治教育的育人初心，把握思想政治教育的育人本质，把促进人的自由全面发展作为

---

① 联合国教科文组织正式发布《北京共识——人工智能与教育》［EB/ OL］. 搜狐网，2019-08-28.

② 吴传刚. 人工智能时代的教育转向及发展理念［J］. 未来与发展，2018，42（11）：15-19，14.

思想政治教育的根本目标。"思想政治教育应以我为主融合人工智能的发展成果，努力塑造和培育具有主动学习力、沟通力和创造力的'人工智能时代的原住民'。"① 因此，无论智能技术在何种程度上介入思想政治教育实践活动，"在本质上它始终摆脱不了作为高级智能工具的命运，我们在设计、开发和应用人工智能时，始终坚持以人为出发点和落脚点，坚守思想政治教育的基本原则、指导思想、根本任务和本质规律，让人工智能服务于人，而不是反客为主、本末倒置地使人依附并受控于人工智能"②。因此，只有正确理解和把握思想政治教育的育人本质，才能理性看待智能技术在思想政治教育实践中的地位和作用，以避免人工智能等智能技术的过度应用带来的思想政治教育主客体情感疏离问题。

三、构建思想政治教育的伦理共同体以防止道德疏离

　　道德疏离现象的发生本质上是由于交往要素内部之间的分化造成的。因此，智能技术视域下思想政治教育主客体的道德疏离主要是由于智能数字教师、智能教育机器等的介入使思想政治教育内部要素不断分化引起的。鉴于此，必须积极构建思想政治教育伦理共同体以有效应对主客体之间的道德疏离。在智能技术发展的背景下要想积极构建思想政治教育伦理共同体，不仅要正确处理思想政治教育主客体间的人际关系，更要处理好思想政治教育主客体与智能机器及其交往要素之间的关系。具体来讲，思想政治教育伦理共同体的构建可从以下方面入手。

　　一是应坚持思想政治教育主客体及其与其他交往要素有效协作。如前所述，智能技术应用必然对思想政治教育主客体、思想政治教育环境、思想政治教育载体以及思想政治教育方法等交往要素带来根本性改变。由此，必须坚持思想政治教育各交往要素的有效协同，才能缓解主客体在交往过程中产生的道德疏离现象。首先，要坚持思想政治教育主客体之间的有效协作，即

---

① 武东生，郝博炜．思想政治教育有效利用人工智能的分析［J］．马克思主义理论学科研究，2019，5（3）：103-112.
② 林峰．人工智能时代思想政治教育的价值定位与发展［J］．思想理论教育，2020（1）：79-83.

思想政治教育主客体应在主动适应各项智能技术的基础上深化彼此的交流沟通。具体而言，思想政治教育主体应充分发挥自身的育人优势并与思想政治教育客体形成合力以巩固两者之间的道德关系，防止其交往过程出现道德疏离现象。同时，思想政治教育主客体只有主动更新交往观念，才能真正将智能技术作为有效的教育要素融入思想政治教育过程，以减少道德疏离现象的发生。其次，要促进思想政治教育主客体与其他交往要素的有效协作。思想政治教育主客体交往过程涉及所有的思想政治教育要素，必须保障各教育要素之间的有机协同才能使主客体交往有序运行。在智能技术视域下，思想政治教育主客体不仅要积极适应智能化的教育环境，还必须利用大数据技术、人工智能等拓展交往实践的载体系统。思想政治教育主客体只有主动适应不断变化的教育环境，并在科学运用大数据技术、智能教育机器等新型教育载体的基础上不断创新教育方法，才能使思想政治教育主客体交往过程形成互相关联的有机整体，以有效缓解主客体交往过程道德疏离的发生。

二是要坚持思想政治教育主客体与各项智能技术之间的协同。思想政治教育主客体与智能技术之间的协同程度直接决定着交往活动的成败。因此，为有效缓解思想政治教育主客体之间道德疏离的现象，首先，必须加强思想政治教育主体与各类智能教育机器的协作。随着智能技术的更新迭代，未来智能机器将不再仅仅是传统意义上辅助人类开展交往活动的工具，而是作为具有一定主体地位的存在者共同参与人类的交往实践活动。基于此，在思想政治教育过程中，不仅要处理好思想政治教育主体与受教育者客体的关系，而且要处理好人与各类智能机器的关系，坚持人与机器的协调统一，以有效缓解智能技术应用带来的道德疏离现象。其次，应加强思想政治教育客体与智能教育机器的协调。随着智能技术的发展，未来各类智能教育平台必将成为思想政治教育主客体交往的重要媒介系统。基于此，思想政治教育客体亦必须积极主动了解各项智能教育机器的操作原理，充分利用智能教育平台赋能交往活动的开展。此外，思想政治教育客体亦可利用智能交互系统，如通过腾讯会议与思想政治教育主体开展即时性交流。在此背景下，思想政治教育客体必须积极学习掌握各项智能技术运用的原理，以有效防止因过度依赖智能技术带来思想政治教育主客体之间的道德疏离。

总之，智能技术视域下思想政治教育伦理共同体的构建是一个系统的工程，不仅要有效协调思想政治教育内部各要素之间的关系，而且要坚持教育要素与智能技术之间的协调，把思想政治教育过程各要素的互相协作看作有机关联的伦理共同体。只有积极构建思想政治教育主客体交往的伦理共同体，才能有效防止两者之间道德疏离现象的发生。

综上所述，要想有效应对智能技术视域下思想政治教育主客体交往过程的道德疏离，首先，必须及时提升主客体自身的能力素养以有效缓解交往过程的认同疏离，其次要遵循思想政治教育主客体交往的规律以防止交往过程的情感疏离，最后还应积极构建思想政治教育交往的伦理共同体以有效缓解其道德疏离，从而使智能技术能够最大限度赋能思想政治教育实践的发展。

第二节　构建思想政治教育实践过程的智能技术融入机制

面对智能技术视域下思想政治教育主客体交往新特征带来的现实挑战，不仅要及时完善思想政治教育主客体交往的内在动力机制，而且要从智能技术的维度切入积极构建思想政治教育实践过程的智能技术融入机制，最大限度避免思想政治教育实践被智能技术的工具理性所控制。具体而言，要想有效构建思想政治教育实践过程的技术融入机制，首先，必须控制智能技术应用的限度以优化思想政治教育传播主体架构。其次，要积极营造人技共生的教育氛围以净化思想政治教育传播环境。最后，应将智能算法嵌入思想政治教育主流价值观，用思想政治教育主流价值观引导智能算法的运行，防止思想政治教育传播内容的偏失。

一、合理应用智能技术以优化传播主体的架构

在对智能技术的本质及其教育价值给予正确理解的基础上，要构建思想政治教育主客体交往的技术融入机制，必须合理控制智能技术应用的限度并把握智能技术与各教育要素的关系，保持智能技术、思想政治教育与人的发展之间的动态平衡。从整体上讲，必须坚持技术与教育实践和谐共生的生态

逻辑，促进智能技术、教育和人的发展互利共生。因此，必须回到"人"本身来积极探寻智能技术应用的逻辑理路，从源头上减少智能技术带来的负面效应，将以人为本理念渗透至思想政治教育全过程，以合理运用智能技术优化传播主体架构。具体而言，要合理运用智能技术以优化传播主体架构必须做到以下方面。

首先，应辩证看待智能技术应用的利弊得失，并保持思想政治教育实践的实体化与数字化有机共存。如前所述，虽然智能技术在一定程度上方便了思想政治教育活动的开展，但也使思想政治教育实践过程产生诸多现实挑战。可以说，智能技术作为现代技术发展的标志隶属于技术范畴，具备技术的共性。因此，智能技术的应用亦必然具有双重性，必须辩证看待智能技术在教育实践过程中的价值。既要充分利用智能技术的优势促进思想政治教育实践的数字化和智能化转型，又要继续保留传统思想政治教育主客体之间的实体化交往，实现各交往方式的优势互补。总之，必须根据思想政治教育实践的具体情境采用不同的交往方式，辩证看待智能技术与思想政治教育实践融合的利弊得失。只有辩证分析智能技术的利弊得失，准确认识智能技术给思想政治教育实践带来的双重影响，才能最大限度减少智能技术视域下思想政治教育实践过程的风险。

其次，要正确审视智能技术在思想政治教育实践过程中的角色定位，坚持人与技术的优势互补。如前所述，虽然智能教育机器或数字教师的介入将不断解构传统的思想政治教育主体结构，但无论人工智能如何发展，都不可能完全替代人在思想政治教育交往过程中的地位和作用。"人工智能在未来可能完成思想政治教育的一部分工作，但是思想政治教育工作不会被完全淘汰。"① 可以说，任何智能技术都只能作为思想政治教育实践的辅助工具，为思想政治教育交往活动的开展提供便捷，而思想政治教育实践过程的价值判断和选择仍然需要人自身来完成。如学者所言，"新技术的使用和信息化生存的终极目的，最终仍然是为了更好地张扬人文精神，而不是使人走向毁

---

① 常宴会. 人工智能在思想政治教育中的应用前景和价值前提探析 [J]. 思想理论教育，2019（8）：79-83.

灭"①。因此，智能技术与思想政治教育的融合必须坚持人与技术的优势互补，准确定位智能技术在思想政治教育交往过程中的角色地位。为此，必须平衡智能技术的工具理性和价值理性的关系并实现技术与人的和谐共生，使人与智能技术各安其位，以此保障人类教育者的主体地位，从而不断优化思想政治教育传播的主体架构。

最后，合理控制智能技术与思想政治教育融合的限度，避免智能技术过度应用遮蔽人的主体地位。随着科学技术的发展和资本逻辑的操纵，未来智能技术的思想政治教育应用将成为常态。但无论智能技术如何便捷高效，都不可能漠视思想政治教育自身的价值而无节制地任由智能技术应用泛滥。如果我们不能合理控制智能技术的应用限度，智能技术将反过来控制我们。因此，为确保"人"在思想政治教育实践过程的主体地位，应该"在坚持人的主体性的基础上，主张人与技术的结合，人和现代信息技术结合"②，以合理控制智能技术应用的限度。然而，控制智能技术与思想政治教育融合的限度并不是要完全抛弃智能技术，"而是通过价值观实现技术的人性化、民主化和生态化"③，实现人与智能技术发展的相互促进。要想有效控制智能技术应用的限度，一是要抵制对智能技术的盲目崇拜，提升思想政治教育主客体对智能技术的辨别和判断能力，理性看待智能技术在思想政治教育实践中的价值。二是要明确思想政治教育的目标使命，关注智能技术与思想政治教育融合过程中人的发展问题，避免智能技术使用的本末倒置。只有合理控制智能技术与思想政治教育融合的限度，才能最大限度规避思想政治教育传播主体过度泛化的风险。

二、营造人技共生的教育氛围以净化传播环境

要构建思想政治教育实践过程的智能技术融入机制，必须在合理控制智能技术应用限度、辩证看待智能技术实践价值的基础上，积极营造人技共生的思想政治教育氛围以净化传播环境。要想营造人技共生的思想政治教育氛

---

①　李芒. 论教育技术视域中"人与技术"之关系［J］. 中国电化教育，2008（7）：11-15.

②　李芒. 论教育技术视域中"人与技术"之关系［J］. 中国电化教育，2008（7）：11-15.

③　刘英杰. 作为意识形态的科学技术［M］. 北京：商务印书馆，2011：51-52.

围，首先必须从普遍意义上把握技术的本质并科学定位智能技术的实践价值，为净化传播环境奠定基础。

目前关于"技术是什么"学界没有达成共识，因为技术一直处于发展之中，且不同学者的学科背景和研究视角相去甚远。《哲学大辞典》认为："技术（technology）一般指人类为满足自己的物质生产、精神生产以及非生产活动的需要，运用自然和社会的规律所创造的一切物质手段及方法的总和。"[1]可见，技术本身拥有自然和社会双重属性，技术发展既无法脱离自然规律的客观限制，同时也不断受到人类社会各种伦理道德等社会因素的制约。马克思主义对技术本质的理解可为我们有效把握智能技术的本质提供理论指引。马克思主义认为技术的本质是人的本质力量的对象化，是人类征服和改造自然的劳动手段。技术的产生起源于人的需要，存在于人的劳动实践过程中。同时技术不断改变着社会关系，每一种技术的应用都在一定程度上重新建构出新的生活方式和交往方式，从而改变着人与人、人与物之间的关系。在此意义上，由技术发展所产生的物质实体将不再单纯是自然意义上的物质存在，而是社会关系的外在呈现。可以说，技术的发展不仅是生产力进步的标志，而且体现着社会生产关系发展的水平，是推动社会发展的主要驱动力。

在此基础上，马克思明确指出，技术在人类社会历史的发展中充当着革命性的变革力量，并不断渗透至社会生活的方方面面，是人类社会发展进步的强大驱动力。可以说，只有当技术实际地发挥作用时，其价值才得以完整的体现。有学者明确指出，"技术满足人们需要的过程是一个技术实际的应用过程"[2]。因此，满足社会发展和实际应用是技术更新迭代的不竭动力。然而技术的实际应用过程是一把双刃剑，既有正向价值又带来负面影响。技术在提高劳动生产率、促进社会整体发展进步的同时，亦将带来技术自身的异化以及实际应用过程的技术控制和社会生态危机等诸多现实问题。

根据以上对技术本质及其实践价值的分析可知，智能技术在本质上是当代社会发展进步的结果，是社会生产力不断发展的显著标志；同时，智能技

---

① 金炳华.哲学大辞典［M］.修订本.上海：上海辞书出版社，2001：599.

② 杨瑛霞，田爱奎，夏天，等.从技术哲学看教育技术的内涵与本质［J］.电化教育研究，2007（3）：17-21.

术的实践应用将直接引起社会关系的变化，从而带来人类社会生产生活诸多领域的颠覆性变革。因此，必须紧紧联系社会发展的实际状况，具体分析智能技术的双重属性及其在思想政治教育实践活动中的利弊得失。如学者所言，"现代技术处于技术体系的内在要求和社会要求的二重张力之中，这就要求我们必须联系历史的、具体的社会状况并在承认和重视现代技术具有相对自主性的同时，更要看到技术体系产生和发展的整个过程都是和社会实践的诸因素密切相关的。只有这样，我们才能对技术的发生与演进过程有一个较为准确的把握和理解"①。

基于上述内容，要想最大限度降低智能技术带来的负面影响，积极构建人技共生的思想政治教育传播环境，首先，必须正确理解智能技术的本质，为思想政治教育活动的良性运转提供认识论前提。如前所述，马克思主义的技术观认为科学技术是人的本质力量的外化。"技术作为人对自然界作用的工具、手段及其产品、装置，体现了人的意志和需要。"② 由此推之，智能技术的发展是人的本质力量的对象化和外在化，必须从人自身的立场出发，讨论智能技术的价值应用才有实际意义。"人是技术思考不可忽视的维度，而且是技术思考的最终落脚点和归宿。"③ 基于此，智能技术与思想政治教育的融合必须以人为尺度，以人的发展作为智能技术应用的价值基准。只有正确理解智能技术的本质并重构以人为本的智能技术观，才能真正认识到智能技术的人文价值，引导智能技术的教育应用朝着正确的方向迈进，以此优化思想政治教育传播环境。

其次，应科学定位智能技术的实践价值，避免智能技术过度应用遮蔽思想政治教育应有的育人使命。如前所述，智能技术的常态化应用很容易带来技术上的工具理性思维泛滥，忽视其人文价值。"那些隐而不显的、可怕的和根源性的东西在于技术思维方式，即'座架'，它使人和物的存在本性受到严

① 许良．技术哲学［M］．上海：复旦大学出版社，2004：207-208．

② 赵建军．技术本质特性的批判性阐释［J］．自然辩证法研究，2002，1（3）：35-38，66．

③ 盛国荣．技术思考的主要维度：技术、自然、社会、人［J］．自然辩证法研究，2011，27（2）：32-38．

重摧残、扭曲和丧失。"① 由此，智能技术应用于思想政治教育的过程同样可能面临技术思维的"座架"危机。基于此，必须从人的发展和思想政治教育自身的育人使命出发，给予智能技术以合理的价值定位，使人的生存发展成为选择取舍智能技术的终极依据。因此，智能技术的思想政治教育应用必须体现以人为本的价值诉求。坚持以人为本的价值诉求即要在智能技术运用于思想政治教育的过程中，对思想政治教育主客体自身的发展给予高度关注，以促进人的发展为最高准则。基于此，必须用人文精神引导智能技术的思想政治教育应用，并对智能技术应用做出合乎人文精神的规定，力求使智能技术应用满足思想政治教育的育人使命。只有科学定位思想政治教育的实践价值，才能从根源上为营造人技共生的教育氛围并净化思想政治教育传播环境提供可能。

最后，要保持智能技术发展与思想政治教育应用之间的生态平衡。虽然智能技术发展使思想政治教育过程日益智能化，但智能技术应用并不代表唯技术至上，必须保持思想政治教育实践与智能技术发展的动态平衡，才能有效规避智能技术可能带来的消极影响。要促进智能技术与思想政治教育实践之间的生态平衡必须做到以下两点：一是坚持智能技术为思想政治教育服务的价值理念，以思想政治教育的实际需求为导向。从根本上说，要促进智能技术与思想政治教育实践之间的生态平衡，即要关照智能技术应用过程所呈现的技术与教育之间的关系问题，此乃思想政治教育智能化转型的根本。由此，必须根据思想政治教育的实际需要选择最合适的智能技术工具，使智能技术应用呈现出从内向外积极选择的主动性，决不能将选择权让渡给智能技术的随意垄断。二是要促进智能技术与思想政治教育的真正互融，充分彰显智能技术在思想政治教育实践中的生命价值。从表面上看，智能技术是以交往工具的方式介入思想政治教育实践过程的，这是智能技术与思想政治教育实践融合的最浅层次。在此基础上，要充分彰显智能技术应用的生命价值，从思想政治教育的实际和人的需求出发，"用技术精神来表征技术的生命价值。未来教育中引进的新技术不仅是一种教学或学习工具，而且还深刻地彰

---

① 许良．技术哲学［M］．上海：复旦大学出版社，2004：272.

显着技术的创造者及使用者的某种内在规范和信念"①。由此，智能技术应用必须以彰显人的生命价值为尺度，保持智能技术应用与思想政治教育发展的生态平衡。只有如此，才能真正创造人技共生的思想政治教育氛围，净化智能技术视域下思想政治教育的传播环境。

三、将算法嵌入主流价值以防止传播内容偏失

在智能技术时代，智能算法借助各类智能平台进行内容分发推送，从而使智能平台系统在信息传播方面发挥空前巨大的作用。而智能算法推荐受到自身价值偏向的影响，即算法本身不是中立的，而受制于算法背后设计者的主观意图或市场资本逻辑的影响，智能算法在推荐之初即存在诸多不确定因素。面对智能算法的这一特性，当其运用于思想政治教育实践活动时，必须在算法设计中融入符合主流价值观的思想政治教育信息并将其编入算法程序，从而使算法的运行过程不断重复推送符合思想政治教育现实需求的信息内容，使思想政治教育客体的信息获取形成良性循环机制，由此可在一定程度上打破思想政治教育过程的信息圈层效应，防止思想政治教育传播内容的偏失。具体而言，要在智能算法中有效嵌入思想政治教育主流价值观必须做到以下方面。

首先，要始终坚持智能算法应用的马克思主义意识形态主导地位，并将其作为思想政治教育实践的价值引领。马克思主义认为，"技术作为人的本质力量的展现，蕴含着人的优良品质与价值追求。技术价值要与人的价值、文化价值统一起来，最终实现人的自由"②。因此，智能算法应用必须以马克思主义理论为指导，将智能算法作为思想政治教育实践的辅助工具，科学界定思想政治教育"为谁著书、为谁立说、为谁服务"这一前提，筑牢智能算法运行的主流价值基础。基于此，当我们在设计和运用智能算法时，首先要紧扣马克思主义的主流意识形态理论，积极将社会主义核心价值观的内容融入

---

① 朱德全，许丽丽 . 技术与生命之维的耦合：未来教育旨归 [J]. 中国电化教育，2019（9）：1-6.

② 中共中央马克思恩格斯列宁斯大林著作编译局 . 马克思恩格斯全集：第 3 卷 [M]. 北京：人民出版社，2002：303.

智能算法的"推荐池",主动推送符合马克思主义主流意识形态价值取向的内容信息。总之,以社会主义核心价值观作为智能算法推荐的原则,并将其作为思想政治教育实践的方向引领,才能防止智能算法应用带来思想政治教育传播内容的偏失。

其次,要不断优化智能算法设计,及时规避智能算法在思想政治教育过程中的决策偏差。智能算法从设计之初就内嵌着特定的价值观,承载着设计者的主观价值倾向并受制于资本逐利逻辑的影响。由此不可避免导致算法在实际应用过程的隐私泄露、价值偏失等。如海耶斯(Paul Hayes)所言,"如果对算法的设计、实施或部署不当,或者对它们的价值影响没有充分考虑,那么价值就容易贬值……滥用一种算法可能会破坏价值观,并对我们的自由造成巨大损失"[①]。基于此,当智能算法越来越普遍地应用于思想政治教育交往实践时,必须不断优化智能算法设计,将思想政治教育的社会主义核心价值观融入智能算法的设计过程,使其朝着有益于人的自由全面发展的方向迈进。因此,在智能算法的设计和使用过程中,必须充分考虑系统自身的安全性、透明性及公平性等价值原则,并通过特定的方式嵌入主流价值观念以积极优化智能算法程序,从源头上保障智能算法应用过程中的价值正当性,以防止出现智能算法的决策偏差,在一定程度上减少思想政治教育传播内容的偏失。

再次,要强化智能算法平台的责任,搭建主流价值观构建的有效载体。人工智能平台系统的运行主要是基于算法逻辑的信息推送而形成的智能分发机制,因此,智能算法平台的责任担当将是主流价值观能否建构的关键因素。"内容开发者正在逐步将其生产和流通策略定向于主要平台的推荐、排名和其他面向最终用户的算法。"[②] 因此,在优化算法设计的基础上,必须进一步强化智能算法平台的责任意识。为更好地将智能算法嵌入社会主流价值观,必须从以下方面入手:一要秉持建构论的技术理念,破除技术中立的观念前提,

---

① HAYES P. Algorithms and values in justice and security [J]. AI & Society, 2020, 35 (3): 533-555.

② NIEBORG D B, PELL T. The platformization of cultural production: Theorizing the contingent cultural commodity [J]. New Media & Society, 2018, 20 (1): 4275-4292.

积极构建智能算法平台系统，将主流价值观不断融入算法系统，提升平台主体的责任意识；二要突破算法平台狭隘的资本驱动和流量至上逻辑，不断引入社会主流价值观并强化平台系统的整体责任；三要严格把关智能平台的人工审核，凸显社会主流价值的内容设置。面对智能算法系统的信息投喂，必须严格筛选信息内容，保障主流价值观内容在智能平台系统中的占比，以实现思想政治教育信息的精准推送，最大限度避免因算法推送不当带来的思想政治教育内容偏失。

最后，要及时完善智能算法的信息推送机制，用思想政治教育主流意识形态凝聚核心价值共识。习近平总书记指出："在信息生产领域，也要进行供给侧结构性改革，通过理念、内容、形式、方法、手段等创新，使正面宣传质量和水平有一个明显提高。"① 毋庸置疑，思想政治教育过程亦应当及时完善智能算法的信息推送机制，不断革新智能算法的推送机制，用社会主流意识形态凝聚价值共识。为达此目标必须做到以下两点：一是要疏通社会主义核心价值观融入智能算法系统的技术渠道。智能算法推荐作为一种信息处理方式，技术因素在其中发挥着核心作用。面对智能算法的价值理性缺失问题，必须积极对智能算法技术做出相应的调整，打通社会主流意识形态融入智能算法的渠道，及时反思并调整技术方案以消除社会主流意识形态融入智能算法系统的技术障碍。二是要建构适合智能算法传播的思想政治教育主流话语形式。在消除技术路径障碍的基础上，建构适应智能算法传播的思想政治教育话语形式，为思想政治教育主流价值观融入算法体系提供必要的素材资源。具体而言，即要创新主流意识形态话语的表达方式，改变以往严肃抽象的说教式表达，以具体、形象、活泼的话语表达方式传达思想政治教育内容。在此基础上，可将话语表达的方式从文字、图像拓展至视频等形式，不断丰富主流意识形态话语传播的方式，提升其话语亲和力。总之，要从智能算法本身和思想政治教育主流意识形态的话语形式更新两方面双管齐下，共同完善智能算法的信息推送机制，不断用社会主流意识形态凝聚核心价值共识，以防止智能算法应用带来思想政治教育传播内容的偏失。

---

① 习近平. 加快推动媒体融合发展　构建全媒体传播格局［J］. 求是，2019（6）：4-8.

综上所述，要想有效应对智能技术视域下思想政治教育的传播风险，必须合理应用智能技术以优化传播主体架构，积极营造人技共生的思想政治教育氛围以净化传播环境，同时要将智能算法嵌入主流价值观以防止传播内容的偏失。总之，只有积极构建思想政治教育实践过程的智能技术融入机制，科学合理地应用智能技术赋能思想政治教育活动的开展，才能有效应对思想政治教育传播过程可能面临的诸多现实挑战。

第三节　健全智能技术与思想政治教育融合的制度保障机制

为有效应对智能技术视域下思想政治教育实践过程的现实挑战，不仅需要从思想政治教育本身和智能技术的维度切入，而且还必须积极完善智能技术与思想政治教育融合的制度保障机制，以促进思想政治教育功能的真正发挥。具体来讲，首先，要加强思想政治教育过程的伦理约束，保障智能技术应用的技术向善。其次，要制定尽可能完备的政策体系，加强智能技术研发和资本监管的力度以破除技术垄断，实现智能技术与思想政治教育融合的价值互融。最后，还应及时完善智能技术与思想政治教育融合的法律制度，从法律层面保障智能技术与思想政治教育融合的有效性。

需要特别指出的是，构建智能技术与思想政治教育融合的制度保障机制必须从思想政治教育主客体、思想政治教育的组织管理部门、智能技术研发应用监督等方面采取措施，以此保障智能技术视域下思想政治教育功能的真正发挥。

一、加强伦理约束以促进思想政治教育功能的发挥

技术发展带来的红利永远与技术的风险相伴而生。技术哲学家埃吕尔（Jacques Ellul）指出，"技术进步本身的性质是模糊的，不能评判技术进步本身是好或是坏，每一次技术进步在给生活世界带来福利的同时总伴随着新风

险的生成"①。因此，虽然智能技术极大地便利了思想政治教育活动的开展，但智能技术与思想政治教育融合过程的技术偏向性不可避免带来一系列伦理问题。如果不及时加强智能技术应用过程的伦理约束，不可避免会使智能技术应用违背思想政治教育活动的初衷，最终影响思想政治教育功能的发挥。如有学者所言，"当教育领域存在技术与伦理间的冲突时，仅仅问责技术的做法是理论建构中存在困惑的重要表现，其结果便是造成学科建设疑虑与问题解决路径的匮乏"②。因此，必须从伦理维度加强智能技术与思想政治教育融合的伦理约束，在预见智能技术伦理风险的基础上寻求治理之道，不断革新和完善智能技术与思想政治教育融合的伦理约束机制。

具体而言，构建智能技术与思想政治教育融合的伦理约束机制必须做到以下方面。其一，从技术应用的维度讲，要遵循智能技术应用的基本伦理原则，加强对智能技术的伦理关切。从整体上讲，首先必须坚持智能技术开发设计的负责任创新原则。如有学者指出的，"人工智能伦理思想的融入，要遵循一定的技术伦理标准，这既是认知层面的进步，也是伦理道德的必然诉求"③。在此前提下，智能技术应用主要涉及两大方面的伦理风险，即大数据技术滥用和交往空间开放带来的信息泄露风险、过度依赖智能教育机器导致人的主体性弱化。针对上述技术风险，思想政治教育实践应坚持以下伦理原则。一是大数据技术对数据信息的采集运用必须尊重思想政治教育客体的知情同意权。数据算法能够高效搜集思想政治教育客体的个人信息，使思想政治教育主体能够准确了解和把握其交往对象的学习生活状况。为避免其信息隐私权的泄露，必须遵循知情同意原则，使思想政治教育客体的私密性个人信息得到及时保护。为此，思想政治教育主体应不断提高自身的智能媒介素养，不断加强自身对智能技术应用的伦理认知。二是要增强智能算法应用的透明性和可解释性原则，以规避智能技术应用过程的伦理风险。智能算法是

---

① ELLUL J. The Technological Order ［M］//MITCHAM C, MACKEY R. Philosophy and technology: Readings in the philosophical problems of technology. New York: The Free Press, 1983: 86.

② 颜士刚，王丽蕊. 从"双重变奏"到"良性互动"：教育领域技术伦理冲突的本质与调适 ［J］. 现代远程教育研究，2022，34（6）：24-33.

③ 贾龙. 论智能化时代的伦理重塑 ［J］. 自然辩证法研究，2020，36（6）：57-61.

人工智能的核心，即智能技术的背后隐藏着"算法黑箱"。由此，人们在应用人工智能技术的过程中很难理解和把握智能算法背后的决策逻辑，导致智能教育系统的潜在风险不断扩大。基于此，必须在人工智能算法设计中嵌入必要的教育伦理价值观，保证智能算法应用的透明性和可解释性，以降低智能技术应用的伦理失范风险。如田海平教授所言，"算法只有体现或遵循人类主体模式下的善法，才能以有责任的方式推进道德算法的进化及其在机器中的嵌入"①。三是智能机器的运用应坚持以人为本的伦理原则，坚持思想政治教育主客体作为人的主体地位不动摇。思想政治教育交往实践的根本是为了人的发展，因此，坚持以人为本维护人的尊严并保障人的安全是促进人的自由全面发展的前提。在此意义上，必须将以人为本作为思想政治教育过程应遵循的基本伦理原则。总之，只有不断从各方面加强对智能技术的伦理关切，才能保障智能技术与思想政治教育的有效融合。

其二，从思想政治教育的维度讲，要明确思想政治教育过程的责任主体，提升教育主客体对智能技术应用的伦理认知并加强把关力度，最大限度降低智能技术教育应用的伦理失范风险。从宏观上讲，任何思想政治教育活动的开展必须在各级教育主管部门的监管下进行。因此，必须明确思想政治教育各级管理部门的职责分工并强化其主体责任，并加强各级教育主管部门对智能技术与思想政治教育融合的把关力度，以保证智能技术应用符合思想政治教育交往实践的客观规律。从微观层面看，智能技术视域下思想政治教育交往过程不可能任由智能技术对交往活动的诸要素进行任意表征，必须尊重思想政治教育主客体作为人的主体性价值并充分发挥其主观能动性。基于此，当智能机器作为教育活动的参与者应用于思想政治教育实践时，思想政治教育主客体必须对智能教育机器或虚拟数字教师的身份予以认同，这是思想政治教育主客体首先应秉持的技术态度，亦是思想政治教育交往过程人机协作的认识前提。只有合理定位教育智能机器在思想政治教育过程的价值地位，才能有效防止智能机器僭越人的主体性地位，在一定程度上规避智能技术应用带来的伦理失范风险。

---

① 田海平，郑春林.人工智能时代的道德：让算法遵循"善法"[J].东南大学学报（哲学社会科学版），2019，21（5）：5-13，146.

其三，从人与技术关系的维度讲，要积极构建人与技术协同发展的新型伦理关系，促进思想政治教育主客体与智能技术的互利共生。毋庸置疑，智能技术每向前发展一步，智能技术伦理便应当做出相应的跟进。构建人与技术之间的新型伦理关系是智能技术发展的题中之义，亦是规避伦理风险的根本对策。就思想政治教育而言，智能技术与思想政治教育实践的融合从根本上说即是要处理好人与智能技术的关系问题。因此，要有效规避智能技术在思想政治教育实践中的伦理风险，亦必须正确处理人与智能技术之间的伦理关系，构建新型人技伦理形态以适应不断变化的现实境况。智能技术视域下思想政治教育实践中人与技术的伦理关系构建，首先必须树立科学的技术应用价值观和统一的技术伦理规范体系。一方面，思想政治教育主客体必须审慎将各项智能技术纳入道德范畴，并针对智能技术应用可能出现的伦理问题进行及时规避；另一方面，智能技术亦应当在合乎伦理规范的算法设计中增强自身的道德学习能力，并不断接近人类自身的思维和行为能力。其次，在人与技术伦理关系的构建过程中必须坚持人的主导地位不动摇。即思想政治教育主客体应当是思想政治教育交往实践过程的主要参与者，智能技术只能辅助交往实践的开展。如有学者指出："作为他者的技术与人的伦理关系体现在技术为人打开生存与行动的空间，道德伦理源于人与技术的交互，主客体关系在人与技术的交互中消解。"① 总之，人与智能技术必须相互调适以适应人与技术发展的双重需要。因此，必须不断调适思想政治教育主客体与智能技术之间的关系，使两者之间的伦理关系朝着向善的方向发展。

其四，从伦理制度建构的维度讲，要不断完善智能技术应用的伦理规范，使智能技术与思想政治教育实践的融合符合技术伦理的本质要求。智能技术的有效应用仅仅依靠技术和使用者自身的道德约束是不够的，还必须建立尽可能完善的伦理规范以弥补伦理制度缺失带来的裂痕。"伦理责任的实现不仅依靠内在的道德力量，而且必须将这种力量外化为一种制度安排，这样才能使道德之花结出丰硕的技术'善'果。"② 因此，智能技术嵌入思想政治教育

① 陈凡，李嘉伟.技术作为他者：人与技术伦理关系的新思考［J］.武汉大学学报（哲学社会科学版），2022，75（6）：50-59.
② 王健.现代技术伦理规约［M］.沈阳：东北大学出版社，2007：173.

实践亦必须建立与之相应的伦理体系，以保障智能技术与思想政治教育实践的融合符合基本的伦理规范。在具体的伦理制度建构上，不仅要保证智能技术应用符合技术本身发展的伦理要求，而且要制定符合思想政治教育发展的伦理规范，不断加强对思想政治教育各级管理部门的监督与约束，以增强思想政治教育各级参与者的道德责任感。例如，我国在《人工智能标准化白皮书（2018）年》中首次从政府层面提出关于人工智能伦理的人类利益原则和责任原则，为智能技术应用于思想政治教育实践提供制度参考。未来随着智能技术与思想政治教育融合的不断深入，仅仅依靠单方面的力量很难控制或规避智能技术带来的伦理风险。有学者已经指出，"人工智能伦理风险的治理应构建一种组织网络，通过协商合作重构治理主体间关系，以超越传统的技术风险治理模式"①。因此，应从智能技术的开发设计者、监管者和用户角度同时施策，才能为智能技术的思想政治教育应用提供伦理规范。

综上所述，必须从智能技术、思想政治教育、人技关系、伦理制度建构等各个维度同时发力，才能不断完善智能技术应用于思想政治教育的伦理约束机制。"智能教育既是一种技术实践活动，更是一种教育实践活动，在实践过程中既不能做出有违技术伦理的行为，更不能做出有违教育伦理或教育规律的行为。"② 总之，不断加强智能技术与思想政治教育融合的伦理约束，可有效保障智能技术视域下思想政治教育功能的发挥。

二、制定政策体系以确保思想政治教育功能的实施

李政涛等指出，"作为理论与实践的中间地带，政策的拟定，既是对智能时代相关教育理论与实践的接轨和转化，也是一种指引或引领"③。因此，面对人工智能时代思想政治教育功能的弱化亦必须从政策制定层面给予加强。基于此，必须在加强伦理道德约束的基础上不断强化各级教育管理部门和思

---

① 张铤. 人工智能的伦理风险治理探析［J］. 中州学刊，2022（1）：114–118.
② 张立新，陈倩倩. 智能教育的伦理研究：缘起、现状与愿景［J］. 沈阳师范大学学报（教育科学版），2022，1（4）：22–28.
③ 李政涛，罗艺. 智能时代的生命进化及其教育［J］. 教育研究，2019，40（11）：39–58.

想政治教育主管部门的职责，并针对智能技术应用的实际情况制定相应的政策体系，以确保智能技术的思想政治教育应用在科学合理的范围内进行。总之，构建智能技术与思想政治教育融合的政策体系需要政府部门、思想政治教育主管部门、具体的教育实践者等彼此协作，以确保智能技术视域下思想政治教育功能的有效发挥。

其一，就智能技术与思想政治教育融合的政策制定而言，政府部门要不断构建并完善智能技术应用的政策体系，为智能技术应用提供有力的政策保障。"教育政策是国家和地方规划、规范和管理教育的主要手段。教育政策水平决定着未来教育的发展水平。"① 因此，智能技术的深度介入使思想政治教育实践的结构亦不断发生革命性变革。如何从政策层面保障智能技术的思想政治教育应用，在一定程度上决定着思想政治教育实践的效果和未来发展。基于此，各级政府职能部门要及时根据智能技术发展的实际情况及其在思想政治教育实践中的应用完善相应的政策体系。

具体而言，一是要密切关注国内有关人工智能发展和智能化教育的政策信息，积极开展各项教育政策研究，为智能技术的思想政治教育应用提供政策参考。在人工智能相关的政策制定方面，2015 年国务院公布的《中国制造2025》，初次将智能化发展视为未来制造业发展的重要目标。在 2018 年的政府工作报告以及党的十九大报告和党的二十大报告中不同程度地强调并推进了人工智能的政策化进程。尤其是 2019 年 6 月 18 日，国家新一代人工智能治理专业委员会专门印发的《新一代人工智能治理原则——发展负责人的人工智能》，为促进人工智能的健康发展并积极协调人工智能发展与治理的关系，明确提出人工智能治理的八项原则，强调人工智能的发展应增进人类的福祉、尊重人权、隐私和公平等基本内容。此外，欧盟人工智能高级别专家组亦在2019 年提出了可信赖的人工智能道德原则，保障各类智能系统发展的可解释性和负责任原则。上述有关人工智能发展的文件政策对智能技术的思想政治教育应用给予前提规定和方向指引，必须进行系统的研究把握。在此基础上，未来亦必须构建符合智能时代思想政治教育实践发展的政策体系。二是要重

---

① 刘复兴. 论教育与机器的关系 [J]. 教育研究, 2019, 40 (11)：28-38.

点建设能够促进智能思政发展的人才培养体系和学科体系，从各方面保障智能技术的思想政治教育实践真正落实落地。习近平总书记在向国际人工智能与教育大会致贺信中指出："把握全球人工智能技术发展态势，找准突破口和主攻方向，培养大批具有创新精神和合作精神的人工智能高端人才，是教育的重要使命。"① 因此，立足智能技术发展的新时代，思想政治教育要"努力构建德智体美劳全面培养的教育体系，形成更高水平的人才培养体系"②，为思想政治教育实践活动提供适合智能思政发展的专业人才。总之，面对未来智能技术与思想政治教育的融合，不仅要在智能技术的研发、应用和监督方面给予政策体系的保障，还要在各方面促进思想政治教育自身的良性发展，实现智能技术与思想政治教育融合的技术向善。

其二，就智能技术与思想政治教育实践融合的政策执行而言，思想政治教育组织实施部门要严格执行"智能+思政"相关政策的落实，以确保智能思政的运行能够真正落地落实。智能技术视域下思想政治教育实践的顺利进行，不仅需要思想政治教育主客体自身积极行动，而且关涉思想政治教育各行政部门对智能技术应用的政策执行程度和各角色主体的协同配合能力。因此，必须严格落实与智能思政相关的政策文件，从政策执行层面确保智能技术与思想政治教育的真正融合。

具体而言，要确保智能技术视域下思想政治教育功能的发挥，一是要积极破除在思想政治教育领域广泛存在的信息孤岛现象，彻底改变思想政治教育行政部门各自为战的局面，保障思想政治教育信息的有效沟通，为智能思政的顺利实施奠定基础。例如，在高校思想政治教育的智能化过程中，不仅需要思想政治教育教师和学生积极主动利用智能技术促进彼此的交往互动，而且思想政治教育主管部门如学校各级行政系统、思想政治教育专业所属的马克思主义学院要通力合作，并积极主动借助与智能技术相关的计算机学院和人工智能学院等资源优势，促进高校思想政治教育的智能化发展。二是要积极执行和落实国家在智能教育方面出台的相关政策文件，密切关注国际国

---

① 习近平向国际人工智能与教育大会致贺信 ［N］. 人民日报，2019-05-17（1）.
② 坚持中国特色社会主义教育发展道路　培养德智体美劳全面发展的社会主义建设者和接班人 ［N］. 人民日报，2018-09-11（1）.

内颁布的各项智能教育政策信息，打通思想政治教育智能化的政策壁垒。目前，思想政治教育领域还没有明确的政策文件规定人工智能与思想政治教育融合的具体实施措施，但已经有诸多教育政策颁布并规定了智能技术教育应用的准则和规范等。例如，联合国教科文组织在2019年发布的《教育中的人工智能：可持续发展的挑战和机遇》以及《北京共识——人工智能与教育》，对人工智能教育应用的基本原则给予明确规定。基于上述内容，思想政治教育的政策执行部门以及具体的思想政治教育实践者要认真落实相关的教育政策文件，促进智能技术与思想政治教育融合的健康有序进行。

其三，就智能技术思想政治教育应用可能出现的风险挑战而言，各教育组织部门和教育实践者要及时制定与智能思政相关的应对政策，积极采取措施最大限度降低智能技术与思想政治教育融合可能带来的负面影响。针对智能技术应用可能面临的风险挑战，未来思想政治教育的政策走向应更加关照智能技术与思想政治教育的有机融合。一是要认真落实思想政治教育政策的育人导向，不断彰显智能技术视域下思想政治教育以人为本的价值取向。虽然未来的思想政治教育实践将不断融入智能技术因素，智能技术亦将极大地丰富思想政治教育的交往形式，但是必须确保思想政治教育的育人使命不被智能技术的介入而弱化。因此，必须从政策层面明确规定智能技术尤其是智能教育机器在思想政治教育活动的角色定位，以保障思想政治教育实践以人为本的价值使命。二是要根据智能技术发展及其与思想政治教育融合的实际情况，不断更新和完善相应的思想政治教育政策。"与任何政策一样，人工智能教育政策的创新基础与创新动力，来自新实践与新理论。"① 因此，就思想政治教育的智能化而言，随着智能技术应用的不断深入，思想政治教育实践过程必定会出现人机关系问题、信任危机和数据隐私等伦理困境。面对此种境况，亟须更新和完善思想政治教育政策以及时给予引导和规避，只有如此才能最大限度促进思想政治教育功能的实现。

---

① 李政涛，罗艺. 智能时代的生命进化及其教育［J］. 教育研究，2019，40（11）：39-58.

三、完善法律制度以保障思想政治教育功能的实现

面对智能技术视域下思想政治教育功能的弱化，还必须从法律层面采取强制措施制定完善的法律制度，以保障智能技术的思想政治教育应用真正做到有法可依。如有学者所言，"法律与技术的双向互动性，要求技术对伦理的考量转化为法律的内在道德"①。具体而言，从智能技术治理的维度看，各级立法部门要实现对人工智能的法律主体资格界定，构建起从智能设计到应用等各环节完备的权责划分体系。从思想政治教育信息的隐私保护维度讲，要不断完善数据隐私方面的法律保护制度，实现对思想政治教育数据来源、使用等的全流程监管，维护思想政治教育客体的信息隐私权。总之，要从人工智能的设计应用及其主体资格界定和思想政治教育信息的隐私保护同时入手，构建起智能技术与思想政治教育融合的法律制度体系，在法律层面保障智能技术视域下思想政治教育功能的实现。

其一，就智能技术的治理而言，必须制定相应的法律法规，在法律制度层面保障智能技术与思想政治教育融合的有序进行。从法律层面加强智能技术思想政治教育应用的治理，可规范智能技术在思想政治教育实践中的应用场景、划定人工智能机器的权责归属，为智能技术的设计应用提供法律意义上的价值标准。在智能技术迅速发展的态势下，我国有关人工智能技术应用的各项法律法规亟待跟进。目前有关智能技术设计和应用的各项法律体系存在空缺，缺乏必要的法律规范是智能技术视域下思想政治教育过程出现伦理风险的主要原因之一。因此，既要明确智能技术研发者、运营者及应用者的权利义务，又要针对智能技术视域下思想政治教育过程可能出现的伦理风险，及时健全智能技术应用于思想政治教育实践过程的法律审查机制。此外，社会公众对智能技术应用审查监督渠道的缺乏，亦是智能技术视域下思想政治教育实践实效性不高的主要原因。尤其是对人智能算法的监督不力，将直接导致思想政治教育决策的透明性和公平性难以得到保障。基于此，必须完善智能技术监管相关的法律制度，从法律监管层面有效规避智能技术应用可能出现的失范行为。

---

① 孙那. 人工智能的法律伦理建构［J］. 江西社会科学，2019，39（2）：15-23.

其二，就思想政治教育信息的隐私保护而言，要及时制定数据隐私保护相关的法律制度，以应对思想政治教育信息的泄露。面对人工智能快速发展引起的一系列数据信息安全问题，必须完善相应的法律法规制度，以保障智能算法应用的价值合理性。就大数据技术的隐私保护机制而言，2018 年 5 月 25 日，欧盟《通用数据保护条例》正式生效，该条例对个人数据使用做出了较全面的规制，对智能算法的数据处理原则给予细化，为智能算法应用提供基本准则。我国自 2021 年以来相继颁布《中华人民共和国个人信息保护法》《中华人民共和国数据安全法》《关于加强互联网信息服务算法综合治理的指导意见》《互联网信息服务算法推荐管理规定》等，将网络空间管理、数据保护和算法安全综合治理等作为智能算法应用过程的主要监管目标。以上法律条文的颁布为智能算法应用于思想政治教育提供了法律保护。此外，针对大数据算法在思想政治教育实践中可能出现的伦理风险亦必须制定相应的法律法规，减少智能算法应用带来的隐私泄露风险及数据侵权问题。有学者已明确指出，要"促成全社会形成'法网大于互联网''国法高于算法''算法不能算计'的集体共识和行动，真正形成政府监管、企业履责、行业自律、网民维权、社会监督的多元共治体系"①。总之，随着智能技术深入应用，必须及时跟进和完善相关法律措施，尽可能建立完善的多元侵权责任体系，以规避或应对思想政治教育过程可能出现的伦理风险。

综合上述，面对思想政治教育智能化进程的不断加速，必须未雨绸缪加强综合治理。针对智能技术视域下思想政治教育面临的风险挑战，必须从伦理道德、政策体系及法律治理层面加以保障，不断优化思想政治教育实践的规范性。需要指出的是，"制定完备的法律需要时间反复论证，伦理规范对于人工智能问题的调整具有先导作用，即后续伦理规范可以转化为具体法律，实现道德的法律化"②。因此，对智能技术与思想政治教育融合的伦理规训应当优先于其法律规范。只有坚持德治与法治的统一，才能更好地保障思想政治教育功能的真正发挥。

---

① 潘志玉. 人工智能应用的伦理风险及法治应对［J］. 学习与探索，2022（7）：61-67.
② 吴汉东. 人工智能时代的制度安排与法律规制［J］. 法律科学（西北政法大学学报），2017，35（5）：128-136.

结　语

　　智能时代思想政治教育实践的整体样态不断变化。有学者明确指出，"人工智能时代的思想政治教育在大数据、深度学习和强算力等智能技术的赋能下，可以生成一种新形态的思想政治教育，即智能思政"①。毫无疑问，随着智能技术的快速发展及其与思想政治教育实践的深度融合，"智能思政"将成为未来思想政治教育发展的趋势。在智能技术的加持下，思想政治教育客体的能动性和主动性不断增强，由此，思想政治教育实践活动逐渐以主客体之间的交往沟通替代传统意义上的单向灌输教育模式，思想政治教育过程的交往属性更加凸显。

　　可以说，"以交往为中介的思想政治教育，将是人类发展的一种必然选择"②。在智能技术视域下开展思想政治教育活动，必须将交往作为思想政治教育内容传播的桥梁和纽带。如有学者所言，"思想政治教育活动，就是教育者与受教育者通过对话在交往与沟通中共同创造意义、发展德性的活动"③。总之，"没有交往，教育关系便不能成立，教育活动便不可能产生"④。因此，在智能技术发展的背景下，必须从交往的视角重新审视思想政治教育实践活动，并在交往实践中充分发挥人的主体性价值以促进其自由全面发展。

---

① 崔建西，白显良．智能思政：思想政治教育创新发展的新形态［J］．思想理论教育，2021（10）：83-88.
② 毕红梅，张耀灿．关注交往：思想政治教育的视角转换［J］．马克思主义与现实，2008（6）：168-171.
③ 吴绵超，周磊，李庆凤．高校思想政治教育的交往转向［J］．学海，2010（6）：193-195.
④ 金生鈜．理解与教育：走向哲学解释学的教育哲学导论［M］．北京：教育科学出版社，1997：125.

　　基于此，本书聚焦"思想政治教育主客体交往"这一研究对象，通过分析智能技术何以影响思想政治教育主客体交往以及媒介技术演进的不同历史时期思想政治教育主客体交往的特征，进而系统阐述作为新媒介典型代表的智能技术对思想政治教育交往要素的影响，以此分析智能技术视域下思想政治教育主客体交往的新特征。"交往新特征"不仅极大地便利了思想政治教育实践活动的开展，亦带来思想政治教育过程的诸多现实挑战。因此，必须及时采取措施积极应对智能技术视域下思想政治教育过程面临的风险挑战，以保障思想政治教育实践活动能够真正适应智能技术发展的现实需要。

　　放眼未来，伴随智能技术的快速发展和普及应用，思想政治教育过程的智能化程度必将日益深入。作为一把双刃剑的智能技术必然使思想政治教育实践过程机遇与挑战并存。因此，智能技术应用必须坚持以人为本、为我所用的人本主义原则，从各方面采取措施规避其可能带来的负面影响，使智能技术最大限度赋能思想政治教育实践活动的开展，以实现智能技术应用与思想政治教育发展的同频共振。

参考文献

一、中文文献

（一）经典文献类

［1］邓小平文选：第 1 卷［M］. 北京：人民出版社，1994.

［2］邓小平文选：第 2 卷［M］. 北京：人民出版社，1994.

［3］邓小平文选：第 3 卷［M］. 北京：人民出版社，1993.

［4］江泽民文选：第 1 卷［M］. 北京：人民出版社，2006.

［5］胡锦涛文选：第 3 卷［M］. 北京：人民出版社，2016.

［6］毛泽东文集：第 6 卷［M］. 北京：人民出版社，1999.

［7］习近平. 习近平谈治国理政：第 1 卷［M］. 北京：外文出版社，2014.

［8］习近平. 习近平谈治国理政：第 2 卷［M］. 北京：外文出版社，2017.

［9］习近平. 习近平谈治国理政：第 3 卷［M］. 北京：外文出版社，2020.

［10］习近平. 习近平谈治国理政：第 4 卷［M］. 北京：外文出版社，2022.

［11］中共中央马克思恩格斯列宁斯大林著作编译局. 马克思恩格斯全集：第 1 卷［M］. 北京：人民出版社，1995.

［12］中共中央马克思恩格斯列宁斯大林著作编译局. 马克思恩格斯全集：第 2 卷［M］. 北京：人民出版社，2005.

［13］中共中央马克思恩格斯列宁斯大林著作编译局. 马克思恩格斯全集：第 3 卷［M］. 北京：人民出版社，1960.

［14］中共中央马克思恩格斯列宁斯大林著作编译局. 马克思恩格斯全集：第 20 卷［M］. 北京：人民出版社，1971.

［15］中共中央马克思恩格斯列宁斯大林著作编译局．马克思恩格斯全集：第 42 卷［M］．北京：人民出版社，2016.

［16］中共中央马克思恩格斯列宁斯大林著作编译局．马克思恩格斯全集：第 46 卷：上［M］．北京：人民出版社，1979.

［17］中共中央马克思恩格斯列宁斯大林著作编译局．马克思恩格斯文集：第 1-10 卷［M］．北京：人民出版社，2009.

［18］中共中央马克思恩格斯列宁斯大林著作编译局．马克思恩格斯选集：第 1-4 卷［M］．北京：人民出版社，2012.

［19］中共中央马克思恩格斯列宁斯大林著作编译局．列宁选集：第 3-4 卷［M］．北京：人民出版社，2012.

［20］中共中央文献研究室．建国以来重要文献选编：第 4 册［M］．北京：中央文献出版社，1993.

［21］中共中央文献研究室．建国以来重要文献选编：第 9 册［M］．北京：中央文献出版社，1994.

［22］中共中央文献研究室．建国以来重要文献选编：第 11 册［M］．北京：中央文献出版社，1995.

［23］中共中央文献研究室．建国以来重要文献选编：第 13 册［M］．北京：中央文献出版社，1996.

［24］中共中央文献研究室．十八大以来重要文献选编：上［M］．北京：中央文献出版社，2014.

［25］中共中央文献研究室．十八大以来重要文献选编：中［M］．北京：中央文献出版社，2016.

［26］中共中央文献研究室．十八大以来重要文献选编：下［M］．北京：中央文献出版社，2018.

［27］中共中央文献研究室．十九大以来重要文献选编：上［M］．北京：中央文献出版社，2019.

［28］中共中央文献研究室．十九大以来重要文献选编：中［M］．北京：中央文献出版社，2021.

［29］中共中央文献研究室．十九大以来重要文献选编：下［M］．北京：

中央文献出版社，2023.

（二）专著

[1] 黎靖德．朱子语类［M］．北京：中华书局，1986.

[2] 陈立．白虎通疏证［M］．北京：中华书局，1994.

[3] 陈昌凤．中国新闻传播史：传媒社会学的视角［M］．北京：清华大学出版社，2009.

[4] 陈玉申．晚清报业史［M］．济南：山东画报出版社，2003.

[5] 陈昌曙．技术哲学引论［M］．北京：科学出版社，2012.

[6] 杨庆峰．技术现象学初探［M］．上海：上海三联书店，2005.

[7] 肖峰．哲学视域中的技术［M］．北京：人民出版社，2007.

[8] 吴国盛．技术哲学经典读本［M］．上海：上海交通大学出版社，2008.

[9] 杜骏飞．网络新闻学［M］．北京：中国广播电视出版社，2001.

[10] 胡翌霖．媒介史强纲领：媒介环境学的哲学解读［M］．北京：商务印书馆，2019.

[11] 黄少华，翟本瑞．网络社会学：学科定位与议题［M］．北京：中国社会科学出版社，2006.

[12] 杨国荣．人类行动与实践智慧［M］．北京：生活·读书·新知三联书店，2013.

[13] 姚纪纲．交往的世界：当代交往理论探索［M］．北京：人民出版社，2002.

[14] 李百玲．晚年马克思、恩格斯交往观研究［M］．北京：中央编译出版社，2009.

[15] 汪广荣．虚拟社会与人的主体性［M］．合肥：合肥工业大学出版社，2015.

[16] 王光艳．文化传播与媒介研究：基于历时性与共时性的考察［M］．武汉：华中师范大学出版社，2016.

[17] 王健．现代技术伦理规约［M］．沈阳：东北大学出版社，2007.

[18] 王昆翔，王普，刘正凤，等．警用智能技术［M］．北京：群众出

版社, 2004.

[19] 王振林. 现代西方交往理论研究 [M]. 北京：中国社会科学出版社, 2015.

[20] 李沁. 媒介化生存：沉浸传播的理论与实践 [M]. 北京：中国人民大学出版社, 2019.

[21] 梁颐. 理解媒介环境学 [M]. 北京：北京大学出版社, 2020.

[22] 刘英杰. 作为意识形态的科学技术 [M]. 北京：商务印书馆, 2011.

[23] 龙柏林. 个人交往主体性研究 [M]. 广州：广东人民出版社, 2005.

[24] 夏德元. 电子媒介人的崛起：社会的媒介化及人与媒介关系的嬗变 [M]. 上海：复旦大学出版社, 2011.

[25] 余胜泉. 人工智能+教育蓝皮书 [M]. 北京：北京师范大学出版社, 2020.

[26] 曾国屏，李正风，段伟文，等. 赛博空间的哲学探索 [M]. 北京：清华大学出版社, 2002.

[27] 张成良. 融媒体传播论 [M]. 北京：科学出版社, 2019.

[28] 张骋. 传媒本体论：新媒体时代的理论转向 [M]. 北京：中国社会科学出版社, 2016.

[29] 张冠文. 人与互联网的同构：媒介环境学视阈下互联网交往形态的演化 [M]. 北京：中国广播影视出版社, 2015.

[30] 张凌寒. 权力之治：人工智能时代的算法规制 [M]. 上海：上海人民出版社, 2021.

[31] 张向东. 人际交往与社交新观念 [M]. 天津：南开大学出版社, 1991.

[32] 张咏华. 媒介分析：传播技术神话的解读 [M]. 上海：复旦大学出版社, 2002.

[33] 郑召利. 哈贝马斯的交往行为理论：兼论与马克思学说的相互关联 [M]. 上海：复旦大学出版社, 2002.

[34] 齐振海，袁贵仁. 哲学中的主体和客体问题 [M]. 北京：中国人民大学出版社，1992.

[35] 朱贻庭. 伦理学大辞典 [M]. 上海：上海辞书出版社，2011.

[36] 冯契. 哲学大辞典：上 [M]. 上海：上海辞书出版社，2001.

[37] 龚学胜. 商务国际现代汉语大词典 [M]. 北京：商务印书馆国际有限公司，2015.

[38] 金炳华. 马克思主义哲学大辞典 [M]. 上海：上海辞书出版社，2003.

[39] 金炳华. 哲学大辞典 [M]. 上海：上海辞书出版社，2001.

[40] 金林南. 思想政治教育学科范式的哲学沉思 [M]. 南京：江苏人民出版社，2013.

[41] 吴满意，景星维，唐登芸. 网络思想政治教育理论前沿问题研究 [M]. 成都：四川大学出版社，2019.

[42] 董雅华. 思想政治教育哲学问题研究 [M]. 上海：复旦大学出版社，2019.

[43] 封莎. 网络环境下思想政治教育要素理论丰富化研究 [M]. 北京：中国社会科学出版社，2021.

[44] 葛续华. 当前思想政治教育主客体关系论争研究 [M]. 济南：山东大学出版社，2020.

[45] 刘建军. 寻找思想政治教育的独特视角 [M]. 北京：中国人民大学出版社，2017.

[46] 刘书林. 思想政治教育学原理专题研究纲要 [M]. 北京：人民出版社，2018.

[47] 罗洪铁，周琪，王斌，等. 思想政治教育学学科理论体系演变研究 [M]. 北京：中国社会科学出版社，2012.

[48] 马向阳. 纯粹关系：网络分享时代的社会交往 [M]. 北京：清华大学出版社，2015.

[49] 张耀灿，郑永廷，吴潜涛. 现代思想政治教育学 [M]. 北京：人民出版社，2006.

[50] 邱伟光, 张耀灿. 思想政治教育学原理 [M]. 北京: 高等教育出版社, 1999.

[51] 宋元林. 网络思想政治教育 [M]. 北京: 人民出版社, 2012.

[52] 孙乃龙. 现实的主体何以可能: 马克思主义哲学主体概念研究 [M]. 北京: 中国社会科学出版社, 2011.

[53] 孙其昂. 思想政治教育学前沿研究 [M]. 北京: 人民出版社, 2013.

[54] 孙其昂. 思想政治教育现代转型研究 [M]. 北京: 学习出版社, 2015.

[55] 王新山, 王玉婷, 纪武昌. 中国古代思想政治教育史论 [M]. 武汉: 武汉大学出版社, 2016.

[56] 张瑜, 等. 高校网络思想政治教育发展与创新研究 [M]. 北京: 人民出版社, 2014.

[57] 任平. 交往实践与主体际 [M]. 苏州: 苏州大学出版社, 1999.

(三) 译著

[1] 凯瑟琳·海勒. 我们何以成为后人类 [M]. 刘宇清, 译. 北京: 北京大学出版社, 2017.

[2] ROBERT S, WAYNE K. 算法 [M]. 谢路云, 译. 北京: 人民邮电出版社, 2021.

[3] 鲍曼. 流动的现代性 [M]. 欧阳景根, 译. 北京: 中国人民大学出版社, 2018.

[4] 波斯曼. 技术垄断: 文化向技术投降 [M]. 蔡金栋, 梁薇, 译. 北京: 中信出版社, 2019.

[5] 波斯特. 第二媒介时代 [M]. 范静哗, 译. 南京: 南京大学出版社, 2005.

[6] 霍华德. 卡斯特论媒介 [M]. 殷晓蓉, 译. 北京: 中国传媒大学出版社, 2019.

[7] 布迪厄, 华康德. 实践与反思: 反思社会学导引 [M]. 李猛, 李康, 译. 北京: 中央编译出版社, 1998.

[8] 弗雷泽，杜塔. 社交网络改变世界 [M]. 谈冠华，郭小花，译. 北京：中国人民大学出版社，2013.

[9] 冈特·绍伊博尔德. 海德格尔分析新时代的技术 [M]. 宋祖良，译. 中国社会科学出版社，2000.

[10] 科斯洛夫斯基. 后现代文化：技术发展的社会文化后果 [M]. 毛怡红，译. 北京：中央编译出版社，2011.

[11] 戈夫曼. 日常生活中的自我呈现 [M]. 冯钢，译. 北京：北京大学出版社，2008.

[12] 格根. 关系性存在：超越自我与共同体 [M]. 杨莉萍，译. 上海：上海教育出版社，2017.

[13] 格利高里，厄里. 社会关系与空间结构 [M]. 谢礼圣，等译. 北京：北京师范大学出版社，2011.

[14] 古特克. 哲学与意识形态视野中的教育 [M]. 陈晓瑞，译. 北京：北京师范大学出版社，2008.

[15] 哈贝马斯. 交往行为理论：第一卷：行为和理性与社会合理化 [M]. 曹卫东，译. 上海：上海人民出版社，2004.

[16] 海德格尔. 海德格尔选集：下 [M]. 孙周兴，译. 上海：上海三联书店，2010.

[17] 海姆. 从界面到网络空间：虚拟实在的形而上学 [M]. 金吾伦，刘钢，译. 上海：上海科技教育出版社，2000.

[18] 赫拉利. 今日简史 [M]. 林俊宏，译. 北京：中信出版社，2018.

[19] 赫拉利. 未来简史：从智人到神人 [M]. 林俊宏，译. 北京：中信出版社，2017.

[20] 卡斯特. 网络社会的崛起 [M]. 夏铸九，等译. 北京：社会科学文献出版社，2001.

[21] 库尔德利. 媒介、社会与世界：社会理论与数字媒介实践 [M]. 何道宽，译. 上海：复旦大学出版社，2014.

[22] 库兹韦尔. 奇点临近：当计算机智能超越人类 [M]. 李庆诚，董振华，田源，译. 北京：机械工业出版社，2011.

［23］麦克卢汉.理解媒介：论人的延伸［M］.何道宽，译.北京：商务印书馆，2000.

［24］穆尔.赛博空间的奥德赛：走向虚拟本体论与人类学［M］.麦永雄，译.桂林：广西师范大学出版社，2007.

［25］斯蒂格勒.技术与时间：爱比米修斯的过失［M］.裴程，译.南京：译林出版社，2019.

［26］斯考伯，伊斯雷尔.即将到来的场景时代［M］.赵乾坤，周宝曜，译.北京：北京联合出版公司，2014.

［27］泰格马克.生命3.0：人工智能时代人类的进化与重生［M］.汪婕舒，译.杭州：浙江教育出版社，2018.

［28］滕尼斯.共同体与社会［M］.张巍卓，译.北京：商务印书馆，2019.

［29］伊德.技术与生活世界：从伊甸园到尘世［M］.韩连庆，译.北京：北京大学出版社，2012.

［30］伊尼斯.传播的偏向［M］.何道宽，译.北京：中国人民大学出版社，2003.

［31］中冈成文.哈贝马斯：交往行为［M］.王屏，译.石家庄：河北教育出版社，2001.

（四）期刊

［1］陈继红.榜样教化：古代社会治理中的思想政治教育［J］.教学与研究，2021（1）.

［2］陈继红，赵妍妍.朝向生命共生：儒家师生之"乐"的教育学解读［J］.教育研究，2021（1）.

［3］安涛，李艺.技术哲学视野下的教育技术理论图景［J］.教育研究，2014，35（4）.

［4］常晋芳.智能时代的人—机—人关系——基于马克思主义哲学的思考［J］.东南学术，2019（2）.

［5］曹培杰.人工智能教育变革的三重境界［J］.教育研究，2020，41（2）.

[6] 杜骏飞. 数字交往论（2）：元宇宙，分身与认识论 [J]. 新闻界，2022（1）.

[7] 李晓云. 媒介技术的变迁及其隐喻功能的实现 [J] 新闻界，2010（3）.

[8] 杭云，苏宝华. 虚拟现实与沉浸式传播的形成 [J]. 现代传播，2007（6）.

[9] 王妍. 虚拟现实技术系统的美学分析 [J]. 自然辩证法研究，2007（10）.

[10] 马梅，梁伟. 智能与沉浸：两种媒介技术的作用逻辑与实践路径 [J]. 传媒观察，2021（11）.

[11] 何诚颖，黄珂，张左敏旸，等. 元宇宙产业发展：重塑效应、阶段特征及演进前景 [J]. 安徽师范大学学报（人文社会科学版），2022，50（5）.

[12] 何怀宏. 何以为人 人将何为：人工智能的未来挑战 [J]. 探索与争鸣，2017（10）.

[13] 胡振宇，尚小成. 人际交往的在场与疏离：基于对"元宇宙"概念的反思 [J]. 中国传媒科技，2022（1）.

[14] 黄欣荣. 大数据技术的伦理反思 [J]. 新疆师范大学学报（哲学社会科学版），2015，36（3）.

[15] 蒋红群，谭培文. 人工智能之于人的存在论变革及反思 [J]. 学术论坛，2019，42（3）.

[16] 毕红梅，欧玲. 新时代思想政治教育主客体面临的新表征、新质疑及其发展路向 [J]. 思想理论教育，2019（10）.

[17] 毕红梅，张耀灿. 关注交往：思想政治教育的视角转换 [J]. 马克思主义与现实，2008（6）.

[18] 毕红梅，谭江林. 思想政治教育主客体问题的三重论域 [J]. 思想教育研究，2021（6）.

[19] 姜红，鲁曼. "线传输""网连接""云生成"：数字化进程中媒介形态与实践逻辑的流变 [J]. 现代传播（中国传媒大学学报），2022，44

（3）.

　　［20］常宴会.人工智能在思想政治教育中的应用前景和价值前提探析
［J］.思想理论教育，2019（8）.

　　［21］陈春萍，张琼引.网络思想政治教育中的主客体信任困境及其化解
［J］.吉首大学学报（社会科学版），2019，40（3）.

　　［22］陈坤，李旖旎.人工智能语境下思想政治教育者的角色定位［J］.
思想教育研究，2018（9）.

　　［23］崔建西，白显良.智能思政：思想政治教育创新发展的新形态
［J］.思想理论教育，2021（10）.

　　［24］戴艳军，董正华.试论思想政治教育交往主体［J］.教学与研究，
2014（4）.

　　［25］范碧鸿.思想政治教育主客体信任关系初探［J］.理论探讨，2006
（6）.

　　［26］冯刚.大数据应用于思想政治教育的局限与突破［J］.重庆大学学
报（社会科学版），2021，27（2）.

　　［27］葛续华，余斌.不同研究视角下的思想政治教育主客体关系解读
［J］.学术探索，2017（8）.

　　［28］郎琦.交往实践观视域下的思想政治教育主客体关系探析［J］.思
想教育研究，2020（8）.

　　［29］骆郁廷.论网络思想政治教育的主体与客体［J］.马克思主义与现
实，2016（2）.

　　［30］李基礼."主客体"与"双主体"之争："对立"还是"统
一"——兼与顾钰民教授商榷［J］.教学与研究，2015（3）.

　　［31］李佳佳，郑子霞.VR技术在社交领域的具身传播与未来构建［J］.
传媒，2022（4）.

　　［32］李政涛，罗艺.智能时代的生命进化及其教育［J］.教育研究，
2019，40（11）.

　　［33］刘复兴.论教育与机器的关系［J］.教育研究，2019，40（11）.

　　［34］梁德友.思想政治教育主体三题：身份、属性及其角色强化［J］.

思想教育研究, 2020 (10).

[35] 刘建军. 思想政治教育主客体难题的哲学求解 [J]. 教学与研究, 2016 (2).

[36] 刘书林, 高永. 思想政治教育的对象及其主客体关系 [J]. 思想理论教育导刊, 2013 (1). [37] 倪培强. 思想政治教育主体和客体及其辩证关系研究 [J]. 思想教育研究, 2019 (11). [38] 欧庭宇. 思想政治教育主客体关系的再澄清 [J]. 学术探索, 2020 (10).

[39] 吕尚彬, 黄荣. 智能技术体"域定"传媒的三重境界: 未来世界传播图景展望 [J]. 现代传播(中国传媒大学学报), 2018, 40 (11).

[40] 吕梁山. 交往结构及要素浅探 [J]. 辽宁师范大学学报, 1997 (3).

[41] 刘少杰. 网络交往的时空转变与风险应对 [J]. 社会科学战线, 2022 (4).

[42] 张鸣春. 从技术理性转向价值理性: 大数据赋能城市治理现代化的挑战与应对 [J]. 城市发展研究, 2020, 27 (2).

[43] 吕耀怀. 信息技术背景下公共领域的隐私问题 [J]. 自然辩证法研究, 2014, 30 (1).

[44] 潘志玉. 人工智能应用的伦理风险及法治应对 [J]. 学习与探索, 2022 (7).

[45] 彭兰. 生存、认知、关系: 算法将如何改变我们 [J]. 新闻界, 2021 (3).

[46] 秦丹, 张立新. 人机协同教学中的教师角色重构 [J]. 理论探讨, 2020, 41 (11).

[47] 芮必峰, 孙爽. 从离身到具身: 媒介技术的生存论转向 [J]. 国际新闻界, 2020, 42 (5).

[48] 佘时珍. 论网络思想政治教育主客体关系及其优化进路 [J]. 中州学刊, 2020 (10).

[49] 石磊, 张笑然. 元宇宙: 思想政治教育的未来场域 [J]. 思想教育研究, 2022 (3).

[50] 粟花. 时间的亲密涵义：数字化情感交流中的时间体验及其关系意涵 [J]. 现代传播（中国传媒大学学报），2021，43（5）.

[51] 孙凤兰，邢冬梅. 现代性中信任问题论衡：基于吉登斯信任理论的思考 [J]. 北方论丛，2016（5）.

[52] 孙迎光，汪大本. 人工智能拟制主体地位的马克思主义审视 [J]. 甘肃社会科学，2021（2）.

[53] 唐云锋，刘涛，王艳艳. 网络圈层化、微博舆情传播与虚拟场域群体极化 [J]. 浙江社会科学，2022（7）.

[54] 田海平，郑春林. 人工智能时代的道德：让算法遵循"善法"[J]. 东南大学学报（哲学社会科学版），2019，21（5）.

[55] 田新玲，黄芝晓. "公共数据开放"与"个人隐私保护"的悖论 [J]. 新闻大学，2014（6）.

[56] 王嘉，张维佳. 论沉浸传播时代下的思想政治教育 [J]. 教学与研究，2021（1）.

[57] 王敏芝. 媒介化时代"云交往"的场景重构与伦理新困 [J]. 暨南学报（哲学社会科学版），2021，43（9）.

[58] 王宇荣，陈龙. 作为元媒介的元宇宙：虚实在场的媒介实践与困境 [J]. 传媒观察，2022（7）.

[59] 王治东，苏长恒. 数字化时代的"普遍交往"关系及其实现逻辑 [J]. 探索与争鸣，2021（9）.

[60] 吴汉东. 人工智能时代的制度安排与法律规制 [J]. 法律科学（西北政法大学学报），2017，35（5）.

[61] 吴满意，景星维. 精准思政：内涵生成与结构演化 [J]. 学术论坛，2019，42（5）.

[62] 伍红林. 技术时代的教育学发展：兼议人工智能背景下教育学的两种可能 [J]. 华东师范大学学报（教育科学版），2019，37（5）.

[63] 武东生，郝博炜. 思想政治教育有效利用人工智能的分析 [J]. 马克思主义理论学科研究，2019，5（3）.

[64] 项久雨. 思想政治教育主客体关系的马克思主义逻辑 [J]. 教学与

研究, 2017 (7).

[65] 肖峰. 作为哲学范畴的延展实践 [J]. 中国社会科学, 2017 (12).

[66] 姚朝兵. 个人信用信息隐私保护的制度构建: 欧盟及美国立法对我国的启示 [J]. 情报理论与实践, 2013, 36 (3).

[67] 叶妮. 数字时代师生互动化交往模式的实践性转向 [J]. 湖南师范大学教育科学学报, 2016, 15 (1).

[68] 喻国明, 耿晓梦. 元宇宙: 媒介化社会的未来生态图景 [J]. 新疆师范大学学报 (哲学社会科学版), 2022, 43 (3).

[69] 杜骏飞. 数字交往论 (1): 一种面向未来的传播学 [J]. 新闻界, 2021 (12).

[70] 喻国明, 赵秀丽, 谭馨. 具身方式、空间方式与社交方式: 元宇宙的三大入口研究——基于传播学逻辑的近期、中期和远期发展分析 [J]. 新闻界, 2022 (9).

[71] 岳瑨. 大数据技术的道德意义与伦理挑战 [J]. 马克思主义与现实, 2016 (5).

[72] 张成岗. 人工智能时代: 技术发展、风险挑战与秩序重构 [J]. 南京社会科学, 2018 (5).

[73] 张广斌. 人工智能时代的价值教育: 定位、内涵与样态 [J]. 南京社会科学, 2019 (9).

[74] 张军锐. 技术与交往的媒介关联及其生态学意义 [J]. 兰州交通大学学报, 2015, 34 (2).

[75] 张瑜. 论思想政治教育网络观的演进与理论创新 [J]. 马克思主义与现实, 2020 (5).

[76] 郑震. 空间: 一个社会学的概念 [J]. 社会学研究, 2010, 25 (5).

[77] 郑震. 现代性: 空间激增与时间荒——概念重建与时空的具体性 [J]. 广东社会科学, 2020 (6).

[78] 钟凯. 基于二元智能时代的教育实践变革研究 [J]. 南京社会科

学，2018（11）．

［79］周丽昀，王天恩，王国豫，等．人工智能与人类未来的跨学科对话：从"交叉"到"融合"［J］．哲学分析，2021，12（5）．

［80］朱彦明．后人类主义对教育的挑战与重塑［J］．南京社会科学，2018（11）．

（五）报纸

［1］把思想政治工作贯穿教育教学全过程 开创我国高等教育事业发展新局面［N］．人民日报，2016-12-09（1）．

［2］坚持中国特色社会主义教育发展道路 培养德智体美劳全面发展的社会主义建设者和接班人［N］．人民日报，2018-09-11（1）．

［3］推动新一代人工智能健康发展 更好造福世界各国人民［N］．人民日报，2019-05-17（1）．

［4］习近平向国际人工智能与教育大会致贺信［N］．人民日报，2019-05-17（1）．

［5］许煜．"器"与"道"：超人类主义未来的一种回应［N］．社会科学报，2018-04-12（6）．

［6］赵志耘，杨朝峰．大数据：国家竞争的前沿［N］．学习时报，2013-09-16（7）．

（六）学位论文

［1］丁科．网络思想政治教育主体间性研究［D］成都：电子科技大学，2014.

［2］董正华．思想政治教育交往主体论［D］．大连：大连理工大学，2013.

［3］杜广杰．思想政治教育学中的主客体理论研究［D］．天津：南开大学，2014.

［4］金萍华．网络交往中的身体嵌入［D］．上海：复旦大学，2009.

［5］谭泽春．网络思想政治教育的主客体研究［D］．武汉：武汉大学，2017.

［6］王美倩．具身视野下教育中人与技术关系重构的理论探索［D］．武

汉：华中师范大学，2018.

　　[7] 叶晓玲. 技术进入教育的言与思 [D]. 南京：南京师范大学，2013.

　　[8] 张刚要. 论教育哲学的技术向度 [D]. 南京：南京师范大学，2015.

（七）其他

　　[1] 联合国教科文组织. 北京共识——人工智能与教育 [EB/OL]. 中国政府网 . 2019-08-28.

　　[2] 中国信息通信研究院. 大数据白皮书（2016 年）[EB/OL]. 中国信通院，2016-12-28.

二、外文文献

（一）专著

MITCHAM C，MACKEY R. Philosophy and Technology：Readings in the Philosophical Problems of Technology [M]. New York：The Free Press，1983.

（二）期刊

　　[1] HAYES P. Algorithms and Values in Justice and Security [J]. AI & Society，2020，35（3）.

　　[2] MITTELSTADT B D，ALLO P，TADDEO M，et al. The Ethics of Algorithms：Mapping the Debate [J]. Big Data & Society，2016，3（2）.

　　[3] NIEBORG D B，POELL T. The Platformization of Cultural Production：Theorizing the Contingent Cultural Commodity [J]. New Media & Society，2018，20（1）.

后 记

本书在我博士学位论文的基础上修改而成。重新踏入校园带给自己的不仅是学识的进步，更多的是心智的磨砺和成长。感谢恩师陈继红教授慷慨相助，给予我重返校园继续读书深造的机会。在读博求学期间，恩师悉心指导，从论文主题拟定、逻辑架构到细节推敲都倾注大量心血，使我受益匪浅。此外，在博士论文写作修改过程中，王明生教授、王建华教授、胡大平教授、吴翠丽教授、熊秋良教授、暴庆刚教授、孙其昂教授、王岩教授、戴锐教授、余玉花教授、王永贵教授、吴玲研究员、赵玲教授、吴延溢教授、廖小琴教授、李海超副教授等都给予我诸多指导，令我颇获教益，在此对各位老师表示诚挚感谢！

加入陈门大家庭，有幸遇到一群可爱善良虚心好学的兄弟姐妹。感谢田欢欢、滕飞、赵前杰、储成君、陈安安、黄佐毅、王艺腾、李中涵、王紫潇、叶锦华、董颖洁、张寒梅、孟恒艳等同门对我学习生活的热情帮助。还要感谢博士求学期间珍贵的同窗情谊，感谢曹路、王溯、安雅梅、方青、蔡超、王宁、秦川、林棵等同学，与大家的相遇使我的人生不断丰富。

最后，要感谢我的家人。很幸运自己出生在一个和谐有爱的家庭，父母多年来辛勤劳作养育儿女，无条件支持我们姐弟三人读书求学。正是父母的无私付出成就了我十多年来读书求学的梦想，父母之恩今生难以相报。感谢我的弟弟妹妹，姐弟情深相互关爱使我在漫漫人生路上倍感温暖。感谢我的丈夫陶然先生的无限包容与悉心照顾，彼此遇见点燃了我人生路上的一盏明灯。女儿陶玥仪的出生也给我们带来无限的温暖和快乐。家人是我前行的动力。

书山有路，学海无涯。本书的出版是自己学术生涯的一个开端。因水平有限，书中不乏疏漏之处，恳请各位专家学者不吝赐教。

张　丽

2024 年 4 月 10 日于南京寓所